KB169669

엄마의 주식 공부

생활비 100만 원으로 시작해 자산 20억 원이 되기까지

엄마의
주식
공부

엄지언 지음

카시오페아
Cassiopeia

인생을 바꾼
엄마의 주식 공부

"행복해지게 해주세요."

어릴 때 달님을 보며 매일 빌었던 소원. 나는 이 소원을 35살에 첫아이를 낳을 때까지 계속 빌었다. 나는 불행한 아이였다. 엄마 아빠는 혼전 임신으로 나를 낳았다. 원치 않는 결혼이었고, 나는 모든 일의 원흉이었다. 모든 일이 꼬이자 잘나가던 아빠는 세상에서 가장 후회하는 일이 나를 낳은 거라고 말했다. 나는 어린 시절 부모님으로부터 사랑한다는 말을 들어본 적이 없다. 가정 폭력에 지긋지긋한 가난까지 삶은 고통 그 자체였다. 그리고 그 중심에 돈이 있음을 어린 나이에도 알았다.

나는 가난하게 자랐다. 아빠는 겉돌고 엄마는 인형 눈을 꿰맸다. 초등학교 2학년 때 부모님이 이혼하고 할머니 댁에서 살게 되었다. 할머니 댁은 겨울에 연탄을 땠다. 웃풍이 심해 너무 추운 나머지 내 몸보다도 두꺼운 이불을 겹겹이 쌓아 올린 후 바닥에 간신히 끼어서 잤다. 자다가 새벽에 일어나 연탄을 갈았다. 화장실은 재래식이어서 발아래 깊은 바닥을 내려다보면 대소변이 그대로 보였다. 친구들이 집에 놀러 올 때마다 화장실이 공사 중이라고 거짓말을 했다. 용돈도 일절 받지 않아 어릴 때부터 살길을 스스로 모색해야만 했다.

초등학교 때 「벼룩시장」에서 찹쌀떡 장사 광고를 봤다. 용돈이 부족해서 학교 준비물을 제대로 못 챙기던 나는 그때부터 찹쌀떡을 팔았다. 작고 어둑어둑한 사무실에서 찹쌀떡을 받아 들고 서울역 인근을 돌아다녔다. 사실 매출은 별로였다. 당시 만났던 한 아주머니가 생각난다. 내가 불쌍하다며 돈을 줬는데 찹쌀떡은 받지 않았다. 기분이 썩 좋지 않았다. 나는 동냥한 것이 아니었으므로 정당한 노동의 대가를 받고 싶었다. 그때 아주머니가 나를 보던 눈빛이 잊히지 않는다. 불쌍한 아이로 보는 눈. 내가 불쌍하구나… 그제야 현실을 깨달았다.

나는 가난이 지독히도 싫었다. 어떤 사람들은 돈이 전부는 아니라고 말한다. 나는 말하고 싶다. 진짜 가난해봤냐고, 진짜 돈이 없어서 산전수전 다 겪어봤냐고. 돈이 전부는 아니지만, 행복의 필요조건이라는 걸 나는 경험해봐서 안다. 사람들은 자기 그릇에 맞는 돈을 소유해야 탈이 없다. 하지만 최소한의 돈이 없으면 인간답게 살기가 어렵다. 안타깝게도 어떤 사람들은 그 최소한의 돈이 없어서 노예 같은 삶을 산다. 요즘은 전체적으로 삶의 양과 질이 많이 나아져서 이런 이야기가 먼 나라 이야기 같을 수도 있다. 그런데 내가 봤을 때 사람들의 삶은 별로 나아지지 않았다. 월급을 받기 위해서 하기 싫은 일을 어쩔 수 없이 하고 있다면 별반 다르지 않다. 돈을 위해서 행복을 반납하고 있기 때문이다.

그래서 나는 나에게 어떤 일이 있었는지 알리려고 한다. 나는 지독한 가난의 대물림을 끊어냈다. 돈에서 해방되어 진정한 자유가 시작되었다. 그 방법을 독학으로 찾아냈다. 누군가의 엄마로서 이 책을 보고 있는 당신도 나처럼 깨달을 수 있다. 진정으로 행복해질 방법이 있음을. 그 길은 바로 공부에서 시작된다. 경제와 금융을 배워 돈이 돈을 벌게 만들어야 한다. 그렇다면 나에게 도대체 어떤 일이 있었던 걸까?

나는 결혼 전 연예계 생활을 했다. 불우하게 자라난 나는 사실 성인이 되어 무엇이든 제대로 할 수 있는 정신 상태가 아니었다. 알코올 중독에, 우울증에, 클럽 죽순이였다. 전문대를 졸업하고 처음에는 회사를 다녔다. 연봉 1,200만 원으로는 월세를 내고 생활하기가 굉장히 빠듯했다. 어쩔 수 없이 주말에 모델 일을 시작했는데, 그 돈이 회사를 다니며 버는 돈보다 컸다. 그래서 회사를 그만두고 이런저런 일을 하다 가수 활동까지 했다. 디지털 싱글 앨범을 내고 나서야 이 길이 적성이 아니라는 걸 깨달았다. 그만두고 사업을 시작했다. 속옷과 수영복 쇼핑몰을 만들어 운영했다. 인터넷 쇼핑 중독자였던 나는 6개월 만에 매출 10억 원을 달성했다.

돈을 많이 벌었지만 지출이 너무 많았다. 빚잔치를 하느라 바빴고, 보험만 수두룩하게 가입했다. 평생을 보험 회사에 다니셨던 할아버지 덕에 나는 보험이 최고인 줄 알았다. 그렇게 돈은 허무하게 다 빠져나가버리고 사업을 정리할 때쯤에 내 수중엔 땡전 한 푼 없었다. 무엇이 문제였을까 나중에 생각해봤다. 버는 돈을 알뜰하게 모았어야 했다. 그리고 그 돈으로 재테크를 했어야 했다. 나의 약점은 돈 관리 능력이었다. 다시는 이런 실수를 되풀이하지 않겠다고, 책을 읽고 공부하겠다고 다짐했다.

남편을 만나 결혼해 4,000만 원에 대출을 받아 반전세부터 시작했다. 반지하, 옥탑방에 항상 월세를 전전하며 뼈저리게 고생해본 나는 무조건 집을 사야 한다고 주장했다. 더 나은 삶을 위해 비싼 월셋집으로 가자는 남편을 말렸다. 아이를 낳기 전에 돈을 열심히 모으고 대출을 받아 소위 '똑똑한 집'을 하나 마련했다. 교통이 편하고, 자연이 가까이 있으며, 도심 속에서도 별장 같은 아파트였다. 평생 살아도 행복할 수 있는 기준으로 집을 얻었다. 진짜 내 집에서 처음으로 자던 날 밤, 그제야 나는 안심했다.

그런데 아이를 낳고 행복이 다시 삐걱거렸다. 예민한 기질의 아이를 키우며 나도 남편도 일을 그만두게 된 것이다. 조금 있는 돈으로 어떻게든 방법을 찾아야 한다는 생각이 들었다. 때마침 『나는 마트 대신 부동산에 간다』를 읽었다. 남은 돈에 대출을 더 받아서 집 부근의 허름한 소형 아파트를 하나 더 샀다. 기쁨도 잠시, 지출보다 소득이 적으니 마이너스 통장까지 바닥나며 점점 더 힘들어졌다. 하늘은 스스로 돕는 자를 돕는다고 하더니, 토니 로빈스의 『MONEY 머니』로 주식 투자를 알게 되었다. 마지막으로 남아 있던 적금 통장의 100만 원을 꺼냈다. 최후의 카드였다.

그렇게 5년이 지났다. 전투적으로 육아를 하면서 5년간 나는 재테크로 20억 원의 자산을 만들었다. 물론 부동산이 유망할 땐 부동산에 집중했다. 그리고 비교적 빨리 주식 투자를 시작했다. 부동산 수익도 주식으로 전환했다. 꾸준한 수익을 달성했으며 수많은 폭락장에도 잘 대처했다. 사실 나는 소득이 없는 상황이 장기화되면서 투자했던 부동산을 처분하려고 했다. 그런데 정책이 바뀌며 도저히 팔 수 없는 상황이 되었다. 그래서 월세를 전세로 전환한 다음, 그 돈을 주식 계좌에 넣었다. 다들 두려워하던 코로나19 폭락장에서 그동안의 공부는 진정한 빛을 발했다. 100만 원으로 시작했던 주식은 억대 자산이 되었다. 이제는 매년 두 자릿수의 수익률을 달성해 월급을 충당하고 있다.

사람들은 나에게 대체 아이를 키우면서 어떻게 주식 투자를 했느냐고 묻는다. 믿기 어려울 수도 있겠지만, 사실 육아를 하면서 했기에 주식 투자가 가능했다. 토니 로빈스의 책으로 시작해, 워런 버핏, 벤저민 그레이엄, 피터 린치, 존 리 등 대가들의 책을 모두 읽었다. 매일 하루 1시간을 투자해 주식 및 경제 공부를 했다. 낮에는 아이를 열심히 돌봤다. 아이가 낮잠을 잘 때 생각했던 주식을 매수했다. 시간을 딱 맞춘 주식 매매는 꿈도 못 꿨다. 아이를 보느라 정신이 없어 팔려고 생각하다 못 판 적도 있었다. 그러다 보니 자연스럽게 가치 투자, 장기 투자를 하게 되었다. 하나를 사도 신중하게 골랐다. 주식 투자는 아이를 키우는 일상과 함께였다. 주식 따로, 아이 따로가 아니었다. 아이를 낳듯 주식을 샀고, 아이를 키우듯 주식도 키웠다.

아이는 하루에도 수없이 울고 웃었다. 아침과 저녁의 컨디션이 달랐다. 기분이 롤러코스터처럼 하늘 높이 올랐다가도 여지없이 땅 밑으로 곤두박질쳤다. 온종일 나만 바라보고 매달렸다. 내가 미치지 않는 것이 신기했다. 엄마의 힘이란 이런 거구나 싶었다. 엄마이기 때문에 아이의 감정 파도에도 버텨야 했다. 단단한 돛이 되어줘야 했다. 이런 일이 일상인 나에겐 주식 가격 변동도 그저 하나의 일과였다. 아이가 결국 제자리를 찾아가는 것처럼 주식 가격도 결국 가치를 따라갔다. 아이를 보다 주식 창을 보면 괜히 웃음이 나왔다. 내가 아이를 하나 더 키우는구나 하고. 나는 아이를 키우듯 회사를 키웠다. 한 번 매수하면 장기 보유했다. 회사에 도움이 필요할 때는 더 매수했다. 그러고 나서 인정받으면 매도로 독립시켰다.

나는 누구보다 건전하게 주식 투자를 했다. 그래서인지 투자 성과가 더 의미 있게 다가온다. 회사를 돕는 마음으로 장기 투자했다. 우리 아이들은 이미 여러 회사의 주인이다. 세뱃돈과 용돈을 투자해 셀트리온, LG화학, 현대차 등 우량 회사의 주인이 되었다. 그뿐만 아니라 미국에서 가장 잘나가는 회사의 주인이기도 하다.

이제 삼성에 입사하기 위해 교육을 받는 시대는 끝났다. 삼성의 주인이 되는 경제 교육을 해야 한다. 아이들은 각각 다른 재능으로 자신이 즐거운 일을 하며 살아갈 것이다. 앞으로 엄마와 함께 주주총회에 참석하고 기업을 분석하며 회사를 잘 이끌어나가는지 토론할 것이다. 이렇게 버는 돈은 자신이 원하는 삶을 살기 위한 수단이 될 것이다.

나를 이렇게 만든 건 하루 1시간의 주식 공부였다. 육아를 잘하려면 육아서를 읽어야 한다. 나는 육아가 너무 힘들어서 육아서 1,000권을 읽었고, 그 덕분인지 예민한 기질의 두 아이들이 잘 자라났다. 같은 이유로 나는 주식을 잘하고 싶어서 그와 관련된 책을 읽었다. 주식 대가들의 책을 읽으며 그들에게 푹 빠져들었다.

온종일 아이들을 돌보느라 도저히 시간이 나지 않았다. 계속 깨는 아이 덕에 밤에도 육아는 이어졌다. 그래서 짧은 시간에 공부하는 방법을 터득해냈다. 발췌독을 했고, 경제 뉴스의 제목을 훑었으며, 커뮤니티에는 알람 설정을 해서 필요한 글을 읽었다. 세상을 보는 새로운 눈이 눈이 트였다. 쇼핑할 시간에 주식을 샀다. 마트에 가도 무엇이 잘 팔리는지를 살폈다. 금융을 알게 되었으며 무슨 소리인지 몰랐던 경제 기사를 술술 읽을 수 있게 되었다.

이 책으로 예전의 나 같은 예·적금 맹신론자 엄마들을 변화시켜 가난의 늪에서 빠져나올 수 있도록 돕고 싶다. 나처럼 꾸준한 공부를 통해 금융 문맹에서 벗어나면, 가족 및 주변 사람들을 돌볼 수 있을 뿐만 아니라 아이와 함께 경제적인 자유의 길로 나아갈 수 있다. 하나도 어렵지 않다. 이 책을 끝까지 다 읽은 후에 바로 주식 계좌를 만든다. 국내 주식을 1주 산다. 미국 주식도 1주 산다. 경제 공부를 시작한다. 회사 분석에 도전한다. 책장을 덮으면 일어날 일이다.

매일 행복해지게 해달라고 간절히 빌었던 어린 시절의 나. 그 바람은 멈췄다. 이제 나는 행복하다. 늘 감사하다는 기도로 바뀌었다. 그토록 바라던 진짜 행복은 현재를 온전히 살아갈 수 있음에 있었다. 돈에 날개를 달아줌으로써 돈에서 해방되었다. 미래에 대한 두려움에서 벗어났다. 무엇보다 내가 정말 하고 싶은 걸 하면서 살 수 있게 되었다. 진짜 행복을 찾고 싶은가? 경제적 자유를 향해 가면서 그 과정을 누리면 된다. 내가 했던 것처럼 아이를 키우면서 주어진, 짧지만 귀한 시간에 효율적인 공부를 하면 된다. 엄마라서 더 해야 한다. 엄마라서 더 쉽다. 그리고 그 누구보다 엄마라서 더 잘할 수 있다. 이 책을 펼친 당신은 부자 엄마가 될 것이다. 나 역시 예민한 아이 둘을 키우는 어려운 환경 속에서도 그렇게 되었다. 자, 이제부터 진짜 시작이다.

차례

프롤로그 **인생을 바꾼 엄마의 주식 공부** 005

1장 엄마, 주식 투자를 시작하다

01 주식으로 월급 받는 엄마가 되기까지 021

02 하루 1시간 전업맘 경제 공부의 기적 026

03 엄마가 투자하기 이렇게 쉬웠어? 034

04 60세 친정엄마는 어떻게 주식 천재가 되었을까 040

05 생활비 100만 원으로 투자 시작하기 047

06 엄마가 반드시 피해야 할 주식 투자법 053

07 투자 수익률을 결정짓는 엄마의 자존감 059

부자 되는 엄마의 주식 공부 ①
꼭 알고 넘어가야 할 주식 투자의 기초 064

부자 되는 엄마의 주식 실전 ①
주식 계좌부터 개설하자 074

2장 주식과 육아 사이, 투자의 길을 찾다

01 투자를 성공으로 이끄는 일단 시작의 힘 081

02 엄마만이 누릴 수 있는 복리의 마법 087

03 사교육보다는 투자 경험이 먼저다 091

04 주식으로 노후를 준비할 수 있다고? 097

05 아이와 함께라서 가능한 주식 보물찾기 104

06 바쁜 엄마가 부자 되는 투자법은 따로 있다 **111**

07 아이 키워본 사람만이 알 수 있는 주식 매매 타이밍 **115**

부자 되는 엄마의 주식 공부 ②
차트 말고 알아야 할 3가지: 금리, 환율, 유가 122

부자 되는 엄마의 주식 실전 ②
일단 1주 사보자 125

엄마가 꼭 알아야 할 주식 투자 7원칙

01 원칙① 무조건 장기 투자한다 **131**

02 원칙② 안전 마진으로 가치주를 찾는다 **137**

03 원칙③ 거인의 어깨 위에 서서 나만의 방법을 찾는다 **145**

04 원칙④ 80 대 20 황금률로 분산 투자한다 **150**

05 원칙⑤ '주가=심리'임을 파악한다 **155**

06 원칙⑥ 『국부론』을 주식 투자에 적용한다 **161**

07 원칙⑦ 긍정적으로 생각한다 **168**

부자 되는 엄마의 주식 공부 ③
사업 보고서 보는 법 174

부자 되는 엄마의 주식 실전 ③
인기 섹터에서 종목을 찾아보자 185

4장 **엄마의 국내 주식 투자**

01 엄마가 국내 투자하기 좋은 이유 191

02 나는 차트를 보는 대신 마트에 간다 199

03 엄마의 국내 주식 투자 ① 우량주 ETF 208

04 엄마의 국내 주식 투자 ② 배당주 213

05 엄마의 국내 주식 투자 ③ 우선주 223

06 추락하는 대형주에는 날개가 있다 232

07 수익률을 높이는 소형주 보물찾기 238

부자 되는 엄마의 주식 공부 ④
안전 마진 계산하기 244

부자 되는 엄마의 주식 실전 ④
가치 종목을 찾아보자 250

 5장 **엄마의 미국 주식 투자**

01 엄마, 미국 주식 사주세요 261

02 미국 주식, 이것만큼은 꼭: 언어, 환율, 금리, 세금 266

03 안정성과 수익률을 모두 잡을 수 있다고? 273

04 엄마의 미국 주식 투자 ① ETF 284

05 엄마의 미국 주식 투자 ② 배당주 290

06 엄마의 미국 주식 투자 ③ 채권 298

07 생초보도 이해하는 미국 주식 세금 팁 304

부자 되는 엄마의 주식 공부 ⑤
주식 투자 일기 쓰기 312

부자 되는 엄마의 주식 실전 ⑤
미국 주식(VOO)을 사보자 320

Bonus Page ①
엄마의 배당 월급 계좌 만들기 326

Bonus Page ②
엄마의 연금 계좌 만들기 331

Bonus Page ③
아이의 미래 계좌 만들기 339

1장

엄마, 주식 투자를 시작하다

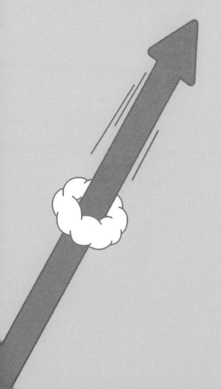

01 | 주식으로 월급 받는
엄마가 되기까지

"언니, 축하해요! 인스타 봤어요. 완전 대박 났던데 어떻게 한 거예요? 제가 뭐 도와드릴 일 없을까요? 앞으로 잘 좀 가르쳐주세요. 관련 글 좀 자주 써주세요. 고마워요, 언니!"

벌써 전화를 여러 번 받았다. 인스타그램에 LG화학에 투자했다가 판 이야기를 올렸기 때문이었다. 사람들의 반응에 나도 놀랐다. 마치 내가 갑자기 일확천금을 번 것처럼 받아들이는 듯했다. 그런데 사실 내 투자 경력은 이미 7년 차다. LG화학에만 투자하지 않았다. 국내와 해외 주식을 오가며 많은 경험을 쌓았다. 코로나19로 주식 시장이 급락할 때도 돼지 저금통의 동전까지 바꿔가며 꿋꿋이 투자했다. 정말 푼돈으로 시작했다. 남편의 의심 가득한 눈초리에도 좋은 성과를 냈다. 결국 남편도 나를 따라 주식 시장으로 뛰어들었다. 많은 엄마들이 나에게 어떻게 투자를 하느냐고 물어본다. 자기도 너무 하고 싶은데 일하고 살림하고 아이를 키우느라 바빠서 엄두가 나지 않는다고 말한다. 나는 그때마다 그들에게 엄마이기 때문에 투자를 잘할 수 있는 방법이 있다고 답한다.

나는 100만 원으로 주식 투자를 시작했다. 처음에는 남편이 반대했다. 하지만 딱 100만 원으로만 하겠다고 하니 그럼 마음대로 해보라며 내버려뒀다. 정말 처음에는 안 해본 게 없었다. 내가 관심 있는 회사는 다 1주씩 샀다. 신세계 1주, 현대차 1주, LG화학 1주… 내 생각이 맞는지 추적 및 관찰하려는 의도였다. 몇천 원, 몇만 원이면 살 수 있으니 그 어떤 쇼핑보다도 재밌었다. 주식은 이래서 좋다. 소액으로도 많은 경험을 해볼 수 있으니까.

나는 2016년에 LG화학을 샀다. 이후 떨어질 때는 더 사고 오를 때는 조금씩 팔며 평균 매수 단가(이하 '평단가') 28만 원을 유지했다. 4년을 보유하던 주식이 2020년 70만 원대로 급등했고, 너무 오르기 시작할 때 정리했다. 그러고 나서 LG화학우(LG화학 우선주)로 갈아탔다. 그때만 해도 우선주는 28만 원이라는 낮은 가격에 거래되고 있었다. 이후 우선주도 급상승해 두 차례에 걸쳐 많은 이익을 남기고 모두 정리했다. 배터리 사업부 분사 소식을 들고 이제는 독립시킬 때가 되었다고 판단했기 때문이었다. 2015년에 발굴해 2020년까지 들고 있던 신일제약은 5배나 급등했다. 그 외에도 우리넷, 태림포장, 메리츠화재 등으로 수익을 냈다. 그리고 미국 주식을 꾸준히 운용했다. 가장 유명한 뱅가드 ETF(Exchange Traded Fund, 상장지수펀드, 주식처럼 거래가 가능하고, 특정 주가 지수의 움직임에 따라 수익률이 결정되는 펀드)를 샀다. 이후 개별 주식을 사며 성장성을 꾸준히 갖췄다. 구글의 알파고가 이세돌 기사와 바둑을 둘 때 사람들은 인공 지능에 놀랐고, 두려움을 극복하려는 수많은 책이 쏟아졌다. 하지만 나는 그때 조용히 구글 주식을 샀다. 나의 미국 주식 계좌는 연 수익률 두 자릿수를 유지하고 있다.

100만 원이었던 투자 금액은 1억 원으로 불어났다. 무엇보다 나는 돈을 잃지 않았다. 경제 상황에 따라 기복은 있었지만 꾸준히 플러스를 유지했다. 자신감이 생기자 부동산 투자에서 생긴 이익을 재투자했다. 현재 나는 약 5억 원을 굴리고 있다. 금액이 늘어나면서부터 한 달에 150만 원 정도의 생활비를 빼서 쓰기 시작했다. 안정적인 수익을 만드는 계좌와 조금 더 적극적으로 투자 자산을 불릴 계좌를 분리했다. 돈을 빼서 쓰면서도 투자 금액은 계속 늘어나고 있다.

내가 주식에 대한 감이 좋다고 생각하는가? 대단해 보이는가?

그렇지 않다. 나는 대가들의 방법을 그대로 정석처럼 따랐을 뿐이다. 아이들을 돌보느라 주식 가격에 일일이 신경 쓰지 못했을 뿐이다. 그리고 매일 주식 및 경제 공부를 했을 뿐이다. 제대로 배우면 가능하다. 경제적 자유의 길로 빠르게 나아갈 수 있다. 이미 당신의 주변 중 일부는 주식으로 수익을 내고 있다. 엄마라는 유리한 위치를 활용하면 된다. 탐욕을 버리면 된다. 무엇보다 꾸준히 공부하면 된다.

엄마 A는 투자에 관심이 많다. 무엇보다 내 집 마련에 힘쓰는 중이다. 종잣돈을 모으고 있다. 물론 주식 투자에도 관심이 있다. 하지만 주식은 변동이 심해 두려움이 크다. 어떤 주식이 올랐다고 하면 솔깃하지만, 떨어졌다는 이야기가 나오면 안도의 한숨을 내쉰다. '역시 주식은 위험해' 하며 마음을 다잡는다. 하지만 아이들의 주식 계좌는 하나씩 만들고 싶다. 어렴풋이 어디선가 아이들에게 주식을 사주면 좋다는 이야기를 들은 것이다. 아이들이 여기저기서 받은 용돈으로 미래의 삼성전자가 될 우량주를 하나씩 사놓을까 싶다. 하지만 막상 실행하지는 않는다. 일단은 계좌를 만들러 가는 발걸음 자체가 떨어지지 않는다. 항상 생각만 할 뿐 그러다가 흐지부지되기 일쑤다.

엄마들이 주식 투자를 시작하지 못하는 이유는 따로 있다. 엄마에게 딱 맞는 사례를 보지 못했기 때문이다. 그리고 엄마에게 딱 맞는 방법을 모르기 때문이다. 엄마들을 위한 주식 투자 방법은 달라야 한다. 나도 처음에는 엄마에게 맞는 사례를 찾아 헤맸다. 부동산 투자나 돈 관리 등에서는 도움을 받았지만, 무슨 이유에서인지 주식은 정말 찾기 힘들었다. 목마른 사람이 우물을 판다고, 결국 스스로 엄마를 위한 투자 방법을 개척해냈다.

지금 나는 주식 투자로 꾸준히 돈을 벌고 있는 엄마 투자자다. 엄마들에게 알려주고 싶다. 주식에 유리한 사람이 바로 엄마라는 사실을. 엄마는 엄마에게 동기 부여를 받아야 한다. 엄마라서 더 성공 확률이 높다. 엄마가 직업인 나에게 주식은 월급이고, 노후를 대비하는 보험이며, 여윳돈이다. 작다고 작고 크다면 큰 100만 원으로 이 모든 일이 시작되었다. 나는 타고나서 투자를 잘한 것이 아니다. 잘하는 투자자들에게 배우고 공부해서 그것을 나만의 방식으로 승화시켰을 뿐이다. 당신도 충분히 시작할 수 있다. 1등 기업에 투자하고 아이를 가르칠 수 있다. 지금까지 쌓아온 모든 노하우를 이 책에서 풀어주겠다.

02 | 하루 1시간 전업맘 경제 공부의 기적

아이를 낳고 하던 공부를 그만뒀다. 미국 조지아공과대학교 컴퓨터 공학 전공. 늦은 나이에 힘겹게 들어간 미국 명문대. 너무너무 들어가고 싶었고 결국 입학하게 된 내 학교. 예민한 아이를 돌보느라 밤잠을 한숨도 못 자고 미국행 비행기 티켓을 취소한 날, 너무 우울했다. 정말 슬펐다. 막다른 절벽에서 나는 결심했다. 돌아갈 길은 없다. 어차피 이렇게 된 거 육아에 미쳐보자. 공부 못하는 열정을 육아에 쏟아보자. 그렇게 나는 경력 단절 전업맘이 되었다.

육아하며 허리를 다쳤고 손목이 나갔다. 온몸에 두드러기가 났고 안면 마비가 왔다. 너무 힘든 나머지 구한 이모님은 뭐 이렇게 까다로운 아기가 있냐며 뒤도 돌아보지 않고 떠나셨다. 내가 너무 힘들어하니 남편도 일을 그만뒀다. 원래도 일이 맞지 않아 힘들어 하던 남편이었다. 두통약을 입에 털어 넣으며 매일을 버티는 남편이 안타까워 설득했다. 잠시 아이를 같이 돌보고 다시 새로운 일을 시작하면 된다고. 이후에 이 일을 진짜 후회했다. 매달 들어오던 돈이 사라지니 불안해하는 남편, 덩달아 동요하는 나. 부부 싸움이 잦아졌다.

몇 달째 돈은 없고 아이는 날마다 울고, 마음이 너무 갑갑한 어느 날이었다. 아기띠를 하고서 무작정 교보문고로 갔다. 머리는 질끈 동여매고 민낯으로 칙칙했다. 택시를 탄 뚜벅이였다. 지갑에는 달랑 카드 하나, 현금은 단 한 푼도 없었다. 너무 힘들 때 나는 해답을 얻기 위해 책을 찾아 나선다. 운명의 책을 만날지 모른다는 바람. 이날도 그런 날이었다. 서점에 오니 비로소 숨이 쉬어졌다. 베스트셀러를 한번 돌아봤다. 무작정 책을 훑으며 걸었다. 그러다 토니 로빈스의 『MONEY 머니』를 마주했다. 표지에 쓰인 문구가 또렷이 보였다.

MONEY IS GAME. MASTER THE GAME!
돈은 게임이다. 게임을 마스터하라!

뭐? 게임이라고? 강한 메시지를 느꼈다. 한때 '게임 덕후'로 시뮬레이션 게임의 여왕이었던 내가 아닌가. 다른 건 몰라도 게임이라면 잘할 수 있어. 대체 어떻게 게임으로 지금의 힘듦을 해결할 수 있는데? 어떻게 게임처럼 부를 축적할 수 있는데? 무엇인지 모를 운명 같아 두께가 5cm나 되는 책을 바로 사 들고 나왔다. 집에 돌아오는 길, 발걸음이 총총 가벼웠다. 통통한 아이도 두꺼운 책도 전혀 무겁지 않았다. 어서 책을 읽고 싶은 마음뿐이었다. 도착하자마자 신들린 듯 책을 읽었다.

책을 읽던 어느 날이었다. 아이와 산책하다가 놀이터 옆 풀밭에서 네잎클로버를 우연히 발견했다. 네잎클로버? 뭔가 좋은 조짐인가? 읽고 있던 『MONEY 머니』에 끼워놓았다. 며칠 후 하나를 더 찾았다. 뭐지? 한 번도 신기한데 두 번씩이나? 여기에 원래 네잎클로버가 많은가? 의아했지만 뭔가 신비로운 기운을 느껴 두 번째 네잎클로버도 같은 곳에 끼워놓았다. 그 후로는 단 한 번도 네잎클로버를 찾지 못했다. 나는 뭔지 모를 끌림을 받아들였고, 게임을 시작했다. 바로 100만 원으로 주식 투자를 시작한 것이다.

투자를 시작하며 적잖이 놀랐다. 우선 내가 경제 상식이 전혀 없다는 사실이었다. 완전히 모르는 용어들에 어렵기만 한 투자 상식들… 나는 그동안 뭘 배운 거지? 나름 많이 배웠다고 생각했는데,

책도 많이 읽었다고 생각했는데, 경제는 마치 공학 기술처럼 따로 공부해야 하는 외딴 섬 같이 느껴졌다. 내가 공부하는 만큼 나만 알고 있는 것이 된다, 그리고 계속 변한다는 사실은 나를 전율케 했다. 경제는 살아 있는 생물 같았다. 매일같이 자라고 변화했다. 세상을 가장 빠르게 이해하려면 경제를 공부해야 한다는 생각이 들었다. 경제 공부를 하면서 많은 식견이 트였고, 세상을 보는 눈이 달라졌다.

이제 엄마들의 블루 오션은 주식 투자다. 블루 오션을 인터넷에 검색해봤다. 나는 심장이 뛰면 사전을 검색하는 습관이 있다. 이왕이면 머릿속에 강하게 남겨두는 것이다. "고기가 많이 잡힐 수 있는 넓고 깊은 푸른 바다." 당신도 엄마 주식 투자자가 되면 된다. 엄마가 보는 눈은 다르다. 나는 먼저 시작했고 그래서 돈을 벌었다. 아직도 고기가 너무 많다. 혼자만 돈을 벌고 나머지는 잃는 구조가 아니다. 함께 회사를 키우고 나라를 살리며 가정을 일으킬 수 있다. 뭇사람들은 주식 투자자들을 '동학 개미'라고 부른다. 나는 동학 개미가 되기를 거부한다. 우리는 여왕개미다. 각자 조용히 움직이지만 많은 알을 낳는다. 여왕개미로 오롯이 서기 위해 나는 다음과 같이 공부했다.

경제 기사 확인하기

매일 경제 기사를 확인한다. 나는 포털 사이트 첫 화면에 경제 신문이 가장 먼저 보이도록 설정해놓았다. 경제 신문은 여러 가지다. 정치 성향에 따라 보는 신문이 달라진다. 자기 성향에 맞는 경제 신문을 구독하자. 그뿐만 아니라 성향과 반대되는 경제 신문도 하나 정도는 같이 구독하자. 그러면 조금 더 균형 잡힌 시각을 갖게 된다. 사실 종이 신문으로 보는 것이 가장 좋긴 하다. 하지만 인터넷으로도 충분히 볼 수 있다. 정말 시간이 없는 날은 기사 제목만이라도 쭉 살핀다. 그중에서 나한테 와닿는 기사만 골라 읽는다. 이 정도만 해도 시대에 뒤처지지 않는 경제 감각을 유지할 수 있다.

경제 도서 읽기

엄마 B는 경제 공부를 하려고 마음을 굳게 먹었다. 추천 도서들을 잔뜩 쌓아놓은 상태다. 밑줄을 단단히 칠 각오로 책을 펼쳤는데 웬걸, 내용이 눈에 전혀 들어오질 않는다. PER, NAV, 반대 매매… 어려운 용어들이 잔뜩이다. 보다가 눈이 절로 감겨 첫날에는 그냥 책을 덮어버렸다. 다음 날 다시 보는데 역시 진도가 나가질 않는다. 억지로 그냥 머릿속에 넣어본다. 밑줄도 쳐본다. 어떻게 꾸역꾸역 한 페이지씩 읽어나갔다. 한 권을 다 읽는 데 한 달이 걸렸다. 별로 재미는 없지만 그래도 좋다니 꾸준히 하려 한다.

이런 엄마들에게 이야기해주고 싶은 독서법이 있다. 나 역시 처음에는 책이 눈에 들어오지 않았다. 그래서 내가 선택한 방법은 '발췌독'이었다. 책을 완독하는 대신 목차를 완독했다. 그러면서 특별히 궁금한 내용만 체크해서 분류했다. '메타인지'를 사용하는 방법이었다. 그렇게 따로 체크해서 분류한 내용만 읽고 과감히 책을 덮었다. 그리고 새로운 책을 꺼내 또 나에게 맞는 정보를 찾아냈다. 이런 방법으로 책을 읽으니 1시간으로 최대의 분량을 거뜬히 읽을 수 있었다. 수준에 맞는 정보를 찾아 읽어나가니 관심이 떨어지지 않았다. 육아로 시간이 없고 한정된 시간에 많은 일을 해야 하는 엄마들에게는 이 독서법이 잘 맞을 것이다.

경제 채널 영상 보기

나는 주식과 경제 관련 유튜브 채널을 여러 개 구독 중이다. 내가 즐겨 보는 채널은 다음과 같다.

- 미국 주식 공부: 미국주식으로 은퇴하기 - 미주은
- 경제 공부: 삼프로TV_경제의신과함께
- 부동산 공부: 단희TV

그 외에 내가 투자하는 종목을 가진 사람들의 영상을 찾아보기도 한다. 예를 들어 셀트리온에 투자하며 '권정호 주식TV'를 본다. 영상을 볼 때는 주로 1.5배속이나 2배속 기능을 사용한다. 시간 절약을 위한 방법이다. 요리하거나 설거지를 할 때 듣기도 한다. 이동 중에도 마찬가지다.

투자 커뮤니티 스캔하기

열심히 활동하는 회원은 아니지만, 항상 들어가서 글을 훑어 제목을 읽는다. 특히 내가 관심 있는 종목이 생기면 커뮤니티에서 그 종목 이름을 검색한 다음에 결과로 나온 모든 글을 꼼꼼히 읽는다. 커뮤니티에 알람 설정을 해놓고 내가 가진 종목에 관한 글이 올라오면 바로 그 글만 읽기도 한다. 내가 주로 방문하는 커뮤니티는 다음과 같다.

- 가치투자연구소(cafe.naver.com/vilab)

- 미국 주식 가치 투자 모임(cafe.naver.com/americaeurope)

- 부동산 스터디(cafe.naver.com/jaegebal)

이제 나는 알 것 같다. 2개의 네잎클로버를 찾은 이유를. 하나는 나의 것, 그리고 다른 하나는 이 책을 읽고 있는 당신의 것이다. 공부의 힘은 크다. 공부는 돈과 만날 때 그 시너지가 배가된다. 돈은 게임이다. 게임을 제대로 하려면 알아야 한다. 엄마들에게는 공략집이 필요하다. 스스로 부딪혀 많은 경험을 하고 방법을 찾아낸 사람들을 좇는다. 그러면 시간이 단축된다. 경제는 계속 흐르는 강물과 같다. 짬을 내어 매일 꾸준히 공부한다. 경제 공부는 습관이다. 60일만 해도 몸에 익는다. 경제를 공부해서 돈을 번 엄마들이 많다. 하루 1시간의 투자만으로도 많은 변화를 만들어낼 수 있다.

03 | 엄마가 투자하기 이렇게 쉬웠어?

오늘도 어김없이 우는 둘째를 안고 달랜다. 얼마 전에는 어린이 집 적응 시도를 하다가 실패했다. 30분 내내 목청이 터질 듯 울어 대는 아이, 1주일간 코피를 2번 쏟은 아이, 그다음 날부터는 열이 나는 아이, 나중에 다시 적응하겠다니 선생님이 안도하는 아이… 바로 우리 둘째다. 둘째뿐만 아니다. 첫째의 경력도 화려하다. 태 어난 첫날 밤새도록 혼자 떠나가라 울던 아이, 생후 100일 때부터 낯을 가린 아이, 밤잠 1시간마다 깨서 울던 아이… 자, 이런 상황 일 땐 대체 어떻게 투자를 해야 하는가? 육아로 정말 힘들고, 엎친 데 덮친 격으로 돈 때문에 극한 상황일 때, 엄마들은 어떻게 경제 를 공부하며 재테크를 하면 좋을까? 사실 자기 몸 하나 건사하기도 힘든 상황이다.

그렇기 때문에 엄마의 투자는 쉬워야 한다. 엄마의 경제 공부는 매일 짧은 시간에 가능해야 한다. 육아와 연결되어 있어야 한다. 스트레스를 '받는' 일이 아닌 스트레스를 '푸는' 놀이가 되어야 한다. 처음엔 주식이 두렵고 어려웠다. 하지만 그건 몰라서 하는 생각이었다. 배워나가다 보니 나는 엄마라서 이미 답을 알고 있었다. 아이를 낳고 키우듯 신중히 종목을 골랐다. 아이의 롤러코스터 같은 감정에 대응하듯 주가에 연연하지 않을 수 있었다. 아이의 가능성을 믿듯 선택한 회사를 믿고 기다렸다. 엄마라서, 그래서 쉬웠다.

물론 처음엔 나도 가격이 실시간으로 오르고 내리는 것에 덜덜 떨었다. 난생처음 내가 직접 거래한 종목은 '신세계'였다. 딱 1주를 사고 나서 나도 모르게 계속 핸드폰을 들여다봤다. 처음에는 빨간 불이 계속되며 가격이 오르더니, 조금 지나자 파란 불이 켜지며 가격이 떨어지기 시작했다. 갑자기 혼란스러워져서 원래 사려고 했던 이유가 있었는데 생각이 바뀌고 말았다. 내가 잘못 생각한 걸지도 모른다는 불안감이 들었다. 몇 시간 후 결국 매도 버튼을 눌러 팔고 말았다. 지금 생각하면 피식 웃음이 난다.

그 후에는 조금 더 공부를 많이 하고 주식을 샀다. 주가가 움직일 때의 흐름이 마치 아이처럼 느껴졌다. 아이는 매일 울고 웃기를 반복한다. 하루에도 수없이 기분이 바뀐다. 주가 창은 마치 아이 같았다. "어, 그래. 네가 힘든 일이 있구나." 감정까지 코치할 지경이었다. 솔직히 아이 키우기보다 쉬웠다. 엄마라면 공감할 것이다. 이 세상에 육아보다 어려운 건 없다. 재밌는 건 육아하느라 정신이 없어서 주가 창을 자주 들여다보지 못한다는 사실이었다. 덕분에 나는 더욱 유리한 위치를 차지했다. 아이가 제자리로 돌아갈 것을 믿듯, 내가 선택한 회사에도 그리할 수 있었다. 그렇다면 아이 키우는 엄마에게는 왜 주식이 쉬울까?

엄마는 장기 투자에 유리하다

세계적인 투자 전문가 워런 버핏은 주식을 사고 나서 가격을 자주 확인하지 말라고 조언한다. 10년 이상 보유할 주식이 아니라면 10분도 보유하지 않는다는 게 그의 신조다. 당연히 그는 주식을 사놓고 가격을 자주 들여다보지 않는다. 그저 매일매일 경제 기사만 살펴본다. 날마다 주가 변동에 신경 쓰면 돈을 벌 수 없다고 이야기한다. 이런 이유로 엄마는 주식을 잘할 수 있다. 너무 바쁘다. 아이를 돌보느라 매시간 가격을 들여다보는 것 자체가 불가능하다. 자연스럽게 장기 투자자가 될 수 있는 것이다.

엄마는 가격 변동에 잘 대처한다

아이를 키워본 엄마는 주식의 가격 변동이 두렵지 않다. 이미 아이의 감정 기복을 겪어봤기 때문이다. 아이는 신생아 시절부터 사춘기까지 성장하며 성장통을 겪는다. 엄마한테는 아이가 일으키는 감정의 파도가 일상이다. 육아하며 자연스레 단단한 돛이 된다. 물론 쉽지 않은 일이지만 예행연습을 한 것과 안 한 것은 분명 차이가 난다. 주식을 사면서 그냥 아이가 하나 더 생겼다고 생각하면 그만이다. 사실 주식이 아이 키우기보다 쉽다. 몸은 안 힘들기 때문이다. 적어도 잠은 잘 수 있다. 주식을 하는 사람들이 가장 어려워하는 가격 변동은 아이의 감정 기복과 비슷하다.

엄마는 종목 선택 시 용이하다

나는 투자 종목을 고를 때도 아이를 떠올렸다. 모든 게 육아머리로 돌아갔다. 정말 어렵게 성공한 임신, 6번의 유산 끝에 얻은 병명은 습관성 유산이었다. 의학의 힘으로 겨우 임신에 성공했다. 이렇게 임신을 했으니 얼마나 조심스러웠을까. 그런데 사실 누구나 임신을 하면 조심스러워진다. 요즘은 많은 수가 난임에 고령 임신이다. 몸이 힘들어서 뭘 막 할 수도 없다. 그런 마음으로 신중히 투자 종목을 골랐다. 나에게 종목은 또 다른 아이나 다름없었다. 그만큼 열심히 공부했고, 그랬더니 더욱 잘 고를 수 있었다.

여기에 엄마의 감까지 활용하면 투자 종목을 훨씬 더 잘 고를 수 있다. 엄마들은 촉으로 안다. 요즘 아이들 사이에서 무엇이 인기인지, 마트에 가면 무엇을 카트에 담아야 하는지 슬쩍 훑어보기만 해도 안다. 일찍이 투자의 대가 피터 린치는 생활 감각으로 종목을 골라 투자하라고 조언했다. 엄마들은 이미 그 노하우를 갖췄다. 그리고 그 누구보다 신중하다. 한번 결정했다면 이미 수많은 생각과 검토를 거친 후다. 옷 하나도 며칠간 고르는 엄마들이 아닌가. 가격 비교에, 몸매 대입에, 후기 정독까지 엄마들은 방법을 안다. 그런데 투자 종목을 고르지 못할 이유가 무엇인가.

돈, 뜨겁게 사랑하고 차갑게 다루어라. 투자의 대가 앙드레 코스톨라니가 쓴 책 제목이다. 내가 직접 해보니 주식 투자는 아이 키우기와 정말 비슷하다. 아이를 열심히 키워 노하우가 쌓인 만큼 주식 투자가 쉬웠다. 치열한 육아 마인드를 그대로 주식에 적용하면 그만이었다. 그러므로 엄마들은 유리한 위치에서 주식을 시작할 수 있다. 남들은 10년을 투자해도 안 되는 게 바로 심리 싸움이다. 주식은 마인드 컨트롤이 반이다. 그걸 엄마는 이미 갖췄다. 하드웨

어는 있기에 소프트웨어만 바꾸면 된다. 그러니까 엄마들이여, 주식, 아이처럼 키우고 어른처럼 독립시키자.

04 | 60세 친정엄마는 어떻게 주식 천재가 되었을까

"금리가 요즘 쪼까 내려가지고 15%여. 그래도 목돈은 은행에 넣어놓고 이자 따박따박 받는 게 최고지라."

tvN 〈응답하라 1988〉의 덕선이 아빠 성동일의 대사다. 바둑 대회 우승 상금 5,000만 원을 두고 이웃들의 의견이 분분하다. "은행에 뭐 하러 돈 넣어. 금리가 15%밖에 안 되는디." 이럴 수가… 1%대 금리 시대에 사는 우리다. 무려 10배의 차이다. 은마 아파트를 5,000만 원에 사라는 이야기도 나온다. 그때는 그랬다. 은행에 넣어두고 꾸준히 고수익을 얻는 시기. 부동산으로 부자가 되는 시기. 우리도 어릴 때 겪은 일이다. 나만 해도 20살에 은행 이율을 따져

가며 적금을 넣었으니까. 그런데 이제는 달라져도 너무 많이 달라졌다. 지금은 그렇게 돈을 벌 수가 없다. 금융에 대한 완전히 다른 이해가 필요하다.

"엄마, 나 요즘 주식해."
"뭐? 주식? 그런 건 절대 하지 말아라. 큰일 나는 거야, 알았지? 지언아, 네 남편 좀 절대 하지 말라고 말려라."

남편은 시어머니에게 주식을 시작했다고 이야기했다. 어지간히 입이 근질근질했나 보다. 내가 몇 년간 꾸준한 수익을 내는 걸 보고 뛰어든 것이다. 시어머니는 당연히 반대했다. 쉽게 꺾일 분위기가 아니었다. 나는 "네"라고 그냥 대답할 수밖에 없었다. 남편은 엄마가 항상 자기를 이해해주지 않는다며 씩씩거렸다.

"자기야, 어른들은 주식으로 돈 번 세대가 아니라서 몰라. 그때는 은행 이율이 얼마나 높았는데. 나중엔 부동산으로 돈 벌던 세대야. 주식으로 돈 버는 세대는 우리부터야. 어머님은 몰라서 그러시는 거니 너무 신경 쓰지 마. 나중에 결과를 보면 인정해주실 거야."

이 말을 듣고 남편은 조금 진정되었다. 그 후로는 시어머니에게 주식의 ㅈ도 꺼내지 않았다. 남편만의 이야기가 아닐 것이다. 엄마들도 보통 가족과 이야기를 하다가 주식 투자할 마음을 접는 경우가 많다. '주식이 앞으로 대세라지만 '역시' 위험해. 소중한 돈을 잃을 수는 없지'라고 생각한다. 겨우 펼친 마음을 다시 접는다. 하지만 주식을 시작하기 전에 주식을 모르는 사람들과의 대화는 전혀 도움이 되지 않는다. 우리나라는 선진국이지만 금융 지식은 후진국 수준이다. 오죽하면 '금융 문맹'이라는 말까지 나왔을까. 주식을 정말 제대로 하는 사람들이 주변에 없어서 그렇다. 투자가 아닌 투기로 하는 사람만 봐서 그렇다. 나는 정석대로 대가들의 방식을 따랐다. 매우 건전하게 주식 투자를 했고 꾸준한 수익을 이뤘다. 나뿐만 아니라 기업과 나라에 이바지했다. 그런 사람들과 이야기해야 한다. 롤 모델을 제대로 만나면 생각이 달라진다.

나는 주식 투자를 시작하면서 친정엄마에게 이야기했다. 당시 엄마는 60세 은퇴 준비를 하는 중이었다. 엄마는 평생 월급을 받으며 일했다. 고생도 많이 했다. 예전에 잠깐 갤러리를 오픈한 적이 있었는데, 말 그대로 쫄딱 망했다. 정신없이 일해서 대출금을 갚았고, 그 후로는 섣불리 뭘 시작하지 않았다. 얼마 전까지만 해도 아침부터 밤 9시까지 일하는 경우가 허다했다. 아니나 다를까 엄마는 시큰둥한 반응이었다. 몇 개월 더 운용하니 좀 더 확신이 들었다. 때마침 주식 시장이 급락했고, 엄마에게는 은퇴 자금이 있었다. 엄마에게 강력하게 이야기했다.

"엄마, 꼭 주식 투자 시작해야 해. 지금 안 하면 바보야. 돈이 돈을 벌어준다구."

"주식 투자? 글쎄……."

"엄마, 앞으로 뭐 하고 먹고살 거야? 밑져야 본전이니 나 믿고 해봐. 돈 넣어놓고 빼서 쓰면서 편하게 살아."

"엄마 나이에 할 수 있을까? 돈도 많지 않은데……."

"엄마, 그러니까 더 해야 해. 그 돈 갖고 다른 거 할 수 있는 게 없잖아. 지금 주가가 떨어져서 이때 사면 진짜 좋아. 나 믿고 일단 해봐. 그리고 다시 얘기하자."

곧바로 엄마의 주식 계좌를 만들어 미국 주식을 샀다. 내가 해보고 안정적인 수익이 났던 미국 인덱스(인덱스란 주식 시장에 상장된 여러 회사의 평균값으로, 쉽게 말해서 지수를 추종하는 투자 상품이다.)를 매수했다. 미국 채권도 사서 비율을 맞췄다. 얼마 지나지 않아 떨어진 주식은 보란 듯이 폭등했다. 엄마가 투자한 돈은 단 몇 달 만에 20% 상승했다. 엄마는 깜짝 놀랐다. 처음에 엄마는 주식이 떨어질 때 사야 한다는 개념조차 이해하지 못했다. 돈이 돈을 버는 구조를 몰랐다. 하지만 지금 엄마는 본인의 계좌를 직접 운용한다. 다른 돈도 주식 계좌로 다 옮기고 매달 조금씩 빼서 쓰고 있다. 그러면서도 5년째 수익률이 연평균 11%다. 매년 두 자릿수 수익률을 유지 중이다. 이제 엄마는 내가 시키지 않아도 매일 유튜브와 책을 보며 주식을 공부한다. 세상에 태어나서 이렇게 재밌는 공부는 처음이라고 한다.

60세인 친정엄마도 나에게 정석대로 배워서 주식 투자를 시작했다. 그동안의 힘든 일은 다 접고 취미 생활하며 즐겁게 노후를 보내는 중이다. 그에 비해 우리는 얼마나 운이 좋은가. 그보다 젊은 나이부터 시작할 수 있다. 현재의 금융 구조는 돈으로 돈을 번다. 예전에는 자수성가가 가능했다. 하지만 지금은 돈을 모르면 계층 간의 이동이 불가능하다. 단호히 말하건대 경제 공부 없이는 부자가 될 수 없다. 앞서도 말했지만 우리나라가 다 따라갔는데 단 하나 느린 것이 금융에 대한 이해다. 이러한 금융 문맹의 대물림을 끊을 세대가 바로 우리다. 특히 가족과 밀접한 관계를 유지하고 영향력을 끼치는 엄마들이 그 선두 주자가 되어야 한다.

언젠가 '돈 관리, 엄마만 믿지 마세요'라는 제목의 기사를 본 적이 있다. 재테크 상담을 마친 20~30대 청년들이 재무 설계사에게 이런 말을 한다고 했다. "엄마가 그런 거 하지 말래요." 청년들은 월급에 맞지 않는 값비싼 종신 보험이나 치명적 질병 보험에만 잔뜩 가입되어 있는 경우가 많다. 범인은 바로 그들의 엄마들이다. 저금리 시대일수록 수익률을 높이기 위해 재테크를 시작해야 한다고 아무리 이야기해도 소용이 없다. 한창 재테크 근육을 키워야 할 청년들이 그러지 못한다. 부모에게 의존한 채 경제적 독립 또한 늦어진다.

엄마가 아이의 앞날을 방해하고 있다니, 얼마나 충격적인 일인가. 나는 아이들에게 짐이 되지 않으려고 벌써 생각하고 있다. 그래서 더욱 경제적 자유를 일구려고 한다. 아이들을 사랑하기에 더욱 그렇다. 그런데 오히려 자녀의 경제적 독립을 막고 투자를 반대한다니… 누구보다 자식 사랑이 큰 우리나라 부모들이 아닌가. 이건 분명 무지가 낳은 부작용이다. 제대로 알면 그렇지 않을 것이다. 사실 나도 아이를 낳고 나서야 배웠으니 어디에다 하소연을 할까. 우리나라는 선진국 반열에 들어섰지만, 투자에 관한 인식은 후진국 수준이라는 걸 인정해야 한다.

부자들은 다 소유한 주식, 선진국에서 대중화된 주식, 공부하고 시작하려는데 도박이라며 만류한다. 주식으로 돈 번 사람을 보지 못했다며 사실에 근거하지 않은 주장을 펼친다. 안타깝게도 가족 등 가장 가까운 사람이 이른바 '주식 킬러'가 된다. 모르는 데다 경험해보지 못했기 때문이다. 알고 나서는 그렇게 하지 말자. 엄마가 주식 킬러가 되어 아이를 금융 문맹자로 만들지 말고, 삶의 주인이 되는 경제 교육을 하자.

이 책 집필을 시작할 즈음, SBS 〈그것이 알고 싶다〉에서 주식 열풍에 관한 부작용을 주제로 다뤘다. 방송을 보면서 굉장히 안타까웠다. 나처럼 건전하게 회사의 가치를 보고 장기적으로 투자하는 사람들도 많다. 정석대로 하면서 꾸준히 수익을 낸다. 욕심부리지 않으면 안전하게 잃지 않으면서 투자할 수 있다. 육아할 때도 옆집 엄마 이야기 듣지 말고 정말로 육아 잘하는 사람을 찾으라고 주장하는 나다. 제대로 배워 건전하게 투자하면 된다. 내가 잘하고 있다는 증거는 가장 가까운 사람부터 긍정적으로 변할 때다. 이제 친정엄마는 돈의 족쇄에서 벗어나 돈을 즐기면서 산다. 더욱 사명이 느껴진다. 지금의 엄마들이 바로 건전한 투자를 구축해 가정과 나라를 일으킬 세대다.

05 | 생활비 100만 원으로 투자 시작하기

2012년, 나는 치열한 고민을 했다. 얼음 정수기와 일반 정수기, 이 중 뭘 선택할지 며칠 동안 끙끙 앓았다. 얼음 정수기는 5만 원대, 일반 정수기는 2만 원대였다. 시원한 녹차를 좋아해서 더욱 고민되었다. 하지만 결국 일반 정수기를 선택했다. 여태까지 얼음 없이 잘 살았는데, 없어도 그만이지, 생각하고 말아버린 것이다. 사실 금액도 영향을 끼쳤다. 행여나 내 선택에 후회하고 싶지 않아 적금 통장을 만들었다. 매달 3만 원을 아끼게 되었으니, 절약을 의미 있게 축하하고 싶었다. 그래서 한 달에 3만 원씩 3년간 재미로 모았다. 3만 원×36개월=108만 원+α, 이 돈으로 남편과 여행을 떠나 절약의 참맛을 즐길 생각이었다. 그러기도 전에 임신을 했고 아이를 낳았다. 적금 통장의 존재를 까마득하게 잊고 있었다.

투자 책을 미친 듯이 읽었다. 당장 뭐라도 하고 싶어 몸이 달았다. 그런데 결정적으로 돈이 없었다. 그때 시원한 얼음물을 포기하고 시작한 적금이 생각났다. 이걸로라도 해봐? 그래, 어차피 쓸 돈 아낀 거니까 더 자신 있게 한번 해보자. 잘 안 되면 말지 뭐. 매달 3만 원씩 3년간 모은 100만 원으로 바로 주식 투자를 시작했다. 어차피 매일 우는 아이를 데리고 여행은 갈 수도 없었다.

2015년 당시 기아차는 4만 8,950원, 미국의 잘나가는 기업 500개를 모아 묶어 파는 VOO(Vanguard S&P500 ETF)는 21만 4,107원이면 쇼핑 가능했다. 특히 코스닥(KOSDAQ, 별도의 성장 가능성이 높은 벤처 기업이나 중소기업이 중심이 되는 또 다른 규제 조치가 이뤄지는 주식 시장)에는 싼 게 널려 있었다. 당시 내가 샀던 신일제약은 1만 4,000원, 우리넷은 3,600원이었다. 부동산 등 다른 투자였다면 돈이 더 필요했겠지만, 주식이라서 바로 시작할 수 있었다. 그때 나는 많은 경험에 집중했다. 이를테면 관심 있는 종목은 다 하나씩 샀다. 국내 종목을 연구했고, 미국 주식도 함께 시작했다. 100만 원만으로 모든 것이 가능했다.

나는 아이를 낳고 제대로 쇼핑을 해본 적이 없다. 첫째를 데리고 백화점을 갔는데, 너무 울고 보채서 화만 잔뜩 난 채로 집에 돌아온 날이 기억난다. 그 후로는 한동안 인터넷 쇼핑만 했다. 집에서 아이만 돌보고 있으니 옷은 면티와 레깅스만으로도 충분했다. 게다가 수입이 없으니 자연스레 절약했다. 아껴 쓰기를 넘어선 안 쓰기가 일상이었다. 그러던 중에 100만 원으로 주식 쇼핑을 실컷 하니 너무 재밌는 것이다. 돈을 쓰면서 스트레스를 풀고 싶다면 무조건 주식을 추천한다. 기업도 일으키고 경제도 살리고 나까지 재밌고 일석삼조다. 그래서 그다음부터는 돈이 생기면 무조건 주식 계좌에 넣었다. '뭐 살까?' 즐거운 고민을 하느라 하루가 갔다. 아이 돌보기는 여전히 힘들었지만 신나게 지낼 수 있었다.

　여윳돈 100만 원이 생긴다면 예전의 나는 가장 먼저 옷을 한두 벌 샀을 것이다. 근사한 곳에서 남편과 식사를 했을 것이다. 그리고 나를 위한 선물을 샀을 것이다. 교보문고에 가서 좋아하는 책을 분야별로 잔뜩 산다. 문구점에 가서 예쁜 다이어리, 노트, 펜도 하나씩 산다. 유료 강의도 하나쯤 듣는다. 책을 읽고 강의까지 들으면 나는 또 어제보다 조금 더 나아지겠지… 생각만으로도 행복하다. 그런데 나는 투자를 시작하면서부터 조금 달라졌다. 즐거운 상상이 이렇게 바뀐다. 주식 쇼핑을 하고 투자 일기를 쓴다. 오늘 나는 내 회사를 샀다고, 그들이 열심히 일해줄 것이며 앞으로 면밀히 관찰할 것이라고, 그래서 돈을 이미 벌었다고……

처음에는 작게 시작하는 것이 마음 편하다. 가능한 많은 경험을 해본 후, 자신감이 붙으면 금액을 늘린다. 월 적립식으로 일정 금액을 넣는 방법을 추천한다. 주가가 전체적으로 좀 떨어질 때 목돈을 넣는 방법도 괜찮다. 내가 주식을 시작했던 2015년에는 중국의 위안화 절하와 미국의 기준 금리 인상으로 하락장이 있었다. 맞다, 이럴 때 사라고 했는데! 자신감이 붙은 나는 돈을 끌어다가 모두 주식에 넣었다. 이런 방식으로 5년간 운용했더니 어느새 돈은 억대가 되었다. 그런가 하면 남편은 큰돈으로 시작했다. 나를 보더니 근거 없는 자신감으로 뛰어든 것이다. 첫 투자 금액이 2,000만 원. 남편은 셀트리온헬스케어를 사겠다고 개수를 설정하고 매수 버튼을 눌렀다. 매수를 확인하는 방법조차 몰라, 매수 버튼을 한 번 더 눌렀다. 그래도 모르겠는지 이리저리 다른 버튼을 누르다가 식겁했다. 주식 계좌에는 2,000만 원뿐이었는데, 버튼을 또 누르는 바람에 신용으로 빚을 내어 또 산 것으로 처리되었기 때문이었다. 남편은 두근거리는 심장을 부여잡고 증권사에 전화를 걸었다. 하지만 이미 처리되었기에 증권사에서도 달리 방법이 없었다. 며칠 후 산 걸 다시 팔아서 현금화하라는 이야기만 들었다. 지금이야 이 이야기를 웃으면서 하지만 참으로 간 떨리는 경험이 아닐 수 없었다. 이처럼 주식은 오히려 작게 시작해야 마음이 편하다. 먼저 해보고 난 다음에 큰돈을 넣어도 된다.

엄마 C는 월급의 반을 뚝 떼서 한 달에 100만 원을 저축한다. 5년 안에 내 집을 마련하는 것이 목표다. 지금은 오피스텔에서 전세로 살고 있는데, 돈을 다 모으면 대출을 받아 적당한 아파트를 살 생각이다. 청약 통장에도 꾸준히 돈을 넣고 있다. 통장에 쌓여가는 돈을 보며 행복하다. 그런데 한편으로는 요즘 부동산 가격이 너무 올라 걱정이다. 허리띠를 더욱 졸라맨다.

하지만 뱁새가 황새를 쫓아가면 다리가 찢어진다. 여기서 뱁새는 예·적금, 황새는 부동산 가격이다. 사람들은 열심히 돈을 모아 부동산을 사려고 하지만, 그사이 부동산 가격은 이미 저 멀리로 날아가버린다. 고공 행진하는 전세금을 충당하느라 기껏 모은 돈을 쓴다. 전세에 넣어두면 그래도 나중에 받을 돈이니 괜찮다고? 천만의 말씀. 연 수익률 10%면 복리로 7.2년에 2배로 돈이 불어난다. 만약 20%면 복리로 3.6년에 2배로 돈이 불어난다. 내 돈이 제자리걸음을 하는 사이 물가는 고공 행진하고 부동산은 점프하며 주가는 날아간다.

모든 일에는 과정이 중요하다. 목표는 그 과정이 쌓여 얻는 결과다. 언젠가 부동산을 사기 위해 돈을 모은다면 남는 에너지를 주식 공부에 쓰자. 주식은 100만 원으로도 시작할 수 있다. 다른 투자에서 100만 원은 미미할 수도 있지만, 주식에서 100만 원의 힘은 위대하다. 100만 원부터 복리의 마법을 적용받는다고 생각해 보자. 한 달에 100만 원씩 적금을 부어 1억 원을 만든다고 가정하면 8년 4개월의 시간이 걸린다. 하지만 주식으로 매년 10%의 수익이 난다고 가정하면 7년이 채 걸리지 않는다. 기간이 길어지면 복리의 힘은 더 강해진다. 한 달에 100만 원씩 20년을 모으면 2억 4,000만 원이 된다. 하지만 10% 복리면 같은 시간을 들여도 6억 8,000만 원이 된다. 약 3배의 차이다. 주식 투자의 시간이 길어지고 금액이 늘어나면 시너지는 더욱 크다.

지금 수중에 100만 원이 있는가? 그렇다면 지금, 주식 투자를 시작해야 할 때다. 100만 원으로 할 수 있는 많은 일이 떠오를 것이다. 하지만 이번만큼은 회사를 사자. 내가 직접 회사를 차리지 않아도 괜찮다. 투자하고 나서 동업자인 그들이 잘하는지만 지켜보면 된다. 비교적 소액으로 시작해서 좋은 점은 두려움이 적다는 것이다. 보통 투자라고 하면 돈을 모아서 시작할 수 있는 것으로 생각하는 사람들이 대부분이다. 하지만 주식 투자는 조금 다르다. 회사가 널리고 널렸다. 10만 원대, 몇만 원대, 몇천 원대의 회사들이 정말 많다. 미국에서 가장 잘나가는 500개 기업을 사는 데도 큰돈이 필요하지 않다. 이후 지금의 100만 원이 큰돈이 되었다며 놀라게 될 것이다.

06 | 엄마가 반드시 피해야 할 주식 투자법

워런 버핏을 가르친 벤저민 그레이엄은 『현명한 투자자』에서 투자와 투기의 차이를 설명한다. 제대로 공부하고 분석해 원금을 잃지 않으면서 하면 투자, 그렇지 않으면 투기다. 가치에 대한 이성적인 판단으로 매수하면 투자, 감정적으로 반응해서 움직이면 투기다. 엄마들이 주식을 시작하지 않는 이유는 주식 투자를 투기로 보기 때문이다. 실제로 살펴보면 투자보다 투기하는 사람들이 많다.

좀 더 자세하게 어떤 것이 투자인지를 생각해보자. 동업하는 마음으로 회사에 투자하면 그건 투자가 맞다. 기업을 설립한 대주주가 자기 지분의 주식을 들고 있는 것은 투자가 맞다. 회사의 가치를 보고 장기 투자하면 투자가 맞다. 시장을 예측하려 하지 않고 오로지 현재의 기업 실적에 따라 내리는 결정은 투자가 맞다. 반대로 투기란 이렇다. 동업하는 마음이 아니라 돈을 버는 수단으로만 생각하면 그건 투기다. 회사의 가치를 보지 않고 수익만을 위해 단기 매매하면 투기다. 현재의 기업 실적은 따지지 않고 예측만으로 돈을 넣는 것은 투기다. 이러한 투기는 엄마의 귀중한 돈을 잃게 만든다.

엄마 D는 매매 투자자다. 사실 가치 투자를 할지 매매 투자를 할지 정하지는 못했다. 돈을 빠르게 벌 수 있다는 매매 투자가 조금 더 끌린다. 매일 밤 주식 공부를 한다. 각종 기술 및 차트 분석에 많은 시간을 할애한다. 밤에는 미국 장이 열리므로 새벽까지 투자자 동향을 살피느라 쪽잠을 자기 일쑤다. 얼마 전엔 모니터 3대를 더 사다가 연결했다. 제법 전업 투자자의 폼이 난다며 웃었다. 아침 9시 장이 시작되기 전 2시간 정도 경제 뉴스를 보며 투자자 동향을 파악한다. 실수하지 않도록 매매 준비 운동을 한다. 장 시작 20분 전 긴장감을 느낀다. 드디어 장이 열렸다. 오르는 종목들에 올라타 수익이 나면 실현한다. 낮에 조금 자둬야 버티므로 매도 예약을 하기도 한다. 남편은 알아서 혼자 준비해 출근한다. 아이들은 일어나 블록 놀이하고 책을 읽으면서 논다. 배고프면 자기들끼리 시리얼을 꺼내 먹는다. 엄마는 저녁 6시까지 매매에 집중한다. 장이 끝

나도 시간 외 거래를 확인하느라 정신이 없다. 다 끝나고 나서야 D는 아이들과 함께 시간을 보내고 밥을 해 먹인다. D는 열심히 공부한 기술적 이론들을 실천하지만 사실 수익률은 그저 그렇다. 하루 100만 원씩 버는 날도 있었지만, 최근 급락장에서 1,000만 원을 날렸다. 초보인 자신을 탓하며 더욱 열심히 공부하고 연습해야겠다고 생각한다.

솔직히 나는 엄마 D에게 제정신이냐고 묻고 싶다. 대체 왜 그 고생을 하는가? 엄마로서 먼저 하고 우선해야 할 일이 있는 것이다. 그런데 이도 저도 죽도 밥도 안 되는 상황을 자초하고 있다니, 너무 안타깝다. 나는 단기 투자를 하지 않았다. 매매로 돈을 벌려면 온종일 주식 창을 들여다보고 있어야 한다. 1분 1초, 매수와 매도하는 타이밍이 중요하다. 매일 매시간 새롭게 업데이트되는 정보에 열려 있어야 한다. 아이 돌보는 시간, 밥 먹는 시간, 화장실 가는 시간, 심지어 밤잠 자는 시간까지도 활용해야 하는 게 단기 투자다. 아이 키우느라 정신없는 나는 소위 '단타'를 할 수가 없었다. 사실 하고 싶지도 않았다. 단타는 기업의 동업자라고 하기가 어렵다. 세계적인 주식 부자 중 단타를 중심으로 그 자리에 올라간 사람은 없다. 나뿐만 아니라 기업과 사회를 위해서는 주인의 마인드로 접근해야 한다고 생각했다. 그런데 감사하게도, 육아하다 보니 시간이 없어서 자연스럽게 단기 매매가 아닌 진짜 투자를 할 수 있었다.

시장 예측도 마찬가지였다. 나는 차트를 보지 않았다. 어떤 사람들은 놀랄 것이다. 차트를 보지 않고도 그런 수익률을 낸다고? 그럼 차트에 연연하는 나는 뭐지? 처음에 나는 차트를 보는 법조차 공부하지 않았다. 차트를 볼 필요가 없다는 주식 대가들의 이야기를 읽고 그렇게 했다. 그러다가 차트를 보는 방법 중 딱 2가지는 유용하다는 사실을 알게 되었다. 투자로 50억 원을 벌고 경제적 자유를 얻은 『부의 인문학』의 저자 브라운스톤(우석) 역시 차트를 볼 필요가 없다고 이야기한다.

그의 말에 의하면 대부분의 차트 분석은 엉터리다. 이미 사람들이 알고 있는 방법으로는 돈을 벌 수 없다는 의미다. 하지만 2가지만큼은 신중히 보라고 조언했다. 첫 번째는 3년간 수익률이 낮은 주식 군에 투자하라는 것이다. 이 경우 향후 3년간 투자 수익률이 시장 평균을 넘어설 수 있다는 리차드 탈러 교수의 의견을 덧붙였다. 두 번째는 200일 이동 평균선이 상승 전환할 때다. 쉽게 말해 1년을 살펴봤을 때 주가가 상승하는 분위기면 그때 올라타는 게 좋다는 것이다. 유용하다는 딱 2가지를 살펴보면 가치가 보인다. 3년간 투자 수익률이 낮은 종목을 보란 것은 오랫동안 가치를 인정받지 못한 주식을 고르면 대부분 괜찮았다는 이야기다. 그리고 200일 이동 평균선은 주가가 오랫동안 횡보할 때보다는 상승 추세일 때 사라는 이야기다. 결국 2가지를 종합해보면 오랫동안 가치를 인정받지 못했지만 조금씩 상승하는 종목이 좋다는 뜻이다. 군이 차트를 분석하지 않아도 투자를 공부한 사람이라면 당연하다고 느낄 가치다. 차트는 흡사 점쟁이와 같아서 과거와 현재는 잘 맞히지만, 미래 예측은 그리 신통치 않다. 사실 전문가도 시장 예측은 자주 틀린다. 물론 예측이 맞을 때도 있다. 대중은 차트를 공부하며 그런 일이 일어날 거라 믿어서 더욱 따라간다는 사실을 잊지 말자. 차트는 중요한 순간에 극적으로 배신할 수도 있다.

엄마라면 단기 매매에 발을 들이지 말자. 차트를 잘 알아도 참고하는 정도로만 활용하는 것이 좋다. 시간이 없다면 나처럼 그냥 보지 않고 투자해도 괜찮다. 가끔 욕심이 나고 조급할 때는 잠시 멈추자. 만약 이것이 아이 계좌라도 거래할지 스스로에게 묻자. 아이 계좌에 넣어둔다 생각하고 종목을 고르면 엄마들은 투기하지 않고 투자하게 된다. 실제로 나는 이 방법으로 돈을 벌었다. 아이를 위해서 고르면 최소 10년은 꾸준히 갖고 있을 종목을 선택하게 된다. 급하지 않으니 정말 떨어졌을 때 더 사놓게 된다. 아이와 대화하며 골라도 마찬가지다. 아이에게 단타를 하고 차트를 보라고 말할 수는 없지 않은가? 회사의 가치를 보고 동업하는 마음으로 종목을 고르는 방법을 아이에게 가르쳐주며, 자연스레 나도 그렇게 하게 된다. 아이에게 부끄럽지 않은 부모는 세상에도 부끄럽지 않다.

물론 투기로 돈을 버는 사람들도 있다. 투기를 한다면 확실하게 인정하고 하라고 전문가들은 조언한다. 그래야 최대한 안전하게 원칙을 지켜 투기하기 때문이다. 우리나라 투자자들의 평균 80%는 돈을 잃는다. 자신에게 맞지 않는 투기법을 따라 해서 그렇다. 벤저민 그레이엄은 정 투기를 하고 싶으면 계좌 잔고의 10% 내에서 하라고 이야기한다. 투기에 성공하려면 명석한 두뇌, 신속한 행동 반응 속도, 투기에 집중할 시간, 신체적·정신적 에너지가 필요하다. 당신의 돈과 인생은 소중하다. 여기서 하나라도 부족하다면 빨리 빠져나오는 편이 훨씬 낫다.

엄마라면 다르게 투자해야 한다. 먼저 투기는 금물이다. 주식은 엄마가 투기로 돈을 버는 판이 아니다. 엄마한테는 아이와의 1분 1초가 소중하다. 가정은 세상에서 가장 행복한 공간이다. 이렇게 소중한 것들을 우선시해야 한다. 그리고 사실 아이를 키우다 보면 시간도 여유도 없다. 긍정적인 마음으로 무장해야 겨우겨우 하루를 버틴다. 나와 가정, 기업, 그리고 나라를 위해 제대로 투자하자. 장기적으로 가치 투자하자. 나는 그렇게 정석으로 투자했고, 좋은 결과를 거뒀다.

07 | 투자 수익률을 결정짓는 엄마의 자존감

요즘 건국 이래 주식에 대한 관심이 가장 뜨겁다. 부동산 정책으로 혼란이 계속되면서 더욱 주식으로 관심이 몰렸다. 상황이 이러한데, 뜻밖의 주식 청정 지역이 있다. 바로 엄마들의 대화다. 나는 엄마들과 주식 이야기를 나눈 적이 없다. 예전에 가끔 눈치를 보며 "삼성전자 주식이 많이 떨어졌던데요?"라는 등의 질문을 했다. '혹시 모를 나와 통할 그녀'를 찾기 위해서. 그러면 보통 이런 대답이 들려왔다. "더 떨어질 거래요." 단 한마디 대답으로 대화는 다시 원래 주제로 돌아갔다. 예민한 기질의 아이를 키울 때도 나 홀로 육아를 했는데, 투자도 예외는 아니었다.

코로나19 폭락이 왔을 때 나는 바닥에 떨어진 주식들을 주웠다.

코스피가 1,600대로 떨어진 2020년 3월 17일, 너무하다 싶었다. 있는 돈, 없는 돈을 모두 끌어모아 소위 '줍줍'을 시작했다. 아무도 사지 않았다. 더 떨어질 거라고 이야기했다. 사람들은 공포에 질려 있었고, 나에겐 그 공포가 보였다. 원래 가치에서 과도하게 떨어진 주식들이 보였다. 더 떨어져도 상관없었다. 내가 보기에 싸서 샀다. 몇만 원에 거래되던 것들을 몇천 원대에 샀다. 반토막도 수두룩했다. 가진 돈을 일부러 다 쓰지 않았다. 더 떨어지면 더 사면 된다. 나 혼자 특급 세일 쇼핑을 했다. 이후 코스피는 1,400대로 떨어졌고, 나의 특급 쇼핑은 계속되었다. 그 후 얼마 지나지 않아 코스피는 2,400대로 급상승했고, 내 계좌도 덩달아 급상승했다.

나는 줍줍을 시작하면서 인스타그램에 글을 올렸다. 그런데 다들 공포에 질려 쉽게 나도 사야겠다는 이야기를 하지 않았다. 그때 나는 더더욱 공포를 객관적으로 봤고, 바로 실행에 옮겼다. 이런 일들을 지난 5년간 여러 번 경험했다. 이처럼 진짜 장이 열릴 때는 옆에 아무도 없다. 앞으로 또 올 것이며, 평소 지켜보던 주식이 있으면 더 많이, 더 좋은 가격으로 살 수 있다. 이때 얼마나 많은 돈을 투자하느냐가 수익률을 크게 좌우한다. 여전히 기회는 있다고 생각한다. 주식의 심리 법칙을 아는 사람은 다른 사람들과 반대로 행동한다. 사람들이 알고 들어올 때는 이미 나의 쇼핑이 끝난 후다.

매일 아침 커피숍에 가면 엄마들이 한참 수다를 떤다. 아이를 어린이집이나 유치원에 보내놓고 커피 한 잔을 하는 것이다. 나는 엄마들과 원만히 지내지만, 공교롭게도 항상 혼자다. 근처에 떨어져 앉아 볼일을 본다. 사람들과 섞이지 않고 혼자 있는 것은 굉장한 용기가 필요한 일이다. 그렇게 무리에 섞이지 않아 좋았던 점은 소신을 지킬 수 있었다는 것이다. 나는 동네 엄마들이 다 보내는 어린이집에 아이를 보내지 않았다. 내 방식대로 공부해서 육아했다. 육아뿐만이 아니라 투자도 그랬다. 만약 주식 이야기를 했으면 다들 만류했을 것이다. 하지만 혼자 공부하며 했기에 방해받지 않고 나만의 수익률을 일구고 방법을 구축할 수 있었다.

『부자언니 부자특강』을 보면 내가 아닌 남의 인생을 사는 Z양의 이야기가 나온다. Z양은 남들의 시선을 과도하게 의식한다. 대학에 진학할 때도 과를 중심으로 선택하기보다는 인 서울 대학을 지원했다. 회사도 이름 위주로 골라 지원했다. 남들의 눈을 의식해 하이브리드 자동차를 샀다. 할부를 갚느라 등골이 휠 지경이다. 엄마 친구 딸들 때문에 엄마한테 돈도 많이 쓴다. 결혼해서 아이를 키우면서도 돈을 많이 쓴다. 누구보다 뒤처지는 게 싫어 영어 유치원에 이어 사립 초등학교에 보내니 교육비 지출이 어마어마하다. 학부모 모임에서 외제 차를 보고 차를 바꾸자고 남편에게 이야기했다가 부부 싸움만 하고 말았다. Z양의 인생은 겉으론 그럴싸해

보이지만 그 안에 '나'는 없다.

Z양의 이야기는 그 누구도 아닌 바로 우리 자신의 이야기다. 여기서 범인은 '자존감'이다. 자존감이 높으면 넝마를 입어도 스스로 느끼기에 빛이 난다. 반면에 자존감이 낮으면 돈으로 그 공백을 메우려 하게 된다. 자존감이 중요한 이유는 소신 있는 선택을 하는데 큰 영향을 끼치기 때문이다. 주식 투자는 소신의 영역이다. 아이를 키우며 짬을 내 공부하는 것도 그렇고, 엄마들과 어울릴 시간을 나만을 위해 베팅하는 것도 그렇고, 또한 잘 아는 분야를 파고들어 종목을 선정하는 것도 그렇다. 소신을 지키지 못하고 이리저리 휩쓸리는 사람은 주식 투자를 잘하기가 어렵다.

나도 자존감이 낮았다. 사랑받지 못하고 자라 자존감에 구멍이 나 있었다. 빈곤한 자존감을 육아로 다시 채웠다. 아이들은 누구보다 나를 사랑해줬다. 무조건의 사랑을 매일 터지도록 받았다. 어릴 적 트라우마와 아이를 잘 키워야겠다는 열망은 나의 모든 능력을 업그레이드시켰다. 엄마 됨은 자존감을 다시 채울 기회다. 이처럼 준비가 되었을 때 다시 공부를 시작했다. 육아를 공부해서 소신껏 아이를 키웠다. 육아 일기가 쌓여 사람들에게 긍정적인 영향을 끼쳤다. 경제를 공부해서 소신껏 회사에 투자해 돈을 벌었다. 가정을 일으키고 나라를 도왔다. 나의 자존감은 더욱 견고해졌다. 아이를 낳고 엄마는 뇌가 말랑해진다. 뇌의 가소성이 높아져 전두엽이 재구성된다. 이 시기를 놓치지 말고 가장 좋은 것들로 채우자.

육아할 때가 가장 좋은 시기다. 세상에 휩쓸리지 않고 내 아이의 눈만 바라봐야 하는 시기. 몸이 근질근질해서 미칠 것이다. 사람들을 만나 이야기하고 싶을 것이다. 감을 잃고 싶지 않아 안달복달할 것이다. 다 안다. 나도 그랬으니까. 오히려 지금은 예민한 기질로 태어난 아이들에게 정말로 고맙다. 옴짝달싹 아무것도 못 하고 세상과 단절된 채 육아만 했다. 옆집 엄마들이 수다를 떨면서 즐겁게 지낼 때 짬을 내어 혼자 치열하게 공부했다. 육아가 어려워서 육아 공부를 했고, 돈이 없어서 주식 공부를 했다. 그렇게 나는 아이들을 잘 키우게 되었다. 그리고 억대 주주가 되었다. 너무 고통스러웠던 시기가 나를 가장 멋진 나비로 변신시켜 날게 해줬다. 이제 내 자존감은 빛이 난다.

꼭 알고 넘어가야 할 주식 투자의 기초 ⬆⬇🔍

주식 개념, 이것만은 반드시

: 주식

기업은 주식을 발행해 투자자에게 판다. 그렇게 투자자에게 받은 돈으로 자금을 조달하는 것이다. 예를 들어 내가 회사를 운영하는데 잘된다. 같이 가면 더 멀리 가는 법, 더 많은 자금을 끌어들여 회사를 키우고 싶다. 이때 주식을 발행한다. 1,000만 원짜리 주식을 10개 발행해 투자자 10명에게 판다. 그러면 나는 1억 원을 조달할 수 있다. 의결권을 갖고 내 사업에 관여하는 10명의 주주가 생긴다. 이처럼 주식은 기업에게는 투자 금액을 조달하는 방식이지만, 투자자에게는 의결권이기도 하다. 단 1주만 있어도 주주 총회 등 주주의 의견이 필요한 때마다 연락이 온다. 당연히 주식을 많이 가질수록 기업에 미치는 영향력은 커진다.

: 보통주와 우선주

보통주는 사람들이 일반적으로 아는 주식을 말한다. 보통주를 소유하면 회사의 주인이 되어 의결권을 행사한다. '본주'라고 부르기도 한다. 반면 우선주는 보통주와 달리 의결권이 없다. 대신 배당 우선권이 있어 가장 먼저 배당을 받게 된다. 기업이 자산을 처분할 때도 먼저 돈을 받을 수 있고, 보통주보다 배당을 조금 더 받는다. 우선주는 대부분 끝에 '우'가 붙는다. 삼성전자는 '삼성전자우', 현대차는 '현대차우'가 우선주다. 현대차2우B, 현대차3우B처럼 여러 우선주가 상장된 기업도 있다. 우선주는 대개 보통주보다 싸게 거래된다. 금융 선진국의 경우 보통주의 8~90% 정도로 우선주 가격이 형성되어 있다. 우리나라는 삼성전자 같은 대표 주식 외에는 50% 정도 선에서 낮게 거래되고 있다. 따라서 투자 금액 대비 배당 수익이 높다. 자본주의가 성숙하면 금융 선진국처럼 우선주 가격도 상승할 것이다. 다만 거래량이 적고 변동성이 커 단기 투자자에게는 추천하지 않는다.

: 채권

주식이 회사에 투자하는 것이라면 채권은 돈을 빌려주는 것이다. 예를 들어 내가 지인에게 10만 원을 빌려주면서 이자로 10%인 1만 원을 같이 돌려받기로 약속한다. 10%라니 웬 수지맞는 장사. 채권은 이처럼 이자로 돌려받을 1만 원을 먼저 뗀 다음에 9만원을 빌려주는 것이다. 그런데 돈을 빌려줬는데 갚지 않으면 어떻게 할까? 개인이 발행하는 사채나 회사가 발행하는 회사채는 위험이 존재한다. 그래서 안전한 것은 국가가 발행하는 국채다. 우리나라, 미국, 브라질 중에 어디의 국채가 가장 안정적일까? 사람들은 선진국의 채권을 꾸준히 거래한다. 그리고 채권은 보통 주가와 반대로 움직인다. 경기가 좋지 않을 때는 같이 하락하기도 한다.

: ETF(상장지수펀드)

ETF(Exchange Traded Fund)는 특정 지수의 수익률을 모방하도록 만든 펀드다. 코스피를 한번 생각해보자. 우리는 우리나라 주식 시장이 얼마나 성장했는지를 코스피로 이야기한다. 2021년 현재 코스피는 3,000대이고, 2020년 상반기 코로나19 폭락 때 2006년 지수였던 1,400대까지 떨어졌었다. 예를 들어 코스피200 ETF는 우리나라 우량주 200개를 묶어 만든 것이다. 따라서 코스피와 비슷하게 상승하고 떨어진다. 미국의 S&P500 ETF는 미국의 가장 잘나가는 기업 500개를 묶어 만든 것이다. 이 또한 S&P500 지수에 따라 비슷하게 상승하고 떨어진다. ETF가 좋은 이유는 많은 기업을 묶어 싸게 쪼개서 팔기 때문이다. 효율적인 주식 시장이 형성된 미국은 웬만한 펀드 매니저도 ETF 수익률을 따라가지 못한다. 매달 기계식으로 적립할 수 있고 수익률이 괜찮다. ETF는 직접 주식 시장에서 거래할 수 있다.

종합 주가 지수에 대해

: 우리나라 대표 주가 지수

① 코스피 지수(KOSPI)

대한민국 대표 증권 시장은 한국 거래소 유가 증권 시장이다. 이를 코스피 마켓(KOSPI Market)이라고 부른다. 코스피 지수는 이러한 한국 유가 증권 시장에 상장된 기업들의 주가 지수다. 흔히 '코스피'라고 하며 '한국 종합 주가 지수'라고도 한다. 코스피는 코스닥보다 상장이 까다롭다.

② 코스닥 지수(KOSDAQ)

코스닥은 1996년 개설되었다. 미국의 나스닥을 모방해서 만든

중소 벤처 기업들을 위한 주식 시장이다. 신생 중소기업은 유가 증권 시장 상장이 어려우니, 그들을 위한 주식 시장을 따로 만든 것이다. 코스닥 지수란 코스닥에 상장한 기업들의 주가 지수를 뜻한다.

: 미국 대표 주가 지수

① S&P500 지수

S&P500 지수는 미국 우량주 500개를 모아서 만든 지수다. 다양한 업종의 많은 기업을 포함하기 때문에 미국 경제를 가장 잘 반영한다고 여겨진다. 세계 3대 신용 평가 기관인 스탠더드 앤드 푸어스(Standard and Poors, 약칭 S&P)가 소유하고 관리한다.

② 다우존스 산업 평균 지수(Dow Johns Industrial Average)

흔히 다우 지수라 부른다. 1884년 다우존스 컴퍼니 창립자 찰스 다우가 창안한 가장 역사 깊은 주가 지수다. 미국의 30개 우량 기업을 포함한다. 30개의 기업만으로 미국 경제 전체를 설명하기 어렵다는 지적이 있지만, 미국 주식 시장의 오랜 흐름을 보여줘 여전히 세계 경제에 많은 영향을 끼치는 지수다.

③ 나스닥 지수(NASDAQ)

나스닥 지수는 나스닥에 상장된 기업들을 포함하는 주가 지수다. 나스닥은 미국의 장외 거래 시장이다. 미국뿐만 아니라 전 세계 벤처 기업들이 나스닥에 상장한다.

투자할 회사의 가치를 보는 방법

: ROE(자기 자본 이익률)

ROE(Return On Equity)는 쉽게 말해 회사가 이익을 창출하는 힘이다. ROE를 보면 부채를 뺀 투자 자본만으로 얼마나 이익을 냈는지 확인할 수 있다. 예를 들어 매년 ROE가 10%인 회사가 있다면 5% 은행 예금에 넣어두는 것보다 수익률이 높으므로 더 많은 수익을 얻을 수 있다. 따라서 수치가 높을수록 좋다. 회사의 최근 1~2년 및 예상 ROE를 살펴보자. 5% 이상이면 수익성이 좋은 편이며, 15% 이상이면 매우 높다고 할 수 있다. 하지만 계속해서 성장하는 회사는 많지 않다. 앞으로도 이익을 꾸준히 창출할 수 있는지 살펴보는 것이 중요하다. 그리고 ROE가 높은 회사는 주가 역시 높은 경우가 많다. 이럴 때는 PER(주가 수익 비율)을 함께 살펴야 한다.

• ROE = (당기 순이익 / 자본 총액) × 100

: EPS(주당 순이익)

EPS(Earning Per Share)는 기업이 1주당 얼마만큼의 순이익을 냈는지 확인할 수 있는 지표다. 예를 들어, 나는 예전에 쇼핑몰을 운영할 때 매출은 높았지만 워낙 싸게 팔아 마진율이 10%밖에 되지 않았다. 1,000만 원이라는 수익을 창출하기 위해 발생한 모든 비용을 제하고 순수하게 남는 돈이 100만 원이었다. 여기서 100만 원을 주식 수로 나누면 EPS다. 투자하려는 회사의 EPS가 전년 대비 상승했는지를 살펴보자. 최근 몇 년간 추이도 함께 살피자. EPS가 1만이라면 1주당 1만 원을 번 것이다. 그리고 ROE를 볼 때 EPS도 함께 확인해야 한다. 지속적인 구조 조정으로 자기 자본을 낮추는 회사는 ROE는 계속 높지만 EPS는 상승하지 않는다. ROE와 함께 EPS도 같이 상승하는지를 살펴야 회사가 진짜 성장하는지를 확인할 수 있다.

• EPS = 당기 순이익 / 발행 주식 수

: PER(주가 수익 비율)

PER(Price Earning Ratio)은 현재 주가를 주당 예상 순이익으로 나눈 것이다. PER로 주가가 비싼지 싼지를 바로 알아볼 수 있다. 예를 들어 내가 회사를 운영해서 10만 원의 순이익이 발생했다고 치자. 이때 주가가 10만 원이라면 10/10=1로 PER은 1이 된다. 주가가 100만 원이라면 PER은 10이 된다. 주가를 따로 보지 않아도 PER이 1이면 PER이 10인 것보다 주가가 저렴하다고 판단할 수 있다. 그리고 PER은 시장의 기대 가치를 설명하기도 한다. 전통적인 제조 회사의 PER은 낮지만, 최신 기술을 개발하는 회사는 PER이 높은 경향이 있다. 이를테면 전통적인 제조 회사인 자동차 부품 회사 프라코는 PER 5.5에도 반응이 없어 결국 주식 시장 상장을 철회했다. 반면 바이오 기업의 평균 PER은 100이다. 삼성바이오로직스는 2020년 12월 기준 PER이 268이다.

- PER = 주가 / EPS(주당 순이익)

: 이브이에비타(EV/EBITDA)

이브이에비타는 PER을 보완하는 지표다. 투자 이익이나 자산 처분 같은 일시적인 이익이나 손실로 PER에 왜곡이 일어날 수 있기 때문이다. 따라서 이브이에비타를 같이 보면 이러한 일시적인 이벤트의 영향을 알 수 있다. 순수하게 영업으로 벌어들인 이익으로 기업 가치를 보기 위해 이브이에비타를 활용한다. 구체적으로는 현금 흐름 배수라고 한다. 현금을 창출해낼 수 있는 능력을 시가 총액에 비교해보는 것이다. 10을 기준으로 낮으면 저평가되어 있다고 본다. 이 수치를 직접 계산할 필요는 없고, 보통 증권사가 발행하는 리포트에서 살펴보면 된다.

- EV(Enterprise Value)

  = 시가 총액 + 순 차입금(총 차입금 - 현금 및 투자 유가 증권)

- EBITDA(Earnings Before Interest, Tax, Depreciation and Amortization)

  = 영업 이익 + 감가 상각비 등 비 현금성 비용 + 제세금

∴ EV/EBITDA = EV / EBITDA

: PBR(주가 순 자산 비율)

PBR(Price Book-value Ratio)은 주가를 주당 자산 가치로 나눈 것이다. 기업이 망해 청산할 때 얼만큼의 가치를 받을 수 있는지 확인 가능한 지표다. 예를 들어 기업이 망했다고 치자. 이때 돈 되는 것들, 즉 땅, 건물, 시설, 공장 등을 팔아 주주에게 얼마나 돌려줄 수 있는지 그 여부다. PER과의 차이는 다음과 같다. PER은 수익

으로 주가를 판단하는 반면, PBR은 장부상의 가치다. 1이면 주가와 기업의 청산 가치가 같다는 뜻이다. 역시 낮으면 저평가되어 있다고 보면 된다. PBR은 일종의 안전장치라고 볼 수 있다. 물론 안전만을 생각해서 투자하면 안 될 것이다. 수익을 보고 투자하는 것이 중요하다. 하지만 참고할 만한 수치다. 특히 금융 기관을 볼 때 PBR을 살핀다. 그리고 인터넷 회사처럼 자산보다 기술력으로 영업을 하는 곳은 PBR이 높은 경향이 있다.

• PBR = 주가 / 주당 순 자산

주식 계좌부터 개설하자 📈

투자의 시작은 계좌부터 개설하는 것이다. 누구든 주식 공부를 시작하면 나는 무조건 계좌부터 만들라고 이야기한다. 공부를 다 하고 시작하면 생각만큼 실행력이 따라주지 않는다. 그리고 계좌를 만드는 과정 또한 공부다. 계좌를 만들 때 꼭 아이 계좌도 같이 만들자. 엄마는 아이 계좌를 같이 운용하면서 투자에 대한 생각이 달라진다. 투기가 아닌 투자로 접근하게 된다. 아이를 위해서라면 없던 실행력도 생기는 게 엄마다. 여기에 아이와 함께 경제 공부를 할 수 있다는 점은 보너스다.

주식 계좌를 만들려면 가까운 은행에 가면 된다. 증권사가 주변에 보이지 않으니 계좌를 어떻게 만들어야 하는지 모르는 엄마들이 많다. 요즘은 앱을 통한 비대면 계좌 개설이 가능하다. 하지만 아이 계좌는 대면으로만 가능하다. 자녀 관련 서류를 준비해 가까운 은행이나 증권 회사를 방문하자. 아이는 데리고 가지 않아도 괜찮다. 주식 계좌를 만들면서 해외 계좌와 아이 계좌도 같이 개설하겠다고 이야기하면 된다.

: 대면 계좌 개설

1 신분증과 필요 서류를 준비한다.

- 필요 서류: 본인 신분증, 본인 명의 가족 관계 증명서, 자녀 명의 기본 증명서, 자녀 명의 주민 등록 초본(은행마다 상이), 아이 도장
- 아이 도장이 없으면 엄마의 도장으로도 가능하다. 서류는 주민 센터에 직접 방문해서 발급받거나, 온라인으로는 전자가족관계 등록시스템(efamily.scourt.go.kr)에서 발급받을 수 있다. 해외 주식 계좌를 같이 개설하려면 국민은행, 우리은행, 기업은행, 하나 은행 등에서만 가능하다.

2 가까운 은행에 방문한다.

3 주식 계좌를 개설하겠다고 이야기한다.

- 본인 계좌, 해외 계좌, 아이 계좌를 함께 개설하겠다고 말한다.

4 증권 회사를 선택한다.

- 크고 대중적인 곳이 무난하다. 물론 원하는 회사를 선택해도 상

관없다. 선택 시 수수료는 크게 중요하지 않다.

5 온라인 가입 처리를 완료한다.

- 증권 회사 앱과 HTS(Home Trading System) 프로그램을 설치한다.

: 비대면 계좌 개설(키움증권 비대면 계좌 개설 기준)

1 핸드폰, 은행 계좌, 신분증을 준비한다.

2 키움증권 비대면 계좌 개설 앱을 설치한다.

3 계좌 개설 버튼을 누른다.

- 거래할 상품으로 종합(주식+수익 증권+해외 주식)을 선택한다.

- 개설할 계좌의 비밀번호를 입력한다.

4 신분 확인 절차를 진행한다.

- 준비한 신분증을 촬영해서 전송한다. 본인 인증을 위해 영상 통화를 할지, 아니면 계좌 확인을 할지 선택해서 인증을 받는다.

5 계좌 개설을 확인한다.

- 주식 거래할 앱으로 영웅문S를 선택한다.

증권 회사 수수료

어떤 증권 회사를 선택할지 고민될 것이다. 요즘 수수료 무료 경쟁이 치열하다. 그런데 수수료가 무료라면 증권 회사는 대체 어떻게 돈을 버는 걸까. 수수료는 무료지만 알고 보니 '유관기관 제비용' 등의 명목으로 비용을 부과하는 곳도 있다. 무료 수수료 계좌에는 신용 대출 이자율을 높게 측정하기도 한다. 정작 이런 정보들은 잘 보이지 않아서 고객들이 불이익을 당하는 경우가 많다. 금융감독원은 금융 회사의 자극적인 광고 문구에 현혹되지 말라고 당부한다. 보통 국내 주요 증권사 HTS의 수수료는 0.01~0.15%, MTS(Mobile Trading System)는 0.01~0.19% 정도다. 수수료가 높지 않아 소액으로 투자를 처음 시작하는 사람들에게는 크게 중요하지 않다. 그리고 매매를 많이 하지 않는 장기 투자자에게도 크게 상관없다. 수수료를 참고하는 것은 당연히 필요하지만, 수수료만 중시하지는 않는 것이 좋을 듯하다.

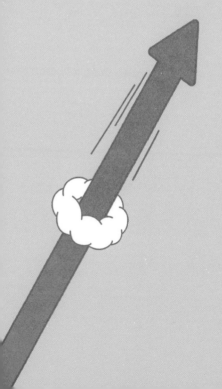

2장

주식과 육아 사이, 투자의 길을 찾다

01 | 투자를 성공으로 이끄는 일단 시작의 힘

코스피가 상승하고 부동산이 휘청거리는 요즘이 주식을 시작하기 가장 좋은 때다. 장기적인 가치 투자는 복리 효과를 톡톡히 누린다. 금융 문맹을 벗어나면 평범한 사람도 부자가 될 수 있다. IQ와 유전, 수저 논란을 다 뛰어넘는 방법은 제대로 투자하는 것이다. 이렇게 좋은 투자를 왜 엄마들은 시작하지 못할까? 단순히 몰라서일까, 아니면 특별한 이유가 있어서일까?

엄마의 항변 ① 주식이 뭔지 모르겠어요

엄마 E는 오랫동안 주식이 도박이라고 생각했다. 많은 사람으로부터 주식을 하면 큰일 난다는 이야기만 들어온 것이다. 그러다가 최근 주식 열풍을 보며 책을 읽고 생각이 조금 바뀌었다. 무엇보다 아이 계좌에 우량주를 사서 넣어주고 싶다는 생각이 든다. 그래서 계좌를 만들려고 하는데 어떻게 해야 하는지를 모른다. 그보다는 사실 두려움이 앞선다. 주식으로 돈 벌었다는 사람의 이야기를 들으면 그래봤자 또 언젠가 잃을 게 뻔하다는 생각을 한다.

엄마들이 주식을 시작하지 못하는 첫 번째 이유는 주식을 모르기 때문이다. 주식이 도박이라고 생각하는 것이다. 외부의 영향을 받는 경우가 많다. 그럼에도 불구하고 호기심이 생기는 이유는 또 다른 이야기를 하는 사람들이 있어서다. 무엇보다도 엄마를 움직이는 것은 아이에 대한 마음이다. 하지만 막상 시작하지 못한다. 두려움이 무의식에 자리 잡고 있기 때문이다. 금융 문맹의 덫에 빠진다.

나는 이런 엄마들에게 아이를 위해서 일단 계좌를 개설하라고 조언한다. 고정 관념을 바꾸는 일은 쉽지 않다. 하지만 몸이 움직이면 마음이 따라 움직이는 법이다. 그리고 동기를 계속 부여하는 올바른 멘토를 찾는 것이 중요하다.

엄마의 항변 ② 어떤 주식을 사야 할지 모르겠어요

엄마 F는 자신과 아이들 계좌를 함께 개설했다. 그런데 1년째 주식을 하지 못하고 있다. 일단 어떤 종목을 사야 할지 모른다. 공부를 좀 해보려고 책을 샀는데, 어려운 용어와 차트만 잔뜩이다. 억지로 읽고 나니 오히려 더 뭘 사야 할지 모르겠다. 주변에 뭘 사면 좋을지 물어본다. 그런데 속 시원한 이야기를 듣기가 어렵다. 주식 방송에 나오는 종목을 보며 저걸 사야 하나 고민이 든다. 하지만 사면 떨어질까 봐 무섭다.

엄마들이 주식을 시작하지 못하는 두 번째 이유는 종목을 고르는 방법을 모르기 때문이다. 잘못 공부해서 그렇다. 주식에 관한 책을 읽다 보면 엄마에게 맞지 않는 내용이 많다. 차트를 보는 방법만 계속 설명하고, 단타에 유용한 정보들만 잔뜩 알려준다. 사실은 쉬워 보이는 책이 가장 어렵고 잘 맞지 않는 경우가 많다. 그럴수록 엄마에게 맞는 책을 찾아서 읽어야 한다. 맞춤형 책을 찾기 어렵다면 차라리 주식 대가나 전문가들의 책을 읽는 것이 좋다. 다음은 엄마의 주식 공부를 위한 나의 추천 도서 리스트다.

- 워런 버핏: 『워런 버핏의 주주 서한』
- 피터 린치: 『피터 린치의 이기는 투자』, 『전설로 떠나는 월가의 영웅』

- 벤저민 그레이엄: 『벤저민 그레이엄의 증권분석』, 『현명한 투자자』
- 필립 피셔: 『위대한 기업에 투자하라』
- 유수진: 『부자언니 부자특강』
- 린지: 『직장인, 100만 원으로 주식투자 하기』

제대로 쉽게 배우면 일단 사게 된다. 나는 주식을 시작하는 사람들에게는 우리나라 코스피200 ETF, 고배당 ETF 혹은 미국 S&P500 ETF를 매월 적립식으로 사는 방법을 추천한다. KODEX 200 ETF, ARIRANG 고배당주 ETF, Vanguard S&P500 ETF 등이다. 우리나라 ETF는 접근하기가 쉽고, 미국 ETF는 수익률이 높다. 이처럼 일단 매월 사보면서 개별 종목도 공부하면 된다.

엄마, 금융 문맹을 벗어나려면

엄마 G는 보통 예금 통장에 6년째 꾸준히 월급을 모으고 있다. 주거래 은행을 만들고자 일부러 그런 것은 아니다. 사실 시간이 없어서다. 워킹맘이다 보니 재테크에 신경 쓸 마음의 여유가 없다. 매월 카드값을 내고 나면 약 50만 원 정도가 남는다. 그 돈을 딱히 쓰지 않아 현재 통장에는 3,000만 원 정도가 있다. 액수가 점점 커지면서 어떻게 돈을 굴려볼까 생각이 들기도 하지만, 역시 돈은 관심을 꺼야 쌓이는 거라며 그냥 둔다.

엄마 H는 아이를 낳고 프리랜서로 일하기 시작했다. 출산 전에 회사를 다니면서 열심히 돈을 모았다. 지금은 남편 월급과 간간이 일해서 버는 자신의 소득을 합쳐 한 달에 약 300만 원의 돈을 관리한다. 생활비로 200만 원을 쓰고, 나머지 100만 원은 적립식 해외 펀드 20만 원, 세금 우대 적금 30만 원, 연금 보험 20만 원, 청약 적금 30만 원으로 분산해서 넣고 있다. 그녀는 금융 상품을 꼼꼼히 살핀다. 얼마 전에는 높은 이자를 주는 특판 적금에 가입하려 했는데, 아이를 돌보다가 아쉽게 놓쳤다. 좋은 상품이 나오면 누구보다 빨리 움직이겠다고 다짐한다.

금융 문맹인 두 엄마의 이야기다. 당신은 어느 쪽인가? 귀찮아서 그냥 쌓아두기만 하는 유형, 그리고 열심히 발품 팔아 돈을 모으는 듯 보이지만 금융 지식이 전무한 유형. 나는 후자였다.

나는 내가 돈을 잘 알고 잘 모으는 줄 알았다. 적금을 일일이 비교했고, 소위 적금 통장 풍차 돌리기도 했다. 돈 관리 이야기를 귀기울여 들었음은 물론이다. 심지어는 20대 때 인도가 좋을 거란 이야기를 듣고 인도 투자 펀드에 가입해서 매월 돈을 넣은 적도 있다. 떨어진다는 소식이 들리자 바로 해약했고, 다행히 손실이 없었다. 행동이 빨라서 살았다며 안도의 한숨을 내쉬었다. 보험도 종류별로 가입했다. 보험료가 어마어마했지만 행복했다. 돈 버는 거라고, 노후가 보장되었다고 생각했다. 나는 정말 무늬만 그럴싸한 금융 문맹이었다.

주변을 둘러보면 예전의 나와 같은 엄마들이 많다. 정말 열심히 공부해서 통장을 쪼개가며 알뜰살뜰 돈을 모은다. 그런데 금융 지식이 부족하다. 소위 '카더라'에 추풍낙엽처럼 이리저리 휩쓸린다. 조금 떨어진다고 하면 얼른 도망친다. 그러니 코스피가 떨어질 때 오히려 주식에 더 많이 투자해서 돈을 벌 수 있다는 사실을 알 리가 없다. 장기 투자가 어떤 복리를 가져오는지 모른다. 그래도 이런 유형은 알게 되면 실행력이 따라주니 괜찮다. '시간이 없어서' 재테크를 못 하는 유형은 대체 어떻게 도와줘야 하나… 사실 시간은 핑계고, 그저 변화가 귀찮은 것일지도 모른다.

투자의 반을 성공하는 방법은 일단 시작하는 것이다. 대다수가 그러지 못해 투자에 성공하지 못한다. 일단 계좌를 개설하자. 단 1주라도 사자. 오래 갖고 있자. 3가지 법칙만 지켜도 부자가 될 수 있다. 너무 쉬운데 하지 않아 안타깝다. 당신은 어디쯤인가? 계좌도 개설하지 않았는가, 무엇을 살지 고르지 못했는가, 오래 보유하지 못하고 있는가. 금융 문맹의 정도는 여기서 판별 난다. 내 수준을 파악하고, 당장 할 수 있는 작은 일부터 시작하자.

02 | 엄마만이 누릴 수 있는 복리의 마법

<u>복리(複利, Compound Interest)</u>

저축과 투자를 통한 재테크와 관련하여 빼어놓을 수 없는 것이 복리의
위력이다. 복리란 중복된다는 뜻의 한자어 복(複)과 이자를 의미하는 리
(利)가 합쳐진 단어로서 말 그대로 이자에 이자가 붙는다는 뜻이다.

(출처: 네이버 지식백과)

나는 20대 때 버는 만큼 썼다. 돈을 모으긴 했지만 아무 생각 없
이 모으는 수준이었다. 아이를 낳고 돈 공부를 하며 '복리'의 개념
을 처음 알게 되었다. 여기저기서 복리 이야기가 계속 나온다. 돈
이 돈을 벌어 자산이 점점 빠르게 늘어난다고 말한다. 그러니 열심

히 모으고 투자하란다. 복리 로드맵도 만들어봤다. 복리로 표를 만들어보니 이자에 이자가 붙어 점점 돈이 커졌다. 로드맵을 보면서 기분은 좋은데, 체감이 되지 않았다.

수년간 정성껏 아이를 돌봤다. 누구보다 예민하고 까다로운 아이였지만 극적으로 안정되었다. 아이에게서 광채가 났다. 내가 준 사랑의 빛이 아이에게서 뿜어져 나왔다. 아이를 보면서 '아, 이게 복리구나'라는 깨달음을 얻었다. 힘든 시기가 지나자 아이의 기질은 장점이 되었다. 스스로 뭐든 잘해냈다. 둘째를 낳고 일정 기간이 지나자 동생을 살뜰히 챙겼다. 동생에게 책을 읽어주고 한글과 숫자를 가르쳐줬다. 기관에서도 칭찬이 자자했고, 놀이터에서는 날아다녔다. 그렇게 키우기 힘들고, 사람들이 나를 피해 다닐 정도였는데……. 어느 순간 기질적 한계를 뛰어넘더니 무한계 아이가 되었다.

이처럼 복리는 머리로만 이해해서는 안 되고 몸소 체감해야 한다. 일정 시기까지는 퍼다 채우기만 하는 기분이 들어 포기하고 싶고 불안하기도 하다. 하지만 점점 성장하고 있다. 가득 차지 않았기 때문에 모르는 것이다. 도 닦는 심정으로 어느 순간, 그 찰랑거리는 시점에 도달하면 하늘 높이 날아오르는 모습을 마주하게 된다. 처음엔 별 차이 없어 보이지만 계속해서 상승하는 복리. 그때가 되면 내가 할 일이 없다. 그저 지켜보고 누리며 박수를 칠 뿐이다.

『엄마, 주식 사주세요』를 읽으며 얼굴이 화끈거렸다. 존 리는 일

간지에서 복리를 아는 우리나라 엄마들이 20%밖에 되지 않는다는 기사를 읽고 이 책을 쓰게 되었다고 말했다. 당시 우리나라 엄마들의 금융 이해 지수는 방글라데시 엄마들보다 낮았다. 2015년 기준 우리나라 GDP(국내총생산)는 세계 11위, 방글라데시 GDP는 44위였는데도 말이다. 심지어 2011년에는 우리나라 엄마들의 금융 지식 수준이 아시아에서 꼴찌였다. 아니, 대체 어찌 된 영문일까? 우리나라 엄마들이 왜 이렇게 복리를 모를까? 나도 2015년부터 알았다. 이전에는 솔직히 몰랐다. 사실 엄마들만 그런 것이 아니라 대다수의 성인이 모른다. 남편에게 "복리가 뭔지 알아?" 물어보니 모른단다. 실제로 2019년 진행한 조사에서 우리나라 성인의 금융 이해력은 남녀 불문 OECD 평균에 미달했다. 알고 보니 다들 금융 문맹이다.

엄마들이 누릴 수 있는 복리는 크게 2가지다. 첫 번째는 독서 복리다. 아이를 어릴 때부터 올바른 독서로 키우면 자연스럽게 사교육비가 줄어든다. 아이의 인성이 자라고 부모도 함께 성장한다. 그렇게 아낀 사교육비로 투자하면 두 번째인 투자 복리를 경험할 수 있다. 그래서 나는 사교육비를 절약해 투자한다. 꼭 필요한 한두 가지 외에는 사교육을 하지 않는다. 대안으로 독서 복리를 누리기 위해 '책육아'를 한다. 『지랄발랄 하은맘의 십팔년 책육아』의 하은맘은 딸을 책으로 키웠다. 그녀는 책육아를 복리 곡선으로 설명한다. 꾸준히 인풋을 하다 보면 언젠가 아웃풋이 터지며, 그것은 상상 초월이라고 이야기한다. 이 사례가 고무적인 이유는 2가지다. 먼저 사교육의 좋은 대안이 되기 때문이다. 그리고 복리를 이야기한다는 것이다. 여기서 복리란 무엇일까? 갑자기 잘되는 것, 꾸준히 하다가 어느 순간 폭발하는 것, 엄마 손을 떠나 아이 혼자 알아서 계속 승승장구하며 다시는 바닥으로 내려오지 않는 것이 바로 복리다.

2017년 초중고 사교육비 조사에 따르면 우리나라의 한 달 평균 사교육비는 27만 1,000원이었다. 이에 학부모의 반응은 냉담했다. 체감 금액에 훨씬 못 미쳤기 때문이었다. 서울에서는 한 아이당 평균 50만 원 이상을 쓴다는 의견이 32%에 달했다. 물론 나도 사교육을 한다. 첫째가 직접 미술 학원에 다니고 싶다고 해서 지역 맘카페에서 찾아 보냈다. 한 달에 10만 원 정도를 쓰다가 지금은 학원 대신 방문 미술로 전환해 15만 원을 지출 중이다. 아이들은 사교육 대신 엄마와 살을 맞대며 매일 책을 읽고 놀이터에서 신나게 논다.

이렇게 나는 책으로 아이를 키우며 아낀 사교육비로 투자를 한다. 엄마가 누릴 수 있는 2가지 복리, 독서 복리는 아이를 주도적으로 키우고, 투자 복리는 엄마인 나를 경제적 독립으로 이끈다. 진정한 자유란 이것이다. 그래서 나는 복리를 자유라 말한다. 자유로의 날갯짓을 시작하자.

03 | 사교육보다는 투자 경험이 먼저다

나는 아이가 어릴 때부터 경제 교육에 관심이 많았다. 내가 어릴 적 찢어지게 가난했기에, 또 돈을 많이 벌었지만 하나도 못 모았기에, 내 자식만큼은 나 같은 아픔을 겪지 않게 도와주고 싶었다. 그래서 아이가 태어나자마자 통장을 만들었다. 투자를 공부하면서는 주식 계좌도 만들었다. 아이가 용돈을 모으도록 가르쳤고, 현금을 들고 다니며 직접 계산하도록 했다. 그러면서 아이는 자연스럽게 욕구 지연을 배워 돈을 모아야 원하는 걸 살 수 있다는 사실을 일찍 깨우쳤다. 아이들이 마트에 가서 떼쓴 적이 손에 꼽을 정도다. 돈을 모아야 원하는 걸 살 수 있고, 돈이 모자라면 살 수 없다는 가장 기초적인 원칙을 알기 때문이다. 그러다 보니 자연스럽게 아이들에게 돼지 저금통에 돈을 모으는 일을 가르쳐주게 되었다. 동전을 넣을 때 쨍그랑 소리가 나는 경험, 꽉 채워 무거워지는 경험, 그리고 배를 갈라 원하는 걸 해보는 경험을 하게 해주고 싶었다. 그냥 돈을 모으는 것이 아니라 일종의 시각적·촉각적 경험을 하게 해주고 싶었다.

그러다가 코로나19가 터졌다. 원래도 크고 작은 하락장은 계속 있었지만, 코로나19 하락장은 예사롭지 않았다. 내가 갖고 있던 종목들이 정확히 반토막이 났다. 당시 신일제약은 계속 1만 원대였는데, 어느 순간 4,000원이 되었다. 처음에는 두려웠다. 첫째가 유치원에 가지 않으니 더욱 실감이 났다. 그때 오히려 정신을 바짝 차리고 주식을 사야겠다는 생각이 들었다. 당연히 모두 만류했다. 하지만 조금씩 나눠 사면 된다고 생각했고, 바로 주식 쇼핑을 시작했다. 그런데 돈이 모자랐다. 사고 또 사고 싶은데 현금이 얼마 되지 않았다. 그래서 집에 있는 동전을 다 바꾸면서 인스타그램에 '동전 바꿔 주식 사기 운동'을 하자고 글까지 올렸다. 불현듯 집에 있는 돼지 저금통이 눈에 띄었다. 아이들과 함께 돼지 저금통의 배를 갈라 동전을 들고 은행에 갔다. 아이들은 동전 기계에서 동전이 묶여 나오는 모습을 유심히 살폈고, 그 동전이 통장에 숫자로 찍히는 과정을 지켜봤다. 크지는 않았지만 그 돈으로 주식을 더 샀다. 아이 계좌에도 넣었고, 이후 그 종목들은 급등했다.

아이와 투자 경험을 하는 데는 큰돈이 필요하지 않다. 무엇보다 중요한 사실은 이제 새로운 방식이 필요하다는 것이다. 나는 아이들과 함께 고전적으로 돼지 저금통에 돈을 모았다. 아이들에게 돈이란 것에 대한 시각적 경험이 필요하다고 생각했다. 돈을 현물로써 직접 만져보는 경험 또한 필요하다고 생각했다. 주식을 살 때도 증권사에 직접 가서, 전광판을 보며, 종이로 주문을 넣으면 얼마나 좋을까. 아이들에게는 이런 교육이 꼭 필요하다고 생각하지만, 이제는 모든 것이 디지털이고 인터넷이다. 새로운 시대에 맞는 새로운 교육을 해야 한다.

돼지 저금통뿐만이 아니다. 장롱 속에서 잠자고 있는 금덩이들도 꺼냈다. 아이가 받은 얼마 되지 않은 금반지, 금팔찌, 금 거북이들… 이것들이 나중에 추억이 될까? 아이에게 좋은 선물이 될까? 물론 그럴지도 모른다. 하지만 이 금덩이들을 꺼내 더 좋은 곳에 의미 있게 쓴다면? 추억에 상응하는, 혹은 그보다 훨씬 큰 가치가 있지 않을까? 돈이 스스로 일하게끔 만들어야 한다. 세뱃돈도 마찬가지다. 세뱃돈도 모으면 꽤 큰돈이 된다. 세뱃돈을 그냥 통장에 모아두지 말자. 돈이 돈을 벌어 아이들이 좀 더 나은 삶을 살게 만들자. 세뱃돈은 주식 투자를 시작하기에 정말 좋다. 연초라서 투자하며 새로운 꿈을 꾸고 다짐도 하게 된다.

그리고 아이들이 용돈을 받으면 그 돈도 꼭 재투자하자. 나는 아이들에게 일주일에 5,000원씩 용돈으로 주며 문방구에 가서 자기가 원하는 걸 살 수 있게 허락하고 있다. 큰 걸 사고 싶으면 이 돈을 모아야 한다. 이 돈은 아이가 직접 써볼 수 있는 돈이다. 그 외의 돈은 주식 계좌에 모두 모은다. 좋은 종목이 보일 때마다 하나씩 사둔다. ETF 같은 경우는 꾸준히 적립식으로 사기도 한다. 은행에 직접 아이를 데리고 가고, 오늘 엄마가 네 돈으로 회사를 산다고 알려주기도 한다. 이제부터 네가 그 회사의 주인이라고 알려준다. 그러면 아이 눈이 동그래진다. 내가 주인이라고, 엄마? 좀 더 크면 같이 고르고 살 것이다. 그래서인지 우리 아이는 자기가 굉장히 돈이 많다고 생각하고 있다. 내가 "돈이 부족해서 이건 살 수 없어"라고 이야기하면 "엄마 내가 사줄까?"라고 되묻는다. 커서도 부유할 아이, 어릴 때부터 착실하게 금융을 배운 아이다.

엄마 I는 회사를 다니며 월급을 꾸준히 모은다. 예전에는 월급의 반 정도를 적금 계좌에 모았지만, 주식을 공부하면서부터는 같은 금액을 매달 주식 계좌로 보낸다. 이 돈으로 소신껏 투자하고 있다. 우리나라와 미국의 ETF를 매달 적립식으로 사서 모으는 중이다. 지수가 많이 떨어진다 싶으면 돈을 더 넣는다. 절약해서 더 넣으려고 허리띠를 졸라맨다. 원래는 배당금도 모두 재투자했는데, 금액이 커지며 얼마 전부터는 배당금으로 소소하게나마 여행을 다니기 시작했다. I는 이렇게 금융 문맹을 벗어나며 아이 사교육도 일부 정리했다. 그 돈으로 더 투자하기 위해서다. 그래서 아이 계좌에도 적립식으로 같이 투자하고 있다. I는 왠지 모르게 마음이 편안하다.

I 같은 엄마가 많아졌으면 좋겠다. 부모들이 아이에게 열심히 공부시키는 이유가 뭘까? 아이가 좋은 학교를 들어갔으면 해서? 그러면 대체 왜 좋은 학교에 들어가길 바라는가? 아이가 좋은 직장에 들어갔으면 해서? 그러면 대체 왜 그러길 바라는가? 남들 보기에 좋으니까? 아니면 부모인 자신이 불안해서? 아이가 행복하길 위해서? 부모는, 그리고 엄마는 자신의 행동이 아이를 위해서 하는 것인지 대답을 해봐야 한다. 진짜 속마음이 무엇인지 알아야 한다.

유독 한글이 느린 첫째를 보며 마음이 조급했다. 나는 어렸을 때 한글을 일찍 뗐다. 나는 대체로 사랑받지 못하고 자랐는데, 공부 잘하는 나는 사랑받았다. 그러다 부모님이 이혼하면서 나에게 공부는 생존 무기가 되었다. 그렇게 자란 나는 아이에게 불안을 투여했다. 한글을 일찍 떼고 빨리 책을 읽기를 바랐다. 한글 떼기가 늦어지자 나도 모르게 아이가 미웠다. 그 미움은 나에 대한 미움이었다. 사랑받지 못했던 나에게 대하듯이 아이에게 똑같이 했다. 이를 깨닫고 내면 아이를 꺼내 대면했다. 어느 날 펑펑 울며 나를 안아

줬다. 사람들이 원하는 것 말고 진짜 배움을 시작하라고 이야기했다. 이후 아이를 보는 나의 눈이 한결 더 따뜻해졌다.

내가 굳이 이런 이야기를 꺼내는 이유는 엄마들이 불안해서 사교육에 매진하고 그런 탓에 노후를 준비하지 못하기 때문이다. 자신이 존재만으로 사랑받지 못했기 때문에 아이가 이상적인 어떤 모습이 되기를 바란다. 내가 받았던 그대로 아이에게 하게 된다. 아이가 먹고살려면 '이 정도'는 해야 할 것 같은가? 아니, 틀렸다. 금융 문맹만 극복해도 아이는 충분히 먹고살 수 있다. 투자하는 부모를 보고 자라면 된다. 대기업 직원이 안 되어도 괜찮다. 대기업의 진짜 주인인 주주가 되면 된다. 차라리 아이 학원 뺑뺑이 돌릴 돈을 아껴 노후 준비를 하고 미리 아이 계좌에 투자하자. 그게 진짜 사랑이다. 엄마가 조금 더 일찍 시작하면 아이의 행복도 조금 더 일찍 시작된다.

04 | 주식으로 노후를 준비할 수 있다고?

60세인 친정엄마가 은퇴 자금으로 주식을 하고 있다고 앞서 이 야기했다. 미국 ETF와 채권을 보유 중으로, 큰 주가 변동이 있을 때마다 한 번씩 리밸런싱(운용 자산의 편입 비중을 재조정하는 일)한다. 이렇게 매년 꾸준히 두 자릿수 수익률을 유지하고 있다. 지금은 매 달 100만 원 정도 빼서 쓰면서 아주 부유하지는 않지만 힘든 일을 그만두고 원하는 걸 하며 행복한 인생을 산다.

대부분의 사람들은 친정엄마의 투자 방법이나 성과에 관심을 가질 것이다. 하지만 나에게는 엄마의 불안이 사라진 게 가장 크게 보인다. 100세 시대, 앞으로 어떻게 먹고살지에 대한 불안. 엄마는 평생 힘들게 일했고, 앞으로도 계속 그렇게 살아야 할 거라고 자포

자기했었다. 그런데 돈으로 돈을 버는 방법을 알게 된 것이다. 딸에게 60에 주식과 경제를 배우고 나서 엄마의 인생은 날개를 달았다. 무엇보다 정신적으로 안정되었다. 항상 불안하고 쫓기듯 살던 엄마는 이제야 조금 편안해 보인다.

엄마가 60대에 시작한 걸 나는 30대에 했으니 얼마나 운이 좋은가. 아이들은 태어나면서부터다. 투자를 시작하고 돈이 돈을 버는 방법을 알게 되자, 나는 아이에 대한 걱정에서 자유로워졌다. 아이가 자라 먹고살려면 좋은 대학을 나와야 하고, 좋은 직장에 다녀야 한다는 생각에서 비로소 벗어난 것이다. 그리고 '아이들이 늙은 나를 돌봐주지 않으면 어떡하지?'라는 생각도, '평생 뭘 하면서 먹고살지?'라는 생각도 사라졌다. 대신 내가 정말 좋아하는 게 뭔지를 깊이 생각하게 되었다. 그래서 돈을 좇아가는 것이 아닌 돈이 따라오는 삶을 살고 싶다는 생각을 구체적으로 하게 되었다.

나는 아이를 낳고 어린이집에서 일하기 위해 보육 교사 자격증을 따려고 했었다. 사실 하루에 4~6시간 정도만 일하며 살고 싶었지만, 다른 대안이 없어 월급이 나오는 일을 하려고 알아본 것이었다. 하지만 주식을 공부하고 실천하며 내가 원하는 일을 더 생각해보게 되었다. 원래 나는 글쓰기를 좋아해서 작가가 되고 또 강연가가 되고 싶었다. 그런데 주식으로 돈이 돈을 벌기 시작하자 비로소 내가 원하는 삶을 살 수 있게 되었다. 마음의 여유가 없었다면 절대로 그렇게 하지 못했을 것이다. 물론 직장에 다니며 규칙적인 돈을 버는 걸 더 좋아하는 사람도 있다. 자기에게 맞는 일은 다 다르다. 중요한 것은 내가 진정으로 원하는 걸 자유롭게 선택할 수 있느냐다. 돈으로부터 자유로워진다는 사실은 정말 놀랍다. 돈의 노예로 살지 않고, 돈이 기쁨이 된다. 돈을 진정으로 좋아하게 되어 더욱 돈을 끌어당긴다.

자, 간단히 계산을 해보자. 연평균 약 10%의 수익률을 유지한다고 치자. 많은 전문가들이 개인 투자자의 가장 현실적인 연 수익률을 10~20%로 이야기한다. 역사적으로 미국 대표 지수만 따라가도 연평균 약 10%의 수익 달성이 가능했다. 이를테면 나처럼 미국 지수에 간접 투자(ETF)만 해도 연 수익률 10%를 달성할 수 있다. 물론 이 수익률은 10년 이상 장기로 봤을 때의 평균이다. 단기적으로는 매년 달라진다. 특히 많이 떨어지고 많이 오르는 시기를 겪으면 수익률에 큰 변화가 일어나게 된다. 그렇다면 우리나라는 어떨까? 내가 주식을 처음 시작했던 2015년부터 지금까지 우리나라에서 지수 투자로 연 수익률 10%를 유지하려면 종목을 따로 골라야 했다. 비슷비슷한 박스권에서 움직이기 때문이었다. 그런데 요즘 코스피가 상승하면서 우리나라 지수 투자도 10년 이상 꾸준히 하면 미국처럼 수익을 낼 수 있을 것으로 보인다.

연 수익률은 10%로 잡지만, 빼서 쓸 수 있는 돈은 5%로 설정한다. 첫 번째는 물가 상승률 때문이다. 물가 상승률은 한국은행이 중기적 물가 안정을 위해 2%를 목표로 삼는다. 하지만 소비자가 체감하는 실제 물가 상승률은 이보다 높다. 최소 물가 상승률만큼은 계좌가 성장하게 돼야 10년, 20년을 갖고 가도 돈의 가치가 유지된다. 그래서 물가를 따라가기 위해 약 3%를 그대로 둔다고 계산한다. 두 번째는 세금 때문이다. 주식 매매로 수익이 발생하면 세금을 낸다. 미국 주식은 매매 소득이 발생하면 22%의 양도 소득세를 내고, 우리나라 주식은 대주주 요건에 해당하면 양도 소득세를 낸다. 현재는 10억 원이지만 3억 원으로 낮추는 안을 정부는 지속해서 검토 중이다. 그리고 배당금은 약 15%의 세금을 내며, 종합 소득세도 있다. 이런 부분을 감안해 매년 원금을 유지하며 빼서 쓸 수 있는 돈을 보수적인 5%로 설정한 것이다. 물론 수익률이 10% 이상이라면 더 많은 돈을 빼서 써도 무방하다.

그러면 이와 같은 조건에서 얼마 정도면 원금을 유지하면서도 한 달 생활비 정도의 수익이 발생할까? 2015년 국민연금은 '중·고령자 경제 생활 및 노후 준비 실태' 연구를 진행하며 노후 최저 생활비를 조사했다. 그 결과 부부는 160만 원, 개인은 99만 원이었다. 표준 생활비는 이보다 높아 부부 225만 원, 개인 145만 원이었다. 3억 원을 투자해 10%의 수익을 올려 매년 5%를 빼서 쓰면 최저 생활비에 가까운 약 120만 원 정도를, 같은 조건으로 5억 원을 투자한다면 표준 생활비가량인 약 200만 원 정도를 쓸 수 있게 된다. 금융을 공부해서 주식 계좌에 돈을 넣어두면 이렇게 꾸준히 돈을 빼서 쓰면서도 원금을 유지할 수 있다. 결국 노후 설계를 위해서 필요한 것은 금융 공부와 3~5억 원의 은퇴 자금이다.

최저 생활비가 나오는 3억 원을 모으려면 얼만큼의 기간이 필요할까? 한 달에 100만 원씩 그냥 모으면 25년이 걸린다. 하지만 주식을 하면서 10% 복리로 모은다면 14년으로 단축되고, 더 나아가 한 달에 400만 원씩 10% 복리로 모은다면 5년으로 충분할 것이다. 우리는 이제부터 은퇴 자금을 마련하겠지만, 아이는 어릴 때부터 준비하면 어떨까. 만약 한 달에 30만 원씩 20년간 10% 복리로 모으면 아이는 고등학교를 졸업하자마자 2억 원을 소유하게 된다. 유대인들은 이런 방식으로 아이가 성인이 된 후 바로 사업을 시작하게 해준다. 빠르면 빠를수록 좋다.

엄마 J는 보험과 예금으로 노후를 준비한다. J는 종신형 연금 보험에 가입했다. 현재 월 19만 7,000원을 납입하고 있다. 40년을 부으면 70세 이후부터 월 100만 원이 나온다고 한다. 매달 연금을 받지 않고 만기 보험금을 받는 방법도 있다. 그러면 1억 6,000만 원을 받게 된다. 부부 각각 부으니 노후에 나올 돈이 있어 안심이다. 사망 보험금도 있어 더욱 좋다는 생각이 든다. 그 외에 다른 돈은 적금 통장에 차곡차곡 모으고 있다. 이율은 1%대로 낮지만 안전한 것이 가장 좋다고 생각한다.

만약 J가 같은 조건으로 주식을 했을 때 연 수익률 10%라면 10억 원이 된다. 6배가 넘는다. 계속 원금을 잘 유지하면서 주식을 하면 매월 400만 원에 가까운 돈을 빼서 쓸 수 있다. 적금까지 더한다면 꽤 큰돈이 될 것이다. 보험이 하나의 옵션이 될 수는 있지만, 아예 주식을 논외로 하고 보험으로만 노후 준비를 하는 것은 효율적이지 않다. 혹은 연금을 위한 주식 계좌를 따로 만들 수도 있다. 만약 당신이 현재 40대고 주식에 매월 30만 원씩 30년간 투자한다고 가정해보자. 연 수익률을 10%로 유지한다면 70세에 6억 원 정도의 주식을 보유하게 될 것이다. 그러면 원금을 유지하면서도 매월 250만 원 정도를 빼서 쓸 수 있다. 이는 같은 금액을 같은 기간 부어도 매월 100만 원씩만 주는 종신형 연금 보험보다 훨씬 이득이다.

당신이 경제적 자유를 얻으려면 얼마가 필요할까? 사람마다 생각하는 액수가 다를 것이다. 앞에서 언급한 내용처럼 한 달에 100만 원으로 경제적 자유가 가능하다고 생각하면 3억 원을, 200만 원이 필요하다면 5억 원을 모으면 될 것이다. 한 달에 1,000만 원은 있어야 편히 살 수 있다고 생각하면 25억 원 정도가 필요하다. 이걸 알고 나서 돈을 모으기 위한 계획을 세우는 것이 현명하다.

미래에셋은퇴연구소의 조사 결과, 5060 세대의 절반이 노후 자금을 더 마련하지 못한 걸 후회한다고 한다. 퇴직 전에는 중산층이었지만, 퇴직 후에는 빈곤층이 될 거라고 대답한 은퇴자도 30%에 달했다. 퇴직 후 생활비를 충당하지 못하는 은퇴자는 58%였다. 퇴직 급여는 1억 원 미만 정도였고, 노후 자금 소진 시 해결책으로는 집의 크기를 줄여 충당하거나, 일거리를 찾거나, 지출을 줄이는 방법 등을 꼽았다. 남의 이야기가 아니다. 우리 부모 세대가 지금 이러한 어려움을 겪고 있다. 마치 먼 것처럼 느껴지지만 곧 일어날 일이다. 하지만 주식 투자를 제대로 배우는 순간, 이 모든 안타까운 일에서 벗어나게 된다. 빈곤하게 살지 않으며, 노후 자금을 마련하지 못한 것을 후회하지 않으며, 일거리를 찾아 헤매지 않으며, 또한 집을 줄일 필요도 없다. 그때를 대비해 지금부터라도 돈이 돈을 버는 금융 구조를 이해하고 방법을 배우자.

아이를 정말 사랑하는가? 그렇다면 지금부터 노후 준비를 하자. 제대로 노후 준비를 해서 자녀에게 기대지 않고, 오히려 필요할 때 도움을 줄 수 있는 부모가 진짜 똑똑하고 지혜로운 부모다. 이렇게 노후 준비를 하면서 얻는 것은 그저 행복한 노년뿐만이 아니다. 미리 준비한다는 편안한 마음, 자식을 쳐다볼 필요가 없는 자신감, 미래를 걱정하는 대신 매 순간을 즐길 수 있는 여유… 이것들을 우리는 소유해야 한다. 나처럼 당신도 할 수 있다.

05 | 아이와 함께라서 가능한 주식 보물찾기

　유대인들은 하브루타로 자녀에게 경제 교육을 한다. 하브루타는 대화와 토론이다. 마크 저커버그, 워런 버핏, 조지 소로스 등이 대표적인 유대인 경제 인사다. 특히 워런 버핏이 어릴 때 할아버지의 식료품 가게에서 끊임없이 질문을 던지며 대화했다는 이야기는 유명하다. 유대인들은 아이가 1살이 되면 되면 아이 명의의 주식 계좌를 개설한다. 아이 이름으로 주식을 사고 하브루타를 한다. 아이는 어릴 때부터 자연스럽게 장기 투자와 분산 투자를 배운다. 그리고 아이는 13살이 되면 성대한 성인식을 치르고 가족들에게 축하금을 받는다. 이 돈으로 7년간 투자를 경험하며 목돈을 만들어나가고, 20살 때 이 돈을 독립 자금으로 건네준다. 이후 아이는 그동안 배운 방법으로 돈을 굴리고 인생을 설계하면서 진짜 자신의 삶을 살아간다.

21일 오전 9시 서초동 JW타워에서 열린 JW중외제약 제58기 정기주총에 11세, 8세 꼬마 주주가 등장했다. 주인공은 JW중외제약 주식을 각각 2,236주씩 보유하고 있는 초등학교 4학년 정재우 군과 1학년인 정재진 군이다. 어린이 주주들은 주총에서 권리를 행사하기 위해 이날 등교도 미뤘다. 재우·재진 형제는 2년 전부터 용돈으로 주식을 사 모으고 있다. 꾸준히 경제 공부를 해온 까닭에 아이들은 어른들로부터 세뱃돈이나 용돈을 받으면 과자 대신 JW중외제약 주식을 사는 습관을 가지게 됐다는 것이 아버지 정희석 씨(40)의 설명이다.

2014년 「매일경제」에 실린 '세뱃돈·용돈 받으면 과자 대신 주식 사요'라는 제목의 기사다. 기사 속 꼬마 주주들은 어릴 때부터 금융 교육을 받고 용돈을 아껴 주식을 샀다. 주주 총회도 참석한다. 아버지는 아이들에게 꾸준히 경제를 가르쳤고, 형제는 자본주의 사회에서 주주가 되어 권리를 행사하는 방법을 안다. 무려 2014년의 기사다. 충격적이지 않은가? 누군가는 이미 아이들에게 어릴 때부터 금융을 가르치고 있다. 이 기사가 나에게 더 충격적으로 다가왔던 이유는 이로 인해 더욱 벌어질 빈부 격차가 눈에 보이기 때문이다.

빈부 격차의 주범은 바로 금융 지식이다. 금융에 대해 아는 사람은 돈이 돈을 벌게 만들어 더욱 부를 굳히게 된다. 반대로 금융 문맹은 가난을 면치 못하게 만든다. 그런데 사람들은 마치 그 주범이 '돈'이라고만 생각한다. 돈을 나쁘게 보는 것이다. 하지만 돈은 나쁘지 않다. 우리 생활에 꼭 필요한 수단으로써 당연히 귀하고 좋은 것이다. 돈을 소중하게 여기면 자꾸 돈이 붙는다. 부자를 미워하면 절대로 부자가 될 수 없다. 오히려 우리가 경계해야 할 것은 '무지'다.

엄마 K는 아이에게 금융 교육을 시작했다. 원래 아이 교육에 관심이 많은 K는 이전부터 아이에게 돈을 가르쳤다. 마트에 가서 직접 물건을 골라 돈을 내게 했고, 일정 기간 돈을 모아서 장난감을 살 수 있다는 사실도 가르쳤다. 얼마 전에는 아이와 함께 주식 계좌를 개설한 후, 아이에게 어떤 기업이 갖고 싶냐고 물었다. 매일 유튜브를 보는 아이는 유튜브 회사를 사고 싶다고 했다. 그래서 모아둔 용돈으로 구글 주식을 1주 사게 했다. 그러면서 주식회사의 주인은 주식을 가진 주주라고 이야기해줬다. 원하면 주주 총회에 참석해 회사의 중요한 일을 함께 결정할 수도 있다고 알려줬다. 아이는 언제 자기가 유튜브 회사에 갈 수 있는지 물으면서, 가게 된다면 유튜브를 보며 불편했던 점들을 이야기하고 싶다고 말했다. 이런 경험을 하고 나자 아이는 다른 재밌는 게 생기면 그 회사도

살 수 있냐고 계속 질문한다. 아이가 살아 있는 금융을 배우는 것 같아 K
는 뿌듯하다.

이제 1등 회사에 들어가고 싶어 공부하는 시대는 지났다. 앞으
로는 1등 회사의 주인이 되는 경제 교육을 해야 한다. 자본주의의
꽃은 바로 주식이다. 아이는 어릴 때부터 주식으로 회사를 소유하
며, 회사에 의견을 내는 경험을 해봐야 한다. 그러면 앞의 예시처
럼 아이의 생각과 행동이 달라진다. 돈에 지배되어 살지 않고, 돈
을 수단으로써 자유자재로 이용하며 살게 된다.

예전에 나는 LG화학을 사면서 아이 계좌로는 LG화학우(LG화학
우선주)를 샀다. 사람들이 일반적으로 사는 주식은 보통주로 의결
권이 있다. 반면 우선주는 의결권이 없는 대신 배당을 먼저 준다.
선진국에서 우선주는 보통주의 80% 정도로 조금 싸게 거래되는
데, 당시 우리나라의 우선주는 보통주보다 훨씬 싸게 거래되고 있
었다. 그때부터 나는 아주 오래 보유할 종목은 우선주가 있으면 더
유심히 봤다. 그리고 보통주가 많이 비쌀 경우 차라리 우선주를 샀
다. 그래서 아이 계좌로는 장기 보유할 우선주를 사게 되었다. 당
시 나는 LG화학을 28만 원대에 샀고, 아이 계좌로 LG화학우는
17만 원대에 샀다.

아이 계좌에 있는 돈은 내가 관리하지만 궁극적으로 내 것은 아니다. 바쁜 나는 아이 계좌를 내 계좌보다 자주 들여다보지 못한다. 그리고 언제 빼서 쓸까를 생각했을 때, 아이가 자랄 동안 최소 20년은 기다려야 한다. 이런 이유로 아이 계좌로는 다음과 같은 기준에 따라 종목을 선택해서 샀다. 첫째, 자주 들여다보지 않아도 되는 안전한 종목일 것, 둘째, 어차피 최소 10년 이상 오래 보유할 테니 정말 싸다고 생각될 때 살 것. 그 결과 자연스럽게 떨어진 대형주와 좋은 가격의 우선주를 사게 되었다.

나중에 LG화학을 팔고 얼마 후 아이 계좌를 들여다봤다. 17만 원으로 산 LG화학우가 있었다. 아, 내가 LG화학우를 사놨었지. 완전히 까먹고 있었다. '우아, 정말 싸네. 이거 갖고 있으면 언젠가는 좋은 가격 받을 텐데. 오래 갖고 있어도 되는 안전한 대형주 맞겠지?' 사면서 이렇게 생각했던 기억이 났다. LG화학우는 무려 100% 상승해 34만 원대가 되어 있었다. 기쁜 마음에 한참을 보다가 딱 1주만 남겨놓고 정리했다. 아이를 위해 부모로서 할 수 있는 일을 한 것 같아 기분이 좋았다.

이처럼 아이 계좌에 넣을 종목을 고르면 가장 좋은 걸 고르게 된다. 한탕을 노리지 않고, 아이가 봐도 부끄럽지 않을 좋은 기업을 사게 된다. 혹시나 바쁜 일이 생겨 들여다보지 못해도 안전한 종목, 급하게 사지 않고 정말 좋은 가격에 나와 있는 종목. 그래서 나는 가끔 기업을 분석할 때 나에게 묻는다. "아이 계좌에 넣어둬도 좋은 종목일까?", "Yes!"라는 대답이 나오면 대부분 좋은 결과가 있었다. 사놓고 마음도 편안했다.

엄마라면 아이와 함께 투자하자. 아이를 통해 좋은 종목을 고르게 된다. 피터 린치는 『피터 린치의 이기는 투자』에서 아이와 좋은 종목을 고르게 된 이야기를 전한다. 그는 보스턴 근교 성 아그네스 학교에 재학 중인 7학년 아이들에게 미래에 펀드 매니저가 되면 투자하고 싶은 종목을 고르게 했다. 아이들은 좋아하는 종목을 적고 그림을 그려 보내왔다. 아이들이 고른 종목에는 나이키, 토이저러스 등 자신들이 좋아하는 종목이 다수 포함되어 있었다. 아이들이 고른 종목의 2년 수익률은 70%로 같은 기간 S&P 수익률인 26%보다 훨씬 높았다. 피터 린치는 회사가 어떤 일을 하는지 그림으로 표현할 수 없는 난해한 종목에는 투자하지 말라고 조언한다. 아이들의 눈은 다르다. 엄마는 아이와 꾸준히 대화함으로써 새로운 시대의 투자 감각을 유지할 수 있다. 아이도 엄마에게 경제교육을 받을 수 있으니 일석이조다. 먼저 아이의 계좌를 개설하고 1주를 사자. 이후 아이와 꾸준히 이야기하며 가르치고 의사 결정을 하자.

『엄마, 주식 사주세요』를 읽고 제목이 참 좋다는 생각을 했다.

주식에 ㅈ도 관심 없지만, 아이가 사달라면 또 주식을 공부하는 게 우리 엄마들이다. 아이와 함께하는 투자는 더 재밌다. 이처럼 엄마가 먼저 시작하면 모든 가족이 영향을 받는다. 앞서 언급했듯이 유대인들은 이미 오래전부터 이렇게 자본주의를 가르쳤다. 이미 앞서가는 아이들은 주식 계좌를 운용하며 주주 총회에 참석한다. 엄마가 아이와 함께 투자해야 하는 또 다른 이유는 그러면 투기를 하지 않기 때문이다. 가장 좋은 종목을 신중하게 고르게 된다. 이렇게 금융 문맹을 즐겁게 극복하자.

06 | 바쁜 엄마가 부자 되는 투자법은 따로 있다

엄마들은 온종일 엄청난 일정을 소화한다. 그러다 보니 밤에는 아이를 재우다가 곯아떨어지기 일쑤다. 나만의 이야기는 아닐 것이다. 워킹맘도 마찬가지다. 이렇게 바쁜데, 엄마는 어떻게 투자하면 좋을까? 사실 투자할 생각조차 하지 못할 수도 있다. 시간과 여유가 없으니 그냥 누군가에게 믿고 맡기면 될까? 내가 직접 해보니 바쁜 엄마에게도 효율적인 방법이 있다.

5살 아들을 키우는 엄마 L은 최근 재취업을 했다. 일하고 육아하느라 당연히 투자에 따로 신경 쓸 시간이 없다. 그래서 L은 ETF 투자를 선택했다. ETF는 한 달에 한 번 확인하는 것만으로도 투자할 수 있기 때문이었다. 적립식으로 한 달에 한 번 살 때만 가격을 확인한다. 대신 매일매일 경제 뉴스는 보고 있다. ETF는 알아서 종목을 관리해주기 때문에 편하다. 앞으로도 계속 ETF를 거래할 생각이다.

엄마 L처럼 ETF에 투자하면 한 달에 한 번 확인하는 것만으로도 충분히 투자할 수 있다. 심지어는 자동 매수를 해놓고 까먹는 사람들도 있다. 하지만 그렇더라도 경제 기사는 꾸준히 읽는 것이 좋다. 혹시 모를 기회를 놓치지 않기 위해서다. 그뿐만 아니라 지수가 떨어질 때 더 사려면 경제 감각이 필요하다.

ETF 외에 바쁜 엄마를 위해 추천하고 싶은 또 다른 투자 방법은 대가의 어깨에 올라가는 것이다. 우선 내가 참고할 만한 주식 잘하는 사람으로 팀을 구성한다. 그런 사람을 고르는 방법은 다음과 같다. 우선 나와 투자 성향이 맞아야 한다. 적게는 3명에서 많으면 5명까지도 좋다. 미국의 워런 버핏을 추종하는 사람은 그가 뭘 샀다 하면 해당 미국 주식을 따라 사거나, 우리나라에서 연계된 주식을 찾아 산다. 하지만 1명만 좇으면 안 된다. 워런 버핏도 최근에 항공사에 투자했다가 손절매하고 나왔다. 어떤 투자 대가도 100% 완벽하지 않다. 다만 옳은 투자를 더 많이 할 뿐이다. 그러므로 여럿을 구성해 다양한 이야기를 듣고 종합적으로 판단한다. 내가 가

상의 투자 회사를 만들고 직원을 둔다고 생각하자. 그들이 나를 위해 조언하고, 나는 대표로서 결정을 내리는 것이다. 그러기 위해 나는 나와 성향이 맞는 투자 카페에 가입했다. 글을 읽다 보면 정말 투자를 잘하는 사람들이 보였다. 그 사람들은 수익률뿐만 아니라 삶의 철학과 자기만의 스타일이 있었다.

이런 사람들을 알아보는 첫 번째 방법은 기업을 분석한 리포트의 질을 살펴보는 것이다. 관심 있는 기업을 자기 나름대로 분석해서 올리는 사람들이 있다. 의견을 묻고 공유하기 위해서다. 읽다 보면 정말 세세하게 표나 그래프까지 첨부해서 철저히 분석하는 사람들이 있었다. 혹은 주어진 자료에 자신만의 통찰을 넣어 의견을 내기도 했다. 이런 사람들의 예전 글을 찾아서 읽고 나와 성향이 맞으면 그야말로 빙고였다.

두 번째 방법은 앞서 언급한 분석 글에 수준 높은 댓글을 다는 사람들, 바로 그들의 글을 찾아보는 것이다. 특히 일반적인 관점과 다른 의견을 소신 있게 발언하는지 그 여부는 투자 철학을 알아볼 수 있는 중요한 지표였다. 그들이 어떤 책을 읽는지, 수익률은 어떤지도 예전 글을 찾아보며 참고했다. 글만 읽어도 내공이 보였다. 나는 그런 사람들의 글을 알람 설정해놓고 새 글이 올라올 때마다 읽었다. 이런 식으로 여러 명을 구성해서 종합적인 의견을 들었고, 거기서 나만의 결론을 도출해냈다. 그러면 바쁜 와중에도 잘 투자할 수 있었다.

여기서 주의할 점은 조언을 해주는 대상이 기관의 투자 매니저는 아니어야 한다는 것이다. 그들은 사람들이 매매를 많이 해야 수수료로 많은 돈을 벌 수 있다. 그래서 주식 시장을 끊임없이 자극하는 뉴스를 생산해내며 거래 그 자체에 몰입하게 만든다. 사람을 정말 잘 골라야 한다. 투기를 권하는지 투자를 권장하는지 잘 살펴봐야 한다. 그리고 많은 사람들이 추천하는 종목이더라도 반드시 내가 직접 분석하는 과정이 필요하다. 다른 사람들의 말은 참고만 하고, 내가 확신이 들었을 때 결정을 내리자.

엄마는 너무 바쁘다. 내 몸 챙기기도 바쁜데 남편에 아이까지 정신이 없다. 그러므로 엄마의 투자법은 달라야 한다. ETF 투자와 대가의 어깨에 올라가기, 어렵지 않고 마음만 먹으면 지금이라도 실천할 수 있다. 조금만 움직이면 바쁜 엄마도 멋지게 부자가 될 수 있다.

07 | 아이 키워본 사람만이
알 수 있는 주식 매매 타이밍

주식은 싼 가격에 사서 좋은 가격에 파는 것이다. 사실 수익률은 얼마에 샀느냐에 따라 결정된다. 그러다 보니 주식 매매 타이밍을 별도로 다룬 수많은 책이 쏟아진다. 소위 언제 물렸느냐, 얼마나 잡았느냐가 항상 커다란 이슈다.

나도 처음에는 언제 사고 언제 팔아야 할지를 몰랐다. 쌀 때 사고 비쌀 때 팔라고 했는데, 도대체 쌀 때가 언제란 말인가. 그리고 비쌀 때는 대체 언제인가. 내가 두 번째로 마음먹고 샀던 주식은 LG디스플레이다. 제대로 된 분석 없이, 사면 좋을 것이라는 이야기를 듣고 샀다. 첫 번째였던 신세계를 살 때도 사면 좋을 거라고 듣고 샀다가 바로 팔고 말았다. 그런데 두 번째도 똑같은 실수를 저지른 것이다. 그나마 두 번째라고 나름대로 뭘 보기는 좀 봤다. PER과 PBR도 보고 예전 주가도 살피고 사업 보고서도 봤다.

그런데 사기는 샀는데 언제 팔아야 할지를 모르겠는 것이다. 일단 내가 직접 고른 게 아니라 남이 추천해준 거라서 더욱 그랬다. 여기서 문제는 살 때 남의 의견을 듣고 사면 팔 때도 의견이 필요하다는 것이다. 내가 하는 투자가 아닌 셈이다. 그래도 뭘 좀 해보겠다고 전문가 리포트도 읽고 배운 대로 목표가 계산도 했다. 하지만 결국 내가 생각했던 목표에 도달하지 못하고 중간에 팔고 말았다. 이후 20% 정도 상승했다. 그때 깨달았다.

'내가 아는 주식을 사야 하는구나. 무엇보다 내가 직접 골라야 하는구나.'

내가 직접 고른 주식은 언제 팔아야 할지를 안다. 내가 샀을 때의 매력 포인트가 사라질 때가 바로 그때다. 혹은 내가 느꼈던 매력의 값어치보다 훨씬 높게 측정될 때가 그때다. 샀을 때의 매력을 느끼지 못한다면 그때가 바로 팔아야 할 타이밍이다.

처음에 나는 LG화학을 샀을 때 미래 에너지 사업에 가장 끌렸다. 환경 문제가 크게 느껴졌고, 앞으로도 중요한 이슈라고 생각했기 때문이다. 이후 LG화학은 배터리 사업으로 주목받았고, 배터리가 전기 차의 인기와 맞물리면서 내가 느꼈던 매력보다 좀 더 높게 측정되기 시작했다. 나는 증권사 리포트를 참고해 50만 원이면 잘 받는다고 생각했다. 그런데 그 가격을 훌쩍 뛰어넘어 일반 화학 회사의 가격을 넘어서는 주가가 형성된 것이다. 이제 정리해야 할 시점이 왔다고 생각했지만, 바로 팔지는 않았다. 좋은 이슈가 계속될 때는 팔지 말라는 피터 린치의 말이 기억났다. 그러던 중 배터리 사업부 분사 소식이 들렸다. 배터리 사업부를 정리하고 나면 지금의 가격은 언젠가 제자리를 찾을 터였다. 그래서 모두 정리했다.

LG화학을 좋은 가격에 팔고 나오기까지 나는 계속해서 처음에 썼던 주식 투자 일기를 확인했다. LG화학은 평소 20~40만 원대를 왔다 갔다 했다. 떨어져서 마음이 흔들릴 때마다 내가 가장 중요하게 생각했던 미래 에너지 사업이 잘되고 있다는 사실을, 올라서 팔고 싶을 때마다 미래 에너지 사업은 아직 그만큼의 가치를 인정받지 못했다는 사실을 상기했다. 이처럼 나는 주식을 골라서 살 때 꼭 초심을 일기에 적어놓는다. 분석한 내용이 무엇인지, 특히 어떤 부분에 끌렸는지, 어떤 단점이 있는지, 왜 사겠다고 결정했는지 등 최대한 자세하게 적어놓는다. 그래서 불안할 때 그것을 꺼내 본다. (주식 투자 일기 관련해서는 312쪽을 참고하면 된다.) 초심을 보면 팔지 말지 고민될 때도 답이 나온다. 초심대로 하면 되기 때문이다. 초심 지키기는 세상을 사는 노하우다. 주식에서는 더욱 그렇다.

그리고 앞서 언급한 좋은 소식이 계속되면 팔지 말라는 피터 린치의 말도 기억하자. 사람들은 2배가 되면 판다, 3배가 되면 판다, 이렇게 액수를 정해놓는다. 그런데 그렇게 하면 5배, 10배 가는 경험을 평생 할 수 없게 된다. 굳이 팔고 싶으면 1/3, 1/2 이런 식으로 비율을 정해서 매도하는 것이 좋다. 나머지는 들고 가면서 꺾이는 추세일 때 팔아도 된다.

마지막으로 증권사 리포트를 눈여겨보자. 그들이 제시하는 금액에는 신빙성이 있다. 물론 스스로 종목을 알고 생각을 유지하며 검토할 수 있어야 한다. 그렇지 않으면 증권사 리포트에서 제시하는 적정가를 맹신하게 되기 때문이다.

이후 수많은 거래를 해보며 타이밍을 알게 되었다. 그냥 좀 아쉽게 팔고 사면 되었다. 바닥에서 사려고 하거나, 아주 꼭대기에서 팔려고 하면 항상 일을 그르쳤다. 나 자신도 많이 힘들어졌다. 아이가 조금만 보채도 그 타이밍을 맞추기가 힘들었다. 그렇다고 아이를 원망할 수는 없었다. 그래서 그냥 적당하다는 생각이 들 때 매매를 했다. 주식 격언 중에 "무릎에서 사서 어깨에서 팔아라"라는 말이 있다. 이 말대로 마음먹었더니 정말 그렇게 되었다.

아이를 키우며 '적기'라는 개념을 알게 되었다. 뭐든 적기에 교육하라고 한다. 그러면 아이는 스펀지처럼 빨아들여서 가르치기가 쉽다. 아이가 엄마를 절실히 찾을 때는 애착 발달의 적기였고, 심하게 떼쓸 때는 독립을 원한다는 신호였다. 아이한테 집중하고 눈을 바라봤더니 어느 순간 아이의 속마음이 보였다. 나는 종목을 사서 진짜 내 아이를 키우듯이 키웠다. 관련 기사가 나오면 유심히 살폈다. 보고서도 꼼꼼히 읽었고, 주변에서 어떻게 평가하는지 참고했다. 그저 돈을 벌기 위한 수단이 아니라 정말 내 회사처럼 애정을 다해 관리했다. 한편으로는 냉철하기 위해 노력했다. 그랬더니 그동안 보이지 않던 것이 보였다. 회사의 가치보다 떨어지면 사야 할 타이밍, 회사의 가치에 훨씬 웃도는 가격으로 거래되면 독립시켜야 할 타이밍이었다.

엄마라면 주식을 아이 보듯이 바라보자. 내 아이를 위해 육아서를 읽고 공부하듯이 종목을 공부하자. 아이의 발달을 확인하듯 매분기 보고서를 읽자. 주가가 하락해 회사가 힘들 때 주식을 매수해서 회사를 지지하자. 그리고 주가가 많이 올라 너무 높은 가치로 거래되면 독립시키자. 아이를 독립시키는 마음으로 그렇게 하면 된다. 매일의 주가 변동에도 의연하자. 아이가 울고 웃는다고 생각하면 그만이다. 아이를 키워본 엄마에게 매매 타이밍은 절대 어렵지 않다.

앙드레 코스톨라니의 『돈, 뜨겁게 사랑하고 차갑게 다루어라』를 보면 주식을 어떻게 독립시켜야 할지 좀 더 구체적으로 파악할 수 있다. 그는 강세장과 약세장을 달걀 모형으로 설명한다.

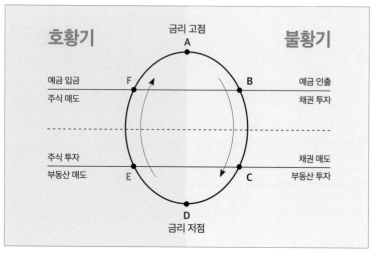

❖ 코스톨라니의 달걀 모형.

상승과 하강이 번갈아 일어나기에 달걀 같은 원형으로 이를 표현했다. 아무도 관심이 없고 사지 않을 때가 바로 조정 국면이다. 이때 소신파는 대중과 반대로 소신껏 좋은 회사를 골라 투자하기 시작한다. 바로 우리 엄마들이 뜨겁게 사랑해야 할 때다. 남들이 뭐라 해도 기업을 믿고 지지한다. 시간이 지나면 사람들이 몰려든다. 처음에는 다들 이성을 갖추고 있지만, 수익률이 올라가면 사람들은 점점 이성을 잃는다. 핑크빛 환상에 젖고 과열되어 투자가 아닌 투기가 시작된다. 이제 소신파가 빠질 시간이다. 엄마들은 이때 차갑게 기업을 독립시켜야 한다.

앙드레 코스톨라니는 주식 투자를 잘하기 위해 "텔레비전을 팔고 인터넷 연결을 끊으라"고 말한다. 너무 많은 정보 때문에 소신이 뚜렷한 투자자만 수익을 낼 수 있다. 그러기 위해 그는 수면제와 우량주를 동시에 사서 중간중간 울리는 천둥 번개를 신경 쓰지 말고 몇 년 푹 자라고 조언한다. 잠에서 깨어날 때 놀라운 경험을 하게 될 것이라고. 얼마나 우리 엄마들에게 딱 맞는 이야기인가. 아이를 키우며 좋은 주식을 사서 묻어두고 자발적으로 세상과 단절되자. 좋은 뉴스가 났을 때 뚜껑을 열어보고 놀라게 될 것이다.

"주가가 하락한다고? 그렇다고 내가 흥분할 것 같나? 나는 아우슈비츠에서 3년 동안이나 있었어." 유대인 투자자 오이게네 바인렙은 아우슈비츠 수용소에 있었던 3년의 기억 때문에 주가 변동이 두렵지 않았다. 이렇게 말하자. "주가가 하락한다고? 그렇다고 내가 흥분할 것 같아? 내가 바로 애 낳고 키운 엄마야."

차트 말고 알아야 할 3가지 : 금리, 환율, 유가 ⑪

우리가 주식을 하기 위해 진짜 공부해야 할 것은 바로 경제다. 경제가 어떻게 돌아가는지를 알기 위해 금리, 환율, 유가를 공부하자.

: 금리

우리나라는 중앙은행인 한국은행 금융통화위원회에서 금리를 정한다. 2020년 8월에는 0.50으로 금리를 동결했는데, 코로나 19의 충격으로 예상되는 경기 침체를 대비한 결정이었다. 참고로 2019년 같은 시기에는 1.50이었다. 이처럼 경기가 좋지 않으면 중앙은행은 금리를 내려 시중에 돈을 푼다. 그러면 낮은 이자로 대출을 받아 집을 사거나 사업을 하려는 사람들이 많아진다. 그러다 점차 경기가 안정되기 시작하면 중앙은행은 금리를 올려 돈을 거둬들인다. 돈을 사용하려는 사람들이 많아져 은행 금고가 텅텅 비게 되기 때문이다. 금리를 올리면 이자 부담이 증가하므로 개인과 기업의 수익이 줄어들고, 단기적으로는 주식 시장에 부정적인 영향을 끼친다. 주식 시장에 투자되었던 돈이 회수되어 다시 은행으로 들어가고, 채권 금리도 올라가므로 해당 수익이 높아진다. 하지만 경기가 좋으므로 나중에 주가는 오른다. 만약 금리가 계속 고공 행진을 하면 주가는 떨어지고 기업은 이자를 감당하지 못할 것이다. 그리고 미국의 금리가 오르면 우리나라 주식 시장에서 돈이 빠져나간다. 외국인 투자자들이 상대적으로 이율이 높은 안전 자산으로 가려고 하기 때문이다.

: 환율

환율은 외국 돈의 가격이다. 환율이 오른다는 것은 우리나라 돈의 가치가 상대적으로 떨어진다는 의미다. 예를 들어 10만 원으로 살 수 있던 나이키 신발을 14만 원을 줘야 살 수 있게 된다. 따라서 원/달러 환율이 상승하면 같은 돈으로도 적게 살 수밖에 없다. 그리고 주가는 하락한다. 달러의 수요가 늘기 때문에 국내 주식 시장에서 돈이 빠져나가기 때문이다. 반대로 환율이 내리면 우리나라에 달러가 많이 유입된다. 환율이 낮으면 같은 우리나라 돈으로 더 많은 달러를 살 수 있다. 또한 원화 가치 상승으로 투자 매력이 높아지므로 주가 상승에 영향을 끼친다.

: 유가

원유는 공장을 가동시키고 자동차를 달리게 하는 등 생활 전반에 사용된다. 유가는 원유의 가격으로, 유가가 상승하면 물가도 함께 오른다. 유가가 상승한다는 건 그만큼 수요가 많다는 뜻으로 경제가 좋다는 신호다. 대개 주가는 유가의 상승과 하락의 흐름을 좇아간다. 그러나 계속 유가가 상승하면 기업은 원가를 감당하지 못해 소비자가를 올리고 그 결과 소비가 줄어든다. 그러면 다시 주가는 하락할 수 있다. 그런데 요즘 들어 유가가 경제에 미치는 영향이 점점 줄어들고 있다. 이를 '탈석유화'라고 부른다. 특히 코로나19를 기점으로 에너지 산업의 변화가 일어날 것이라는 이야기가 거론되고 있다.

일단 1주 사보자 📈

이왕 주식 공부를 시작했다면 일단 먼저 1주만 사보기를 추천
한다. 1주를 사서 보유하는 것과 생각만 하는 것은 주식 공부에
큰 차이를 만들기 때문이다. 우리나라 대표 주가 지수인 코스피
200(우리나라를 대표하는 기업 200개로 산출하는 시가 총액식 주가 지수)
을 추종하는 ETF 중 TIGER 200을 매수해보자. 이것을 고른 이유
는 가장 대중적이고 수수료가 싸기 때문이다.

1 거래하는 증권사 앱에 공동인증서로 로그
인한 다음, 관심 그룹 추가로 관심 그룹을
만든다. 국내 ETF라는 그룹을 만들었다.

2 여기에 관심 종목을 추가하고 완료를 누른다. TIGER 200을 추가했다.

3 추가된 TIGER 200을 누르면 매수 버튼이 나온다. 매수 버튼을 눌러 매수 창으로 이동한다. 여기서 매수 전에 '기업 정보'를 보면 간단하게 ETF 정보를 확

인할 수 있다. 혹은 일반 주문 탭을 누르고 들어가 TIGER 200을 검색해도 무방하다.

4 시장가, 지정가 등 매수 방법을 고른다. 시장가는 현재 거래되는 가격 중 가장 싼 가격으로 사는 것이며, 지정가는 원하는 금액을 입력해 사는 것이다. 조건부 지정가는 지정가처럼 원하는 금액으로 매수 주문을 넣지만, 장 마감 전까지 체결이 안 되면 종가에 주문이 체결되는 것이다. 그

중에서 시장가를 선택해 수량을 입력하고 바로 매수한다.

5 원하는 수량을 입력한다. 1주 주문을 넣
고 현금 매수 버튼을 누른다.

6 주문 탭에서 주문 내역으로 들
어가 거래가 체결되었는지 확
인한 후, 자산 평가로 들어가 계
좌를 확인한다. 1주가 들어와

있다면 성공이다. 마지막으로 예수금 탭으로 들어가 T+2에 잔고
가 차감되는지 확인하자. 주식은 당일 거래되지만, 실제 결제까지
는 3일이 소요된다.

3장

엄마가 꼭 알아야 할
주식 투자 7원칙

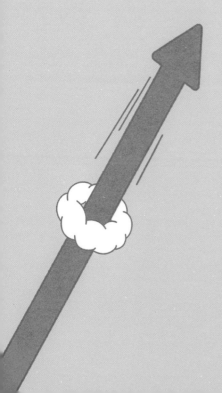

무조건 장기 투자한다

외할아버지가 돌아가시고 엄마를 포함한 외가 식구들은 할아버지의 유품을 정리했다. 종이 묶음에서 증서가 하나 나왔다. 오비맥주 주식이었다. 젊은 시절 외할아버지는 오비맥주 지역 대리점을 총괄했는데, 그때 받은 주식인 것 같았다. 수십 년이 넘은 그 증서를 갖고 식구들은 증권사에 갔다. 증권사 직원은 500만 원을 건네줬고, 엄마를 포함한 5남매는 사이좋게 100만 원씩 나눠 가졌다.

엄마는 지금 나에게 배워 주식 계좌를 운용하지만, 그때는 주식의 ㅈ도 몰랐다. 그저 종이를 큰돈으로 바꿀 수 있어 놀랐다고 했다. 외할아버지가 뭔지도 모르고 장롱에 넣어둔 증서는 그렇게 나중에 자녀들에게 유산이 되었다.

나는 장기 투자를 김장에 종종 비유한다. 어릴 적에 겨울마다 할머니와 김장을 했다. 그렇게 담근 김치를 1년 내내 먹었다. 직접 담가서 그런지 먹고 또 먹어도 맛있었다. 그리고 시간이 지날수록 또 다른 맛이 났다. 많이 담가 인심 좋게 나눠도 줬다. 김장 준비는 할 일도 많고 번거로웠지만, 잠깐의 수고로 1년을 넉넉하게 보낼 수 있었다. 주식을 하면서부터 나는 오래 보유할 종목을 고를 때면 김칫소 재료를 야무지게 다듬었던 장면을 떠올린다. 오랫동안 종목을 보유하면서는 김치를 다양하게 요리해서 먹던 기억을 상기한다. 배당금이 나오면 이웃에게 김치를 나눴던 것처럼 가족들과 나누기도 한다. 장기 투자는 김장의 추억과 같다.

나는 가끔 상상한다. 싸고 좋은 주식 왕창 사놓은 다음에 완전히 잊어버리는 것이다. 그러다 몇십 년 후 생각이 나서 열어본다. 어떻게 되었을까? IMF 외환 위기였던 1998년 즈음 삼성전자 주식을 산 사람이 있었다. 액면 분할 후의 가격 기준으로 1,200원에 샀다. 이후 삼성전자는 몇십 배 상승했다. 당시 그 사람은 9억 원어치를 샀고, 계좌는 300억 원이 되었다. 만약 삼성전자가 크게 오른 지금까지 갖고 있다면 전보다 더 어마어마한 액수가 되었을 것이다.

개인 투자자가 전문가를 이기는 수익률을 올리려면 꾸준한 장기 투자밖에 없다는 걸 알려주는 또 다른 사례가 있다. 2008년 워런 버핏과 헤지 펀드의 대가 테드 지데스는 게임을 벌였는데, 여기서 두 사람은 10년 후 누가 더 수익률이 높은지를 겨루기로 했다. 워런 버핏은 인덱스 펀드를 골랐고, 테드 지데스는 5개의 헤지 펀드를 골랐다. 참고로 헤지 펀드는 높은 수익률을 목적으로 매매에 집중하는 투기성 펀드다. 초반엔 헤지 펀드가 앞서나갔지만, 5년 차가 되자 인덱스 펀드가 역전했다. 결국 2017년 말까지 인덱스 펀드는 7.1%, 헤지 펀드는 2.2%의 연평균 수익률을 올렸다.

나는 평균 3~5년 정도 주식을 보유한다. 종목을 선정할 때도 10년 보유할 것을 생각하고 골랐다. 처음에는 10년 보유를 생각하고 매수하라는 워런 버핏의 이야기를 듣고 그렇게 했다. 막상 장기 투자를 해보니 너무 편하고 수익률도 좋았다. 어차피 오래 갖고 있을 거라 매일의 주가는 신경 쓰지 않고 실적을 위주로 봤다. 그랬더니 이제는 자연스럽게 회사를 고를 때도 나와 오래갈 수 있는지를 가장 먼저 보게 된다. 일시적인 인기가 아닌 회사, 꾸준히 돈을 벌어온 회사, 앞으로도 그럴 가능성이 높은 회사, 혁신을 위해 발 벗고 뛰는 회사, 그리고 무엇보다 믿음이 가는 회사를 고른다. 그래서 주식 투자가 더욱 즐겁다. 험난한 세상에 동업자들이 있다니 얼마나 행복한가. 좋은 기업에 걸맞게, 나도 좋은 동업자가 되려고 노력한다.

그리고 나는 개인이기에 아무리 날고 기어도 자본력에 한계가 있다. 혼자서 노력하는 나에게 날개를 달아주려면 동업이 필요한데, 코로나19 이후부터는 아무리 노력해도 성장에 한계가 있음을 느꼈다. 가정 보육으로 몸이 묶여 온종일 아이들을 돌봤고 집안일을 해야 했다. 엎친 데 덮친 격으로 남편의 일거리까지 끊기고 말았다. 그래서 이 시기를 극복시켜줄 기업을 찾다가 셀트리온에 관심을 갖게 되었다. 2020년 11월 18일 셀트리온은 5,000억 원을 투자해 송도에 글로벌생명공학연구센터를 짓는다고 발표했다. 나에게는 당연히 5,000억 원이 없지만, 셀트리온에 투자해서 간접 효과를 얻었다. 셀트리온은 2,000여 명이 일하는 큰 회사로 이들이 나 대신 시간을 투자해 돈을 벌었다. 나는 2,000여 명분의 시간 수익을 내기 위해 셀트리온에 주식 투자만 하면 되었다.

이처럼 나는 나 대신 자본과 시간을 대서 일해줄 기업에 투자한다. 이렇게 기업을 고르면 장기 투자를 할 수밖에 없다. 주식이 아니라 실제로 동업하는 관계라고 치자. 그러면 자꾸 바꾸려고 할까? 의심되는 부분이 생기면 면밀하게 살펴보지 않을까? 내 돈으로 일을 잘하고 있는지 자주 확인하지 않을까? 주식 투자는 기업과 동업하는 마음으로 해야 한다. 사람과의 거래에 몰입하지 말고 기업과의 관계에 신경 쓰자.

그런가 하면 ETF 투자는 장기나 단기 같은 관점이 아니다. 죽기 전까지 보유해도 되는 게 바로 ETF다. ETF는 많은 회사를 영입해

지수를 좇아간다. 알아서 회사가 교체되니 좋은 종목을 고르기 위해 샀다 팔았다 할 이유가 없다. 나 역시 ETF를 계속 늘려가고 있다.

와튼 스쿨의 제레미 시걸 교수는 『주식에 장기투자하라』에서 주식을 오래 보유할수록 위험률이 낮아진다고 말했다. 단기로 투자할 때는 채권에 투자하는 것이 가장 안전했다. 채권은 단기적인 변동이 크지 않기 때문이었다. 하지만 기간이 길어질수록 주식 투자가 수익률이 높았다. 게다가 10년 넘게 주식을 보유할 경우 위험률이 오히려 채권보다 낮아졌다. 만약 30년을 넘게 보유하면 최저 실질 수익률이 2.5%여서 인플레이션도 가볍게 뛰어넘었다. 여기서 그가 말하는 장기 보유란, 한 종목을 오래 갖고 있는 게 아니라 주식 포트폴리오를 유지하는 걸 말한다. 그는 잦은 매매가 근심만 높이고 수익률을 떨어뜨린다고 하면서 거래가 많은 트레이더들은 가장 적은 트레이더들보다 수익률이 7.1% 낮았다는 연구 결과를 제시했다.

"강세장과 약세장은 놀라운 수익과 손실 이야기를 만들어낸다. 그러나 무시무시한 뉴스를 참아낸 주식 투자자들의 실적은, 겁먹고 채권 등 다른 자산을 선택한 투자자들보다 항상 높았다."

단기로 투자하는 사람들은 하루 10%의 수익을 낼 수 있지만 그만큼 잃기도 한다. 그래서 매일같이 주식 창을 들여다보며 매매에 몰입한다. 『나는 하루 1시간 주식투자로 연봉 번다』를 쓴 재야의 주식 고수 최금식은 아침 8시 PC방에 출근해 매일같이 수백 종목을 뒤졌다. 테마주에 올라타 5일 연속 상한가를 맞아본 적도 있다. 하지만 단타 매매는 할수록 손해가 났다고 말했다. 결국 원금까지 까먹고 7년 후에나 단기 투자가 맞지 않다는 사실을 깨달았다. 하지만 이후 장기 투자로 방법을 바꿔 연평균 30%가 넘는 수익을 내게 되었다. 그는 하루 1시간 기업 리포트를 보는 것만으로도 장기 투자는 수익을 낼 수 있다고 말한다.

장기 투자자는 큰돈을 벌게 된다. 밸류리더스 신진오 회장은 지난 1996년부터 2015년까지 우리나라에서 가치주에 투자했다면 3207.62%의 어마어마한 투자 수익률을 올렸을 거라 조언한다. 코스피 지수를 훨씬 뛰어넘었음은 물론이다. 장기 투자를 해본 사람만이 주식이 5배 되는 경험을 해볼 수 있다. 좋은 종목을 골라 한 번 장기 투자를 해보자. 할 일이 별로 없어서 놀라게 될 것이다. 매일이 여유로워서 투자가 이렇게 즐거웠는지 다시 생각하게 될 것이다. 육아도 일도 더욱 즐거워진다. 해봐야 안다. 엄마라면 장기 투자다. 엄마라서 더 해야 한다.

02 | 원칙② 안전 마진으로 가치주를 찾는다

엄마들은 흔히 주식이라고 하면 사지도 않았는데 '떨어질까 봐' 고민한다. 어떻게 모은 귀중한 돈인데, 위험한 물가에 내놓을 수는 없다고 생각한다. 하지만 정말 제대로 하는 사람은 떨어지지 않는 종목만 사고, 그런 것만 고르는 방법이 있다.

① 원금을 지킨다.
② ①을 지킨다.

워런 버핏이 말한 투자의 가장 중요한 원칙 2가지다. 당연히 나도 처음엔 주식 투자가 두려웠다. 100원짜리 하나, 1,000원 한 장에도 벌벌 떠는데, 어떻게 주식 투자를 할 수 있었을까. 바로 잃지 않고 투자하는 방법이 있다는 사실을 알았기 때문이다. 처음 책을 읽었을 때 주식 투자는 원금을 지키면서 하는 거라는 워런 버핏의 말을 듣고 '이거다!'라고 생각했다. 최대한 보수적으로, 절대로 원금을 잃지 않고 하리라 결심했다.

주식 초반에는 벤저민 그레이엄의 책을 많이 읽었다. 그는 돈을 잃지 않는 방법이 있다고 하면서 원래 가치보다 싼 주식을 사면 된다고 했다. 그 말을 듣고 열심히 회사를 찾았더니 제조업 회사들이 수두룩하게 찾아졌다. 그중에는 사람들이 잘 모르는 기술주가 있었고, 그런 회사들을 주로 샀다. 심지어 관련 자료를 찾으려고 노력해도 찾을 수가 없었다. 그래서 내가 직접 공부하고 분석했다. 그런 회사들은 주가가 정말 오르지 않았다. 그리고 아무리 큰 하락장이 와도 떨어지지 않았다. 그때 나는 깨달았다. 사람들이 많이 몰린 주식은 그만큼 빠져나가면 변동이 심하지만, 사람들이 없는 소외된 주식은 변동이 거의 없다는 사실을. 그중에서 진주를 찾는 것이 나의 목표였다.

기껏 산 주식이 떨어지는 이유는 남들 살 때 같이 샀기 때문이다. 그만큼 팔고 나간 사람들이 많은 것이다. 하지만 아무도 없는 조용한 주식, 혹은 어떤 이유로 너무 저평가된 주식을 사면 이야기가 달라진다. 그리고 같은 종목이어도 언제 샀느냐에 따라 게임의

향방이 완전히 달라진다.

주린이였던 남편은 셀트리온 그룹으로 투자를 시작했다. 처음에 둘이 같이 셀트리온헬스케어를 샀다. 사고 얼마 지나지 않아 주가가 확 뛰었다. 남편은 당장 큰 수익이 날 것처럼 급하게 돈을 더 넣었다. 만류해도 소용없었다. 아니나 다를까 주식은 떨어지기 시작했고, 몇 개월 동안 횡보했다. 주식을 처음 시작한 남편은 소위 '꼭대기에 물렸고', 그 스트레스를 나한테 다 풀어댔다. 날마다 남편을 달래려고 얼마나 애썼는지 모른다. 내 계좌는 같은 종목이어도 평단가가 낮아서 괜찮았다. 이후에 다시 올랐고, 남편은 그제야 잠을 푹 잤다.

주가가 싸다는 기준은 뭘까. 보통 가치 대비 주가가 싸다는 것을 PER(주가 수익 비율)을 기준으로 설명한다. 일반적으로는 PER은 10을 기준으로 이보다 낮으면 싼 주식, 높으면 비싼 주식으로 여겨진다. 미래 성장성을 가진 혁신 기업들은 20~30을 넘어간다. PBR(주가 순 자산 비율)은 1을 기준으로 이보다 낮으면 저평가, 이보다 높으면 고평가되었다고 본다. 앞서 언급한 벤저민 그레이엄은 PER이 15 미만인 주식을 주로 골랐다. 피터 린치는 PER 40배 이하를 기준으로 삼는다. 이처럼 투자자마다 싼 주식을 보는 방식은 다르다.

이렇게 혼란스러운 기준에서 중심을 잡을 수 있는 방법은 '안전 마진'이다. 안전 마진은 벤저민 그레이엄이 고안한 주식의 위험을 방어하는 방법으로, 쉽게 말해 가치와 가격의 차이를 보고 괴리가 높은 걸 사는 것이다. 안전 마진을 계산하기 위해서는 유동 자산과 유동 부채를 봐야 한다. 유동 자산은 현금화가 가능하거나 현금으로 가치가 매겨지는 자산이고, 유동 부채는 1년 안에 돌려줘야 하는 빚이다. 예를 들어 유동 자산이 100억 원, 유동 부채가 50억 원이라고 치자. 여기서 '실제 돈'으로 기능하는 운전 자본(순 유동 자산)은 50억 원이다. 영업할 때 쓸 수 있는 돈, 즉 바로 조달 가능한 돈이다. 만약 어떤 기업의 시가 총액이 20억 원이면 안전 마진은 '운전 자본-시가 총액'으로 50억 원에서 20억 원을 뺀 30억 원이다.

아직 헷갈린다면 이렇게 생각해보자. 기업이 잘 안 되어서 정리하더라도 운전 자본은 남는다. 그래서 운전 자본을 정리해 투자자들에게 돌려준다면 안전 마진은 되돌려받을 수 있다. 그러므로 현명한 투자자는 돈을 잃지 않기 위해 안전 마진을 따져 투자한다. 안전 마진은 수치로 표현될 수 있어야 하고, 경험으로 증명될 수 있어야 한다고 벤저민 그레이엄은 설명한다. 다시 말해 기업의 운전 자본을 살피면 안전 마진을 알 수 있다. 운전 자본이 시가 총액보다 큰 종목에 투자하면 된다.

- 한눈에 보는 안전 마진 계산법

  → 유동 자산 - 유동 부채 = 운전 자본(순 유동 자산)

  → 운전 자본 - 시가 총액 = 안전 마진

나 역시 안전 마진을 고려한 가치 투자를 했다. 그런데 그렇게 산 종목 중 5년이 지난 지금도 끄떡없이 움직이지 않는 것들이 있다. 정말 너무 인기가 없는 종목도 곤란하다는 사실을 알게 되었는데, 보통 혁신성이 부족한 제조업 회사들이 그랬다. 물론 언젠가 경기가 크게 좋아지면 정말 움직이지 않던 가치주들도 오를 것이다. 하지만 직접 투자해보니 전통적인 가치주에 묻어두기보다는 성장성을 가진 회사들이 나았다. 가치주인데 성장성을 가진 주식을 보는 방법이 있다. 인기 섹터에서 싸고 괜찮은 기업을 찾는 것이다. 여기서 섹터란 기업이 어떤 사업을 하는지 '업종'별로 모아놓은 그룹을 말한다. 인기 섹터에서 기업을 찾는 방법은 185쪽에서 설명했으니 참고해보자.

나는 2015년에 이 방식으로 제약 섹터에서 신일제약을 찾았다. 현재 제약 섹터에는 138개의 회사가 있다. 당시 회사마다 PER과 재무를 간단히 살폈는데, 유일하게 신일제약만 쌌다. 꾸준히 수익이 있으면서도 연구 개발도 하는 기업이었다. 보통 바이오 주식은 꿈을 먹고산다. 재무적으로 불안정하고 소위 한탕을 위해 연구 개발을 한다. 그런 기업들 사이에서 굉장히 싸고 괜찮아서 고른 이곳은 오랫동안 주가가 1만 원대에서 횡보했다. 2020년 3월에는 코로나19 위기로 4,000원대까지 떨어졌다. 이후 5만 원까지 올라가 분산 매도했다.

그러고 나서 나는 코로나19 위기를 기회로 삼아 도약할 기업으로 셀트리온을 영입했다. 2020년 5월부터 시작해 11월까지 분산 매수했다. 사람들은 셀트리온이 비싼 성장주라고 말하지만, 오히려 나에겐 가치주이자 성장주로 보였다. 다른 바이오 기업들에 비해 재무적으로 탄탄하고 실적이 안정적이며 연구 개발 성과가 좋기 때문이었다. 그런데도 PER은 다른 바이오 기업들보다 낮았다.

그런데 하필이면 나는 왜 2015년에 제약 섹터를 찾아보고 분석했을까? 일본의 고령화에 대한 책을 읽고 나서 그렇게 했다. 우리나라의 고령화도 빠르게 진행되고 있지만, 선진국 중에서는 일본이 가장 먼저 경험하고 있다는 기사를 읽었다. 이미 일본에서는 정보 통신, 인공 지능, 로봇, 헬스케어, 바이오 등의 산업을 육성하고 있었다. 나는 이렇게 정보를 알고 움직였다. '대세'를 보는 눈을 키우려면 경제 기사를 꾸준히 읽고, 관련 서적을 파고들어야 한다.

이처럼 기존 방식을 참고하되, 싼 주식을 고르는 어떤 특정 기준에 매이지 않는 것이 좋다. 예를 들어 예전에 벤저민 그레이엄이 PER 15를 기준으로 제시한 이유는 당시에는 그 수치로 보는 것이

맞았기 때문이다. 그러나 지금은 전통적인 제조업을 벗어난 시대다. 가치 주식을 찾는 투자 철학은 그대로 가져오고, 방법을 참고하되, 종목을 보는 방법은 상황에 따라 재해석하고 업데이트할 필요가 있다.

엄마라면 보수적으로 투자하는 것이 좋다. 나도 보수적인 방법으로 시작해 대부분 잃지 않고 투자했다. 그래서 아이를 키우면서도 지장을 받지 않을 수 있었다. 만약 내가 주식 투자를 하면서 스트레스를 많이 받았다면 아이를 잘 키울 수 없었을 것이다. 그리고 잃는 법이 없는 나를 남편이 신뢰하기 시작했다. 테마주처럼 소위 한탕을 좋아하던 남편은 나에게 진짜 주식 투자를 배웠다. 여기서 잃지 않는다는 것은 가치가 떨어지지 않는다는 뜻이다. 당연히 주가는 일시적으로 떨어질 수 있다. 하지만 결국 가치에 수렴한다는 사실을 잊지 말자. 그리고 아무리 주가가 흔들려도 기업의 안전 마진이 존재한다면 그 돈은 내 수중에 있다.

"투자는 철저한 분석하에서 원금의 안전과 적절한 수익을 보장하는 것이고, 이러한 조건을 충족하지 못하는 행위는 투기다." 벤저민 그레이엄은 이렇게 투자를 정의한다. 장기 투자자는 돈을 잃지 않는다. 문제는 결국 수익률이다. 이제 좋은 수익률을 얻으려면 전통적인 가치주만으로는 안 된다. 옛날 방식을 조금 업그레이드

할 필요가 있다. 성장 섹터에서 상대적인 가치주를 찾아내는 것도 좋은 방법이다. 진짜 투자는 철저한 분석으로 돈을 잃지 않으면서 하는 것이다. 확률 말고 실적으로 움직이면서 가치를 따라가자.

안 떨어지는 주식 찾는 방법

① 안전 마진을 고려한다.

유동 자산에서 유동 부채를 빼서 운전 자본(순 유동 자산)이 얼마인지를 확인한다. 만약 그 금액이 시가 총액보다 크다면 관심을 갖고 살펴본다. 그리고 그중에서도 연구 개발을 꾸준히 하는 성장성 있는 기업이 좋다. 안전 마진에 대한 보다 자세한 내용은 244쪽을 참고한다.

② 인기 업종에서 괜찮은 주식을 찾는다.

경쟁 기업에 비해 PER이 낮고 EPS는 안정적으로 오르는 기업을 고른다. 여기에 ①번 방법을 대입해보자. 안전 마진이 시가 총액보다 크지 않더라도 경쟁 기업들과 비교했을 때 상대적으로 안전 마진 비율이 높은 기업이 재무적으로 안정적이다. 인기 있는 기업이라면 단기적으로 가격이 출렁일 수 있지만, 가치에 변동이 없다면 주가에 크게 연연할 필요는 없다.

03 | 원칙③ 거인의 어깨 위에 서서 나만의 방법을 찾는다

주변 사람들이 나한테 주식을 잘한다고 말한다. 부끄럽지만 사실이다. 그런데 어떻게 잘하게 되었을까? 잘나서? 똑똑해서? 빨라서? 다 아니다. 나는 아이를 키우는 엄마라 남들만큼 시간을 내지 못했다. 바쁘고 정신없는 내가 사용한 방법은 이미 너무 잘하는 사람들의 어깨 위에 올라간 것이다. 처음부터 대가들의 책만 읽었다. 공부할 시간이 넉넉하지 않기 때문이었다. 좋은 책부터 읽어서 단기간 내에 양질의 지식과 지혜를 흡수하고자 했다. 내가 읽었던 책리스트는 다음과 같다.

『MONEY 머니』·『워런 버핏의 주주 서한』·『현명한 투자자』·『전설로 떠나는 월가의 영웅』・『피터 린치의 이기는 투자』・『돈, 뜨겁게 사랑하고 차갑게 다루어라』・『왜 주식인가?』・『국부론』・『자본론』・『군중심리』

책의 도움을 받아 나는 빠르게 주식에 적응했고, 인생의 지혜도 넓힐 수 있었다. 그리고 독서는 육아에도 간접적인 도움이 되었다. 『국부론』을 읽으면서는 균형의 법칙을 깨달았다. 아이를 키우기가 힘들면 힘들수록 나중엔 오히려 고생시키지 않을 거라는 우주의 법칙을 알게 된 것이다. 이렇게 나는 양질의 독서로 아이도 열심히 키우며 투자 거인들의 어깨 위에 올라갔다.

토니 로빈스에게 경제를 배우고 투자의 동기를 부여받았으며 돈을 관리하는 법도 배웠다. 워런 버핏에게서는 통찰력을 얻었다. 벤저민 그레이엄한테는 싸고 안전하게 사는 방법을 배웠다. 피터 린치에게는 성장주를 운용하는 방법을 배웠다. 존 리로부터 배워 우리나라 엄마 투자자로서 앞으로 나아갈 길을 가늠했다. 이처럼 대가들은 하나씩 자신의 방법을 전수했다. 나는 여럿에게 나의 상황을 대입하면서 하나의 투자법에 매이지 않고 상황에 따라 다른 방법을 적용하는 노하우를 알게 되었다. 투자에 독서는 필수다. 투자로 돈을 많이 번 사람들은 다들 어마어마한 독서가임을 기억할 필요가 있다.

양질의 정보만을 접하다가 투기하는 방법이 가득한 책을 읽고 놀랐다. '만약 내가 단타나 차트 보는 책을 먼저 봤다면 제대로 된 투자를 시작할 수 있었을까?'라는 생각이 들었다. 첫 단추를 잘 끼워 다행이었다. 세계적인 주식 부자들은 투기가 아닌 투자로 그 자리에 섰다는 사실을 기억해야 한다.

물론 일부 투기는 해볼 수도 있다. 하지만 주식은 오랫동안 하는 것이다. 세상에 좋은 영향을 끼쳐야 나도 잘되는 것이다. 그러려면 나도 회사도 같이 잘되는 '투자'를 해야 한다. 회사가 나를 위해 주가를 신경 쓴다면, 내가 회사를 위해 할 수 있는 일은 뭘까? 좋은 동업자로서 회사를 믿고 꾸준히 가는 것 아닐까?

워런 버핏은 사람들이 자신을 따라 하지 않는 이유를 '느리게 부자가 되기 싫어서'라고 대답했다. 아이러니한 점은 빨리 부자가 되려는 사람들 중 80%는 돈을 잃고 주식 시장을 떠나게 된다는 것이다. 탐욕을 버리고 진정성 있게 투자하자. 끝까지 살아남는 주식 투자자는 기술이 아니라 철학으로 그렇게 된다.

엄마 M은 주식 투자를 잘해보고 싶다. 처음에 어떤 책을 읽어야 할까 고민하다가 대중이 가장 많이 선택하는 초보 대상 책을 읽었다. 용어가 너무 어려웠지만 메모하며 열심히 공부했다. 차트 분석도 눈에 불을 켜고 기억해뒀다. 종목을 하나 사고팔기를 반복하고 있다. 증권가 방송을 주로 듣는다. 어떤 종목이 좋은지를 메모했다가 투자하는 경우가 많다. 어떤 날은 돈을 벌고, 어떤 날은 돈을 잃는다. 소소히 버는 것에 만족해한다. 나름대로 원칙을 철저히 지키니 이렇게 돈을 꾸준히 모을 수 있다고 생각하고 실천한다.

이런 사례를 보면 안타깝다. 아이를 키우면 얼마나 1분 1초가 귀한가. 마음의 여유가 얼마나 필요한가. 엄마에게 맞지 않는 방식으로 투자하면 시간도 에너지도 아깝다. 그리고 좋은 수익을 낼 수 있는데 발전하지 못하니 답답하다. 개미 말고 거인의 어깨에 올라가서 투자하자. 그들의 방식을 배우고 따라 하자. 미국에서 성공한 사례를 우리나라 실정에 맞게 변형시켜 대입해보자. 그러다 노하우가 쌓이면 나만의 방식을 발굴하자. 직접 해보면 나에게 특히 잘 맞고 잘되는 투자 방식이 있는데, 그걸 잘 살려내면 그만이다.

나만의 투자 방법은 거인의 어깨 위에 올라가는 걸 넘어 스스로가 거인이 되는 것이다. 육아에서도 마찬가지다. 먼저 꼭 맞는 육아서를 찾아 읽으라고 조언한다. 저자를 멘토로 삼아 육아에 적용한다. 그런데 정말 육아를 잘하려면 그걸 또 나만의 방식으로 바꿔야 한다. 아이도 엄마도 세상에 하나뿐인 존재이기 때문이다. 맞춤형 옷을 입고 나면 모든 게 쉬워진다. 다만 그것을 찾기까지가 오래 걸릴 뿐이다. 수없이 부딪히고 배우고 깨달아야 한다. 육아에서

처럼 주식도 마찬가지다. 하다 보면 내 방식이 나오고, 그러면 진짜 게임이 시작된다.

주식을 선천적으로 잘하는 사람은 드물다. 그러므로 더더욱 잘하는 사람의 어깨 위에 올라가자. 먼저 나에게 맞는 멘토를 찾고, 그의 방법을 배우자. 마지막에는 그에게서 벗어나 나만의 방식을 찾자. 그러면 당신은 대가가 된다.

04 | 원칙④ 80 대 20 황금률로 분산 투자한다

80 대 20은 세상의 황금률이다. 나는 이것을 육아서를 읽던 중 80 대 20 대화법을 통해서 알았다. 80은 이해하는 대화, 20은 가치를 전달하는 대화여야 한다는 것이다. 이후 팀 페리스의 『나는 4시간만 일한다』에서도 80 대 20 법칙을 만났다. 하루에 4시간만 일하고도 다 이루는 즐겁고 효율적인 삶을 살기 위해, 가장 효과적인 수익을 내주는 20%에 집중하라는 것이었다. 나는 이 법칙을 투자에 적용했다.

우선 5개의 포트폴리오를 구성했다. 5개로 종목을 줄인 이유는 한 번에 많은 주식을 관리하는 데 한계가 있기 때문이었다. 지금도 나는 아이들을 돌보고 집안일을 하느라 하루에도 시간이 모자를 지경이다. 아이들을 재우고 나면 약 4시간이 주어진다. 이런 내가 많은 종목을 보유하면 제대로 관리하기가 어렵다. 종목 관리는 뉴스나 보고서 확인 등 적게라도 시간이 소요되는 일이기 때문이다. 만약 10~20개라고 생각해보자. 매일 관리하기가 절대 쉽지 않을 것이다. 5개는 가장 적으면서도 가장 효과적인 분산 개수다.

그래서 나는 포트폴리오로 구성할 5개의 기업을 골랐다. 가장 기대 수익률이 높고 안전한 것들로만 골랐다. 5개라 관리하기가 수월했고, 이렇게 하면 그중 하나는 굉장히 잘될 것이라고 생각했다. 2016년 나는 LG화학, 신일제약, 우리넷, 동원개발, 메리츠화재 이렇게 5개를 보유하고 있었다. 분기별로 재무제표를 확인했고, 자주 가는 커뮤니티에 알람을 설정해놓고 해당 종목의 글이 올라오면 꼼꼼히 읽었다. 경제 기사도 매일 확인했다. 4년 보유한 LG화학은 2배 넘는 수익을 냈고, 5년 보유한 신일제약은 5배 급등했다. 우리넷에서는 일찍이 3배의 수익을 얻었다. 메리츠화재는 그럭저럭이었고, 동원개발은 변동이 없었다.

다음은 내가 했던 국내 분산 투자를 표로 정리한 것이다. 참고로 나는 늘 하락장을 대비해 현금을 10%가량 보유했고, 이를 리밸런싱에 효과적으로 사용했다. 그리고 기타 관심 종목은 5개의 주 종목 외에 관심이 있는 후보군을 사뒀다.

종목명	보유 비율	보유 기간	수익률
LG화학	16%	4년	2.5배
우리넷	16%	3년	3배
신일제약	16%	5년	5배
메리츠화재	16%	4년	1.5배
동원개발	16%	5년	-
현금	10%		
기타 관심 종목	10%		

생각보다 투자 수익이 괜찮았다. 5개 중 1개는 굉장히 잘되고, 3개는 예상대로 되고, 나머지 1개는 별로일 거라는 피터 린치의 이야기가 정말 딱 들어맞았다. 하지만 5년이 되기 전에 팔았다면 이런 수익을 내지 못했을 것이다. 5년이 되기 전에는 박스권에서만 움직였고, 가장 일찍 잘된 건 우리넷이었다. 그래서 나는 미국 ETF 투자를 병행했고, 거기서 매년 꾸준한 수익이 있었다. 이 성과가 주식 초보인 나를 버티게 해줬다.

5개를 골랐다면 어떻게 운용해야 할까? 수익이 나면 지속적으로 보유해야 한다. 상승 추세가 계속되는데 팔아버리는 사람들이 많다. 수익을 실현하려고 마음이 급해져서 그렇다. '나는 이 정도면 충분해'라는 생각이 든다면 욕심이 너무 없다. 혹시 떨어질까 무서워서 팔아버리는 경우도 너무 많다. 추세가 꺾일 때까지 지속적으로 보유하는 것이 좋다. 조금 꺾이면 그때 팔아도 괜찮다. 어차피 고점에서 매도는 불가능하기에 어깨쯤에서 팔면 된다. 그런데 그 어깨가 어디인지 모르므로 상승 국면인데 함부로 정리하지 말자. 떨어지는 추세일 때 팔아도 늦지 않다.

이렇게 5개의 종목을 구성하고 몸이 근질근질한 사람도 있을 것이다. 당연히 좀 더 사서 경험해보는 것도 나쁘지 않다. 앞서 언급했듯이 나는 관심이 있으면 다 1주씩 사서 추적 및 관찰한다. 계좌를 따로 만들기도 한다. 지금도 투자 금액의 10% 정도로 경험과 관찰을 지속하고 있다. 벤저민 그레이엄도 투기성으로 계좌를 조금 운용하고 싶다면 총 투자 금액의 10% 안에서 하라고 권한다. 장기 투자와 단타 계좌를 분리해서 운용하는 사람도 있다. 자신의 성향을 파악해 효율적인 방법을 찾으면 된다.

나는 이렇게 지난 5년간 분산 투자로 수익을 달성했다. 그리고 최근에는 셀트리온에 집중 투자를 했다. 물론 잃지 않고 안전하게 하려면 분산 투자가 맞다. 그런데 확신이 든다면 한 종목에 집중 투자도 괜찮다. 워런 버핏도 평소에는 분산 투자를 하다가 확신이 들면 집중 투자로 부를 확장하곤 했다. 코카콜라와 애플이 그 종목이었다. 집중 투자에는 철저한 분석과 풍부한 경험이 필요하기에 분산 투자로 내공을 쌓은 후 하는 게 좋다.

80 대 20은 세상의 황금률이다. 육아, 일, 경제 등에서 80 대 20 법칙이 자주 등장한다. 이런 황금률을 주식 투자에도 적용하자. 개별 종목을 투자한다면 5개로 포트폴리오를 구성하자. 5개는 너무 많지도 적지도 않은 적당한 수다. 이 중 하나가 굉장히 잘되고 나머지는 중간 정도 갈 것이다. 만약 조금 더 해보고 싶다면 총 투자 금액의 10% 미만으로 이런저런 경험을 해보자. 계좌를 분리해서 개별 종목은 따로 관리하자. 나에게 맞는 최적의 방법으로 분산 투자를 하면 최대의 효과를 누릴 수 있다.

05 | 원칙⑤
'주가=심리'임을 파악한다

어린 시절 나는 최신곡은 모조리 꿰었다. 누구보다 먼저 가사를 외웠고 모르는 노래가 없을 정도였다. 패션 잡지를 보며 유행을 좇았다. 정말 나는 유행 그 자체였다. 남편을 만날 즈음엔 최고로 화려했다. 굽이 10cm가 넘는 하이힐만 신었고, 길이가 30cm 이하인 치마만 입었으며, 허리까지 내려오는 생머리를 날마다 정성껏 관리했다.

그런데 결혼 후 아이를 낳고 키우며 나는 완전히 달라졌다. 고립된 섬 안에 있다 보니 자연스레 그리되었다. 두 돌 전에는 TV를 보여주는 게 좋지 않다고 해서 아이에게 TV를 틀어주지 않았다. 그러면서 조금씩 세상이 돌아가는 일과 멀어졌고, 그만큼 나에게 집중하게 되었다. 남들의 신경을 전혀 안 쓰고 내가 원하는 걸 실컷 했다. 그랬더니 너무 사는 게 편하고 좋았고, 다시는 예전으로 돌아가고 싶지 않았다. 사람들에 섞여서 나를 잃으니 좀 외로워도 그냥 나인 게 좋았다. 그랬기 때문일까. 투자할 때도 자연스럽게 대중과 멀어졌다. 혼자 공부해서 혼자 투자했다. 그런데 이게 바로 성공 투자 비법이 될 줄이야…….

사회 심리학의 선구자 솔로몬 애쉬는 동조로 인한 인지의 왜곡 현상을 연구했다. 실험에는 길이가 각기 다른 3개의 직선이 주어졌다. 각각의 참가자들에게 그중 주어진 보기와 같은 길이의 선을 고르는 문제를 냈더니 쉽게 답을 찾았다. 그다음에는 8~9명의 참가자들이 함께 문제를 풀게 했다. 처음과 비슷한 질문이었으며 누가 봐도 뚜렷이 차이가 나서 쉽게 맞힐 수 있는 문제였다. 그런데 여기에 함정이 있었다. 연기자를 심어놓은 것이었다. 참가자를 제외한 연기자들은 일부러 모두 오답을 골랐다. 그러자 앞서 정답을 맞혔던 참가자는 연기자들의 오답에 동조했다. 참가자의 대부분은 오답을 골랐다. 인지 능력이나 시력에는 전혀 문제가 없었다. 실험이 끝난 후 참가자를 인터뷰했지만, 자신이 다른 사람의 영향을 받아 그랬다고 하는 사람은 아무도 없었다. 오히려 자신의 판단이 틀리거나 시력에 문제가 있는 것은 아닌지 의심했다.

사람들은 군중 속에 섞이면 판단력이 흐려진다. 스스로 생각해 행동하지 않으려고 하고, 그저 사람들이 옳다는 대로 믿고 따라간다. 이것은 생존을 위한 인간의 자연스러운 심리 진화 현상이다. 실제로 군중과 함께 행동하지 않으면 소외되어 불이익을 겪는 등 안전에 위협을 당할 수도 있다. 혹은 소속감을 느끼려는 본능에서 나도 모르게 그렇게 된다. 이를테면 엄마들에게도 이러한 군중 심리의 영향이 적잖이 미친다. 한 동네에서 너도나도 아이를 어린이집에 보내면 보내고 싶지 않았던 엄마도 상황을 합리화해 보내게 된다. 혹은 아이의 친구 엄마들이 다 같은 영어 학원을 보내면 좋다고 생각하며 그냥 보낸다. 이렇게 나와 아이에게 맞는 걸 고려하지 않고 분위기에 휩쓸려 따라가는 것이 군중 심리다.

나는 뉴스와 반대로 행동했다. 주식을 매수하는 때는 주로 뉴스에 "코스피 지수가 ~대로 떨어졌습니다"라는 이야기가 나올 때였다. 뉴스에 나올 만큼 떨어졌으니 좋은 가격에 살 수 있을 거라는 생각에서였다. 그리고 '올랐다'라는 이야기가 나오면 일부 매도했다. 어느 날인가 버스 옆자리에 주식 이야기를 하는 커플이 앉았다. "요즘 좀 많이 올랐던데?" "관둬. 주식해서 돈 번 사람 없잖아!" 명백히 주식을 모르는 사람들의 대화였다. 그때 나는 '어, 대중들이 주식에 대해 말하는 상황이 바로 이건가? 조금 정리하고 현금을 확보할까?'라는 생각이 들었다. 그러고 나서 얼마 후 코스피가 폭락했다. 몸소 느낀 그때 이후부터는 정말 주식을 모르는 사람들이 주식을 이야기하면 비중을 조절해야 할 때라고 생각하게 되었다. 이처럼 대중과 반대로 움직이기는 절대 쉽지 않다. 불안을 능수능란하게 다룰 수 있어야 한다. '혹시 내가 잘못 선택하는 것은 아닐까?'라는 불안, '나만 소외되어 홀로 남겨지는 것은 아닐까?'라는 불안… 이러한 불안을 다루는 방법은 바로 불안을 '인지'하는 것이다.

불안을 인지한다는 것은 스스로 불안하다는 사실을 아는 것이다. 하지만 대부분은 자신이 불안하다는 걸 모르기 때문에 그 마음에 쉽게 휩쓸린다. 불안하다는 걸 아는 것만으로도 뇌는 진정되고 생각의 회로가 돌아가기 시작한다. '모태 불안녀'였던 나는 아이를 키우며 나의 불안을 알았다. 그래서 불안을 다루기 위해 불안을 인지하고 오히려 역이용했다. 불안의 장점을 본 것이다. 불안하기 때문에 더욱 신중했고, 더 많이 공부했으며, 불안한 마음과는 반대로 행동하려고 노력했다. 이렇게 불안을 아는 것만으로 육아의 많은 상황이 바뀌었다. 투자도 마찬가지였다. 아이를 키우며 불안을 인지하고 다룰 줄 아는 엄마는 주식 투자에서도 불안을 다루고 대중과 반대로 행동할 줄 아는 힘을 이미 갖췄다.

『주식투자의 군중심리』에서 칼 윌렌람은 군중 심리 때문에 사람들이 주식 시장의 병적인 흥분 속에서 경제적 파경에 이른다고 설명한다. 주식 시장이 급상승하거나 폭락할 때 개인 투자자는 정신을 차리기 어렵다. 이런 상황에서 개인은 타인에게 의지하게 되고, 자신이 아닌 집단의 결정을 따르게 된다. 과거 17세기 네덜란드에서는 많은 사람들이 집과 땅을 팔아 튤립 구근을 샀다. 튤립 구근으로 돈을 번 다른 사람들처럼 부자가 될 것이라는 생각에서였다. 사람들의 광적인 튤립 투기는 나라 전체의 발전을 위협할 정도였다. 튤립 광풍은 수많은 거품 경제 중 하나의 사례에 불과하다고 칼 윌렌람은 말했다. 영국 남해 회사의 거품이 붕괴하며 돈을 잃은 아이작 뉴턴 역시 "나는 우주의 움직임을 예측할 수 있지만, 사람들의 광기는 알 수가 없다"라고 말하기도 했다.

사과가 떨어지는 걸 보며 중력을 깨달은 천재도 군중과 함께하면 정신을 차리기 힘들다. 그러므로 이를 알고 반대로 행동하면 좋다. 하지만 그게 잘되지 않는다면 어떻게 해야 할까? 정보를 효과적으로 차단하는 것이다. 나는 주가를 매일 확인하지 않는다. 하도 들여다보지 않으니 심지어 얼마에 샀는지도 까먹는다. 하지만 경제 뉴스만큼은 매일 확인한다. 내가 가진 종목의 뉴스도 마찬가지다. 사업 보고서도 나오면 바로 확인한다. 이것만으로도 충분히 동향을 파악하고 신속한 행동을 할 수 있다. 중요한 것은 주가가 아니라 실적이다. 실적을 기준으로 삼고 주가를 멀리하자. 주가는 심리이기에 주가 변동은 사람들을 흔든다. 내 그릇을 알고 거기에 맞게 행동하자. 주가를 보면서도 동요하지 않을 수 있다면 상관없지만, 그렇지 않다면 굳이 자주 들여다보지 않는 것이다.

결국 주식은 심리 싸움이다. 대중과 멀리 떨어진 엄마의 시간은 그래서 매우 유용하다. 아무리 유행이란 유행을 모두 따르던 사람이라도 엄마가 되면 나만의 시간이 생긴다. 뉴스와 반대로 행동하자. 그러려면 자신의 불안을 바라보고 다룰 수 있어야 한다. 군중에 휩쓸리지 말고 스스로 옳은 결정을 내리자. 정보를 효율적으로 차단하고 꼭 필요한 것만 선택해서 집중하자. 그리고 누구보다 즐겁게 주식 투자를 하자. 이미 많은 기반을 가진 엄마, 당신은 승리할 수밖에 없을 것이다.

06 | 원칙⑥ 『국부론』을 주식 투자에 적용한다

보이지 않는 손

나는 아이를 키우며 '균형력'을 배웠다. 지금은 힘들고 어렵게 육아하지만 나중에는 웃을 거라는 사실을 알았다. 낯을 가리는 아이는 나중에 사람을 잘 가려낼 것이며, 산만한 아이는 나중에 창의력이 높을 것이며, 그리고 엄마 껌딱지는 상호 작용을 좋아하는 아이로 자랄 거라는 사실을 알았다. 육아 공부를 하며 아이의 힘든 부분만큼 장점이 존재한다는 걸 알게 되었다. 소위 '지랄 총량의 법칙'이라고 다른 엄마들과 우스갯소리를 하곤 했다. 이러한 육아의 대원칙은 영국의 정치 경제학자 애덤 스미스가 『국부론』에서 말한 '보이지 않는 손'과 연관되어 있다.

'보이지 않는 손'이란 결국 합리적인 균형이 이뤄진다는 이야기다. 이는 시장에 합리적인 가격이 형성되게 한다. 예전에 나는 속옷 쇼핑몰을 운영했었다. 처음에는 대체 가격을 어떻게 해야 할지 몰라서 비슷한 사이트를 조사했더니, 어떤 곳은 예쁜 모델이 입고 5만 원, 또 다른 곳은 1+1에 1만 원… 가격이 천차만별이었다. 그래서 나름대로 준비해 4만 원으로 올렸는데 팔리지 않았다. 5,000원으로 올리니 갑자기 너무 많은 주문이 들어왔다. 하지만 5,000원은 마진이 전혀 남지 않았다. 그래서 2만 원으로 올렸더니 소화 가능한 양의 주문이 들어왔다. 마진도 적당하고 일을 하기도 편안했다. 처음에 나는 얼마에 팔아야 할지 파악하지 못했지만, 실제로 해보면서 '적당한 가격'이 얼마인지를 알게 되었다. 이처럼 의도도 없이, 제3자의 개입 없이 자연스럽게 가격이 결정되는 것이 보이지 않는 손의 역할이다.

결국 보이지 않는 손은 자연스럽게 시장의 합리적인 선을 결정한다. 주식 시장도 마찬가지다. 주가는 합리적인 가격으로, 비싸게 거래되는 주식은 그만큼의 값어치로 사람들이 보고 있다는 것이다. 예를 들어 카카오가 기업 매출에 비해 높은 가격으로 거래된다면 그만큼 사람들이 카카오를 긍정적으로 생각하고 있다는 것이다. 만약 공매도(주가 하락에서 생기는 차익금을 노리고 실물 없이 주식을 파는 행위)에 의해 어떤 주식이 오랫동안 저평가되었다면 나중에 주가가 상승할 때 걷잡을 수 없이 폭등하게 된다. 보이지 않는 손을 이해하면 굳이 차트를 보지 않아도 언젠가는 주식이 상승 혹은 하락할 것임을 알 수 있다.

그런데 보이지 않는 손이 뒤틀릴 때가 있다. 사람들의 '이성'이 사라졌을 때다. 보이지 않는 손은 합리적인 상황에서만 존재한다. 사람들이 이성을 잃고 대박만 노리며 투자를 한다면 그때는 정부의 개입이 필요한 순간이다. 사람들이 안 좋은 뉴스로 공황 상태가 되어 은행에서 돈을 다 인출한다면 그걸 막기 위해 정부는 손을 써야 한다. 이처럼 다양한 이유로 정부는 경제에 개입한다.

주식을 잘하고 싶다면 보이지 않는 손을 이해함과 동시에 정부의 정책을 잘 살펴야 한다. 보이지 않는 손이 가격을 결정하는 것은 맞지만, 때로는 정책이 보이지 않는 손을 꽁꽁 묶어둘 때도 있기 때문이다. 정책을 이기는 주식은 없다. 물론 아주 큰 그림으로 보면 정책도 보이지 않는 손에 의해 결국 변화하지만, 오랫동안 정부는 경제에 개입해서 판을 바꿔놓을 수 있다. 이를 이해하면 정책을 잘 따라서 투자하게 된다. 정책에 역행하는 투자는 하지 않는 것이 현명하다.

독점

그다음 보물은 '독점'이다. 『국부론』에 의하면 어떤 경제 일원에게는 독점을 통해서 '특권'이 생길 수 있다. 나는 20대 말에 미국에서 사업을 한 적이 있다. 속옷과 수영복을 아마존을 통해 판 것이다. 그런데 아마존에서 판매를 하며 큰 좌절을 하게 되었다. 소상공인이 판매하던, 잘 나가는 물건을 모두 아마존이 직접 판매하기 시작한 것이다. 노출도 가장 상위였고, 아마존에서 사면 심지어 배송도 이틀이면 충분했다. 그 당시 미국은 택배 시스템이 우리나라처럼 빠르지 않아 5일 정도가 걸렸는데 말이다. 사람들은 당연히 같은 물건이라면 다 아마존이 판매하는 걸 골랐다. 그래서 소상공인은 가격을 낮출 수밖에 없었고, 마진이 크게 떨어졌다.

초반에 아마존은 온라인 중고 책 서점으로 자리매김했지만, 점점 구축한 서비스로 다양한 물건들을 직접 판매하며 시장을 독점하다시피 했다. 만약 내가 그때 경제 공부를 했다면 마냥 좌절하는 대신 아마존 주식을 샀을 것이다. 내가 그 당시 느낀 아마존은 명백한 독점 기업이었다. 독점은 부를 효율적으로 축적하는 가장 오래된 방식이다. 지금도 미국에서 아마존을 따라갈 플랫폼은 없다. 당시 아마존의 주가는 100달러 정도였는데, 내가 만약 그때 투자해서 계속 보유했다면 10년이 지나 3,000달러 정도로 30배가 뛰었을 것이다. 이렇게 독점은 특정인(집단)에게 부를 축적하게 한다. 이를 따라가면 큰돈을 벌 수 있다. 하지만 독점은 분명 폐단이 있다. 시장을 독점함으로써 경제를 위축시키기 때문이다. 아마존이 그렇게 시장을 장악하자 수많은 소매업이 죽었다. 대부분의 사람들은 쇼핑할 때 편하기에 아마존을 좋아한다. 하지만 미국 정부는 지금도 골머리를 앓고 있다.

조금 다른 사례인 네이버를 생각해보자. 네이버는 우리나라의 검색 시장을 장악했다. 한번 사람들의 인식에 각인된 것은 잘 바뀌지 않는다. 예전에 이메일은 한메일, 즉 다음이었다. 왜 다음에서 네이버로 바뀌었을까? 다음은 우표제를 통해 메일을 유료화하려고 했었다. 그때 나는 다음 메일을 쓰고 있었는데, 유료화를 한다고 해서 바로 네이버로 옮겼다. 이후 네이버는 지식인, 블로그 등 새로운 서비스를 내놓으며 한번 장악한 1등 자리를 내어주지 않았고, 그렇게 네이버는 계속 기술을 발전시켰다.

기술은 기술의 발전을 불러일으킨다. 다음은 기술을 발전시켜야 할 시기에 유료화에만 집중해 무너졌다. 우리는 기술의 독점 현상을 살펴야 한다. 한번 장악한 시장은 지속적으로 개발한다는 전제 하에 쉽게 뒤집히지 않는다. 카카오도 카카오톡을 기반으로 많은 걸 발전시켜나가고 있다. 그러므로 우리는 새로운 시장을 독점하며, 계속 기술을 개발하는 종목을 유심히 살펴볼 필요가 있다.

근검절약과 투자

마지막으로 『국부론』에서 주목해야 할 것은 '근검절약'과 '투자'에 관한 내용이다. 이는 우리 엄마들의 생활과도 밀접하다. 엄마들의 몸에는 절약이 배어 있다. 특히 아이를 낳고 지출이 많아지면서 더욱 그럴 것이다. 애덤 스미스는 자본의 증가가 이러한 근검절약으로 인해 일어난다고 이야기한다. 그리고 여기서 축적된 자본은 재투자되어야 한다고 설명한다. 그래서 재투자된 자본은 생산성을 증가시키고, 그 결과 경제가 성장하게 된다. 말로 표현하면 간단하지만, 기업들을 살펴보면 절대 그렇지 않다.

기업의 재무제표를 살펴보면 천차만별이다. 어떻게 생산 라인을 구축하는지, 수익으로 어떻게 투자하는지, 얼마나 연구 개발에 돈을 쓰는지, 직원들의 급여로 얼마를 책정하는지 등 정해진 공식 없이 나름의 효율적인 방식으로 자금을 운용한다. 이를 잘 살펴볼 필요가 있다. 주주들의 돈, 즉 주식에 투자한 나의 돈이기 때문이다. 내가 투자한 돈을 기업이 어떻게 관리하고 있는지 알아야 한다. 쓸데없이 돈을 쓰면 기업의 재무제표에 드러나고 결국 주가에 영향을 끼치게 된다. 돈을 잘 관리하는 기업은 외형에 치중하는 등 낭비하지 않고, 주주 친화적으로 최대한 돈을 주주에게 환원하려고 노력하며, 부채와 현금 자산을 적당한 수준으로 유지한다. 더불어 잘 투자하는지도 살펴봐야 한다. 엄마가 가계 경제를 알뜰살뜰 설계하듯이 기업도 돈을 잘 쓰는지가 중요하다. 절약한 돈을 그냥 두지 않고 연구 개발비나 인건비 등 생산성을 높이는 데 효율적으로 사용하는지를 봐야 한다. 예를 들어 나에겐 책 사는 돈이 아깝지 않다. 그만큼 생활의 질을 높여 더욱 높은 수익으로 연결되기 때문이다. 이렇게 돈이 돈을 불러오는 소비는 '투자'다. 기업도 마찬가지로 경쟁사와 대비해 영업 이익이 높고, 연구 개발비에 합당한 실적을 내는지를 보자. 한마디로 재무제표가 탄탄하면 잘 모으고 투자해서 주주에게 환원하는 기업이다.

본격적으로 주식 투자를 하기 전에 제대로 경제 공부를 하고 싶다면 『국부론』을 꼭 읽자. 너무 두껍고 어려워 엄두가 나지 않는다면 쉽게 정리한 책도 괜찮다. 아이들이 읽는 교육 만화에 『국부론』은 꼭 포함된다. 『국부론』을 읽으면 세상을 보는 눈이 생기고, 경제가 돌아가는 원리를 알게 된다. 주식 투자에 『국부론』에서 얻은 노하우를 꼭 적용해보자. 어느새 주식 천재라는 소리를 들을지도 모른다.

내가 주식으로 이런저런 성과를 얻자 덩달아 뛰어든 남편. 연습도 없이 생각지도 않던 목돈을 투자했다. 예상대로 이리저리 갈팡질팡했다. 매일 주가가 오르락내리락하는 걸 보며 잠을 못 자기가 일쑤였고, 날마다 부정적인 말을 일삼았다. 누구 때문에 주가가 못 올라가고, 돈을 당장 빼야 할지 고민이며, 주식 방송은 다 사기라는 등 옆에서 듣기가 괴로웠다. "자기야, 그 주식은 기다리면 돼. 2~3년 기다리면 되는데 당장 급한 돈을 넣었으니 그렇지. 누가 처음 시작하면서 돈을 한꺼번에 그렇게 많이 넣으래? 자기 그릇만큼 투자해야지. 그리고 불안하면 돈 빼. 불안하면 못 하는 게 주식 투자야." 매일매일 남편의 푸념과 나의 정신 수업이 이어졌다. 도저히 듣다 듣다 안 되겠는 날, 나는 이렇게 말했다.

"자기야, 자기가 그렇게 부정적이어서 지금 안 되는 거야."

그러자 남편 눈이 동그래졌다. 몇 년을 참고 참다가 한 말이었다. 사실 말할 최적의 타이밍을 찾고 있었다. 남편은 간절했기에 내 말에 귀를 기울일 것 같았다. 이때다 싶어 부연 설명을 했다.

"자기야, 긍정적인 말을 하는 사람은 긍정적인 일들을 끌어들이고 주변의 일이 결국 되게 만들어. 자기가 긍정적으로 생각하고 기다리면 지금 실적이 받쳐주니 결국 주가도 오르고 제자리를 찾을 거야. 그런데 부정적으로 계속 생각하면 버티지 못하고 팔게 될 거야. 그리고 게시판에 안 좋은 글을 자꾸 올리면서 사람들에게도 영향을 주게 될 거야. 자기가 잘 풀리지 않는 건 자꾸 부정적인 말을 해서야. 이 말을 전부터 너무 하고 싶었어. 이제 긍정적인 말을 해봐. 그러면 다 잘될 거야. 나 믿고 한번 긍정적으로 생각해봐. 자기는 그거 하나면 다 풀려."

세계적인 주식 전문가 피터 린치는 피델리티에서 마젤란 펀드를 운용했다. 그가 13년 동안 달성한 연 수익률은 평균 29.2%에 달했다. 평균적으로 기대하는 주식의 연 수익률 7~10%를 훨씬 웃도는 엄청난 성과였다. 만약 어떤 투자자가 13년 동안 피터 린치가 운용하는 마젤란 펀드에 돈을 넣어뒀다면 큰돈을 벌었을 것이다. 13년 동안 약 27배, 즉 1억 원을 넣고 기다렸다면 27억 원이 되었을 터였다. 심지어 단 1년도 마이너스를 기록하지 않았다. 그런데 과연 그렇게 돈을 번 사람이 있었을까? 안타깝지만 없었고, 심지어 절반 이상의 사람들이 손해를 봤다고 한다. 사람들은 주가가 하락할 때 패닉에 빠져 팔아버렸다. 조금 수익이 나자 만족하고 돈을 빼버렸다. 꼭대기에서 사고 하강 국면에 판 사람들도 많았다. 그저 돈을 버는 수단으로 생각하고 단기로 접근한 탓이었다. 돈을 벌 기회가 주어졌지만, 사람들은 그만큼 벌지 못했다.

이런 일은 지금도 수없이 많다. 주식 시장은 파도를 거듭하지만 결국 상승한다. 기업은 계속 성장하고 그에 따라 실적이 오른다. 그래야 소비자에게 버림받지 않고 살아남기 때문이다. 누구나 아는 경제 원리다. 잘만 고르면 누구나 돈을 벌 수 있는 구조다. 그런데 현실은 그렇지 않다. 잘 고르는 것까지는 공부로 어떻게든 성공한다. 하지만 사람들은 자신의 감정을 능숙하게 다루지 못한다. 긍정적인 마음으로 계속 버티고 떨어질 때 돈을 넣는 사람들은 돈을 벌지만, 그런 경우는 많지 않다. 가장 간단하고 쉬운 원리가 가장 어려운 거라니……. 하지만 엄마라면 잘할 수 있다.

나의 투자 경험을 돌이켜 보니 수익이 난 남다른 노하우가 있었다. 어떤 상황에도 긍정적이었다는 사실이다. 주가가 폭락하면 '언젠가 오르겠지', 회사가 계속 빛을 발하지 못하면 '실적이 괜찮으니까 기다리면 돼', 혁신을 위해 열심히 뛰는 회사를 보면 '잘될 거야'… 대신 이런 생각은 하지 않았다. 실적이 떨어진 회사를 보며 '언젠가 되겠지' 하며 내버려두진 않았다. 왜 실적이 떨어졌는지를 분석하고, 대안이 있는지, 어떤 노력을 하는지를 꼭 살폈다. 내 기준은 회사의 가치여서 가치에 타격을 주는 실적에는 신경을 썼다. 하지만 사람들의 공포 같은 감정의 동요에는 흔들리지 않고 늘 긍정적으로 생각했다.

사실 내가 그렇게 할 수 있었던 이유는 아이를 키워봤기 때문이다. 엄마는 긍정적일 수밖에 없다. 내 자식을 부정적으로 바라보면서 어떻게 하루를 버틸까. 하루만 그래도 전쟁이 일어날 것이다. 아이도 잡고 나도 잡고 분명 후회할 것이다. 하루를 보낸 엄마는 밤마다 다짐한다. 내일은 그러지 말아야지, 아이를 있는 그대로 사랑해야지. 날마다 긍정적으로 살기 위해 온갖 노력을 기울이는 엄마, 그런 엄마라면 주식 시장도 충분히 긍정적으로 바라볼 수 있다. 내 아이가 자랄 세상을 꿈꾸며, 경제가 발전하고 혁신 기업들이 성공하리라 믿는다.

그리고 긍정적인 사람은 대부분 실행력이 강하다. 사람이 긍정적으로 변하면 먼저 생각이 바뀌고, 그다음 말이 바뀌고, 마지막으로 행동이 바뀐다. 스스로를 점검하자. 맨날 읽기만 하지는 않는가? 배운 만큼 곧바로 실행하는가? 작은 것부터 할 수 있다고 생각하자. 주식 투자도 마찬가지다. 내가 가장 잘 아는 분야에서 잘하는 기업을 찾고 시장 조사를 하자. 사람들의 의견을 묻고 재무제표를 살펴보자. 확신이 든다면 주식을 매수하고 지속적으로 검토하자. 긍정적인 사람에게 돈은 자연스레 붙는다.

그 후로 남편은 부정적인 말을 잘 꺼내지 않게 되었다. 몇 년 동안 나를 힘들게 했던 좋지 않은 버릇이 일순간 사라졌다. 시간이 더 흘러 주식은 올랐고, 남편은 그렇게 되기까지 잘 버텼다. 주식을 함으로써 남편은 성장했고, 나는 엄청난 실행력을 바탕으로 부를 일으키기 시작했다. 당신을 한번 돌아보자. 배운 만큼 실행하며 부를 불러일으키는가? 그리고 주변도 돌아보자. 부정적인 생각으로 자신을 가두는 사람들이 있진 않은가?

주식은 철학이다. 만약 주식에 대한 지식으로만 돈을 벌면 세상에서 가장 주식 부자는 아마 펀드 매니저일 것이다. 하지만 그렇지 않다. 주식으로 돈을 많이 버는 사람은 긍정적인 사람이다. 긍정적인 사람은 책을 가까이하며 배움을 즐기고, 그렇게 배운 만큼 실행한다. 자신을 믿으며 불안에 휩쓸리지 않는다. 주식 투자는 마음으로 하는 것이기에 긍정적인 사람은 이길 수밖에 없다. 반대로 부정적인 사람은 필패한다. 어느 쪽을 선택하겠는가? 모두 긍정을 선택해 부자가 되자.

사업 보고서 보는 법 ⇅🔍

PER, PBR 등 회사와 주가에 관한 간단한 지표는 종목 검색으로 확인할 수 있다. 좀 더 자세히 들여다보고 싶다면 사업 보고서를 살펴야 한다. 회사가 어떻게 투자하고 있는지, 연구 개발비로 얼마를 쓰는지, 임직원들의 연봉은 얼마인지 등 자세한 정보가 있다. 1년에 4번의 보고서가 나온다.

분기	보고서	실적 발표 기한	사업 기간
1분기	분기 보고서	5월 15일까지	1월 1일 ~ 3월 31일
2분기	반기 보고서	8월 14일까지	1월 1일 ~ 6월 30일
3분기	분기 보고서	11월 14일까지	7월 1일 ~ 9월 30일
4분기	사업 보고서	4월 1일까지	1월 1일 ~ 12월 31일

사업 보고서는 금융감독원 전자공시시스템 DART(dart.fss.or.kr, 이하 '다트')에서 확인할 수 있다. 혹은 네이버 증권 PC 화면의 종목 정보에서 전자공시 메뉴로 들어가도 다트로 연결된다. 사업 보고 서로 다음과 같은 내용을 확인할 수 있다.

I. 회사의 개요

II. 사업의 내용

III. 재무에 관한 사항

IV. 이사의 경영진단 및 분석의견

V. 감사인의 감사의견 등

VI. 이사회 등 회사의 기관에 관한 사항

VII. 주주에 관한 사항

VIII. 임원 및 직원 등에 관한 사항

IX. 계열회사 등에 관한 사항

X. 이해관계자와의 거래 내용

XI. 그 밖에 투자자 보호를 위하여 필요한 사항

실제로 투자했던 LG화학의 사업 보고서를 한번 살펴보겠다. 다 트에 접속해 첫 화면에서 회사명에 LG화학을 입력한 다음, 최종 보고서, 기간 1년, 정기 공시 중 사업 보고서를 체크한 후 검색을 누르면 사업 보고서가 나온다. 사업 보고서는 다트에서 바로 조회할 수도 있고, 별도의 파일을 다운로드 받아서 볼 수도 있다. 이어지는 내용은 실제 사업 보고서를 바탕으로 작성했기에 반드시 LG화학 사업 보고서와 함께 읽어야 도움을 받을 수 있다. (기준: LG화학 사업보고서(2019. 12), 접수일자 2020. 03. 30)

I. 회사의 개요

사업 보고서를 열었다면 회사의 개요를 먼저 보자. 가장 기본

적인 회사 소개, 연혁, 자본금 변동 사항, 주식의 총수, 의결권 현황, 배당에 관한 상황 등을 확인할 수 있다. 그중에서 '1. 회사의 개요 – 4) 주요 사업의 내용 및 향후 추진하려는 신규사업'을 읽어보자. 사업 보고서를 보면 LG화학은 석유화학사업, 전지사업, 첨단소재사업, 생명과학사업을 중점적으로 하고 있음을 알 수 있고, 각 사업부들의 현황 또한 간단히 살필 수 있다. 조금 더 자세히 살펴보면 석유화학 사업부문이 수요 부진으로 수익이 줄어든 상태다. 하지만 전지 사업부문이 성장하며 개선될 것으로 보인다. 하지만 ESS 화재로 영업 이익에서 손실이 났다. 보다 자세한 사항들은 재무제표를 통해 구체적으로 확인할 수 있다. '1. 회사의 개요 – 5) 연결대상 종속회사 개황'으로는 기업의 종속 관계를 살핀다. 이를 통해 기업의 이익 관계를 빠르게 파악할 수 있다. 그리고 '6. 배당에 관한 상황 등'으로 LG화학의 최근 3년간 배당 내역을 확인할 수 있다. 6,000원에서 2,000원으로 배당금이 줄었는데, 왜 배당금에 변동이 있었는지 설명해놓았다.

Ⅱ. 사업의 내용

최근 3년간 기업의 사업 현황이 서술되어 있다. 각각의 부문마다 산업의 특성, 성장성, 시장 여건, 경쟁 우위 요소 등을 자세히 살펴볼 수 있다. 만약 사업 현황이 좋지 않다면 왜 좋지 않은지, 어떤 부분을 개선해서 노력할 것인지 등을 확인할 수 있다. 나의 경우 기업의 실적이 떨어져 걱정되면 사업의 내용을 다시 열람하고 살펴보면서 생각을 정리하곤 했다.

'1. 사업의 개요 - 6) 사업부문별 요약 정보'를 통해 LG화학의 사업 부문별 매출과 영업 비중을 가장 최근인 제19기를 기준으로 살펴보자. 석유화학 사업부문이 매출의 52.4%, 전지 사업부문이 29.2%를 이루고 있다. 영업 이익은 석유화학 사업부문이 158.1%, 전지 사업부문이 - 50.7%를 기록했다. 사람들은 전지 사업을 가장 많이 기대하고 LG화학에 투자하지만, 여전히 석유화학 사업에 충실한 기업임을 알 수 있다.

또한 화학 등 제조 기업은 원재료 가격 변동 추이가 중요하다. 매출이 높아졌어도 원재료 가격이 많이 오르면 영업 이익이 줄어들 수 있기 때문이다. 이 내용은 '3. 주요 원재료 현황 및 가격변동 추이'를 통해서 확인 가능하다. 더불어 '4. 생산 및 설비에 관한 사항 - 1) 생산능력, 실적 및 가동률'을 보면서 가동률도 살펴본다. 전지 사업부문 평균 가동률이 59.7%로 전년 64%보다 줄어들었음을 확인할 수 있다. 하지만 자세히 들여다보면 생산 능력과 생산 실적이 늘어났다. 생산 설비 확대로 인한 증가임을 알 수 있다. 전지 사업부문을 확장하려는 기업의 움직임을 엿볼 수 있다.

계속 보다 보면 투자 및 연구 개발에 관해 정리한 부분도 나온다. 이런 부분은 경쟁사와 비교해보면 좋다. '4. 생산 및 설비에 관한 사항 – 3) 주요 투자에 관한 사항'을 보면 LG화학은 2016년과 2018년에 전지 사업부문에서 폴란드와 중국에 공장을 신설한 내역을 확인할 수 있다. 그리고 '10. 연구개발활동 – 3) 연구개발비용'을 보면 연구 개발에 매년 1조 원 상당의 비용이 들어가고 있음을 알 수 있다. 2018년 기준으로 대기업의 매출 대비 투자 비율은 평균 2.8%인데, LG화학은 2019년 기준 4%로 평균에 상회하는 연구 개발비를 지출하고 있음을 파악할 수 있다.

그런가 하면 '11. 그 밖의 투자의사결정에 필요한 사항 – 1) 사업과 관련된 중요한 지적재산권 보유현황'을 통해서는 LG화학의 특허도 확인할 수 있다. '주요 특허 현황' 표제어에서 가장 먼저 보이는 SAP는 고흡수성 수지로 기저귀 등에 많이 쓰인다. 최근 LG화학은 친환경 SAP 개발에 앞장서고 있다. 이외에도 매출, 위험 관리 등 중요한 내용을 꼼꼼히 읽는다.

Ⅲ. 재무에 관한 사항

재무에 관한 사항은 재무제표로 확인한다. 중요한 것 몇 가지만 짚자면, 우선 '2. 연결재무제표 – 연결 재무상태표'에서 유동 자산을 확인한다. 여기서 현금성 자산, 즉 위급할 때 현금화할 수 있는 자산을 확인할 수 있다. 현금 및 현금성 자산, 단기 금융 상품 등이 그것이다. LG화학이 바로 현금화할 수 있는 현금 및 현금성 자산은 1조 8,000억 원에 달한다.

이어서 유동 부채도 살펴본다. LG화학의 유동 부채는 8조 9,000억 원가량이다. 유동 부채는 1년 안에 갚아야 하는 빚이다. 유동 자산과 유동 부채의 비율인 유동 비율이 최근 3년간 낮아진 것을 확인할 수 있다. 이 비율은 유동성, 즉 현금으로 전환할 수 있는 능력을 뜻한다. 부채에 비해 현금 자산이 많다면 위기가 와도 잘 버티리라 판단할 수 있다. 부채가 없는 기업은 없지만, 이를 적당한 수준으로 잘 다루고 있는지도 봐야 한다. 부채가 얼마나 늘고 있는지를 살피는데, 부채 비율은 자본 대비 100% 이하가 적당하다. LG화학은 부채가 약 16조 원, 자본이 약 17조 원으로 부채 비율이 약 95% 정도다. 그리고 최근 3년간 부채가 늘어나 부채 비율이 높아졌음을 알 수 있다.

'2. 연결재무제표 – 연결 손익계산서'를 통해서는 돈을 잘 벌고 있는지를 파악한다. 당기 순이익이 자본 대비 늘어나는지를 보고, 매출액과 영업 이익도 살핀다. 매출은 전년도와 비슷하나 영업 이익이 크게 줄었음을 확인할 수 있다. 그리고 당기 순이익도 최근 계속 줄어들었다. 앞서 회사 개요에서 언급한 것처럼 석유화학 사업부문 수요 부진이 원인으로 보인다.

Ⅳ. 이사의 경영진단 및 분석의견

경영진 입장에서 사업 예측이나 재무 상태에 관한 핵심적인 이야기를 들을 수 있다. 과거 나는 LG화학 이사의 경영 진단을 통해 전지 사업부문의 빠른 성장을 확인할 수 있었다. 앞서 살펴본 사업 내용에서는 전지 사업부문의 비중이 석유화학 사업부문에 비해 적다는 판단을 했지만, 이 부분을 통해서는 LG화학이 앞으로 전지 사업부문에 집중할 것임을 파악할 수 있었다. 전지 사업부문이 다른 사업부에 비해 매출 증가가 월등했기 때문이다. 하지만 영업 이익은 적자 전환되었는데, 그것은 앞서 언급한 바와 같이 ESS 화재 손실 부담금 영향이었다.

Ⅴ. 감사인의 감사의견 등

회계 감사인의 의견이 기재되어 있다. 우량 기업은 대개 문제없는 경우가 많다. 작은 기업일수록 감사 의견 거절이 나와 있는지 한 번쯤 검토해본다.

Ⅵ. 이사회 등 회사의 기관에 관한 사항

사내 이사나 사외 이사 등 이사회 구성에 대해 알 수 있다. 사외 이사는 회사 외부에서 전문적인 지식과 경험을 바탕으로 기업 경영에 조언을 주는 사람이다.

VII. 주주에 관한 사항

기업의 진짜 주인이 누군지 알고 싶다면 주주에 관한 사항을 검토한다. 최대 주주, 5% 이상의 의결권을 소유한 주주, 그리고 소액주주에 관한 정보를 볼 수 있다.

VIII. 임원 및 직원 등에 관한 사항

임원들에 관해 자세히 파악할 수 있다. 나는 그들이 어떤 사람인지 서류를 통해서 본다. 특히 더 궁금한 사람이 있으면 직접 찾아보기도 했다. 다음은 내가 2016년 LG화학에 처음으로 투자할 때 당시 박진수 부회장에 대해 조사하고 썼던 의견이다. 나이, 학력, 경력 등 간단한 개인 정보뿐만 아니라 성장 과정이나 인터뷰 내용을 찾아보기도 했다.

고민했던 것은 '경제적 해자가 있는가?'라는 것이었다. 화학 회사는 많고 다른 회사들도 돈이 되는 신사업에 뛰어들 때 과연 LG화학이 경쟁력을 가질 만한 점은 무엇이 있는지? 다른 화학 회사들은 모두 어려운데 LG가 업계 1위로 우뚝 선 이유를 찾아봤고, 현 LG의 대표(CEO)였다가 부회장으로 올라간 박진수를 눈여겨보게 되었다. 풍부한 현장 경험과 부지런함, 허례허식을 모두 빼고 실력 있는 인사를 직접 찾아다니는 보기 드문 능력 있는 사람이라는 생각이 들었다.

'1. 임원 및 직원 등의 현황 - 2) 직원 현황'으로 직원들의 평균 근속 연수, 급여액 등을 조회할 수 있다. 나는 어린이집을 고를 때 교사의 근속 연수를 중시했었다. 마찬가지로 직원들이 어떻게 일하고 있는지를 수치로 파악할 수 있다. 임원들이 너무 많은 급여를 받고 있지는 않은지, 직원들의 급여 역시 업계 대비 어느 수준인지를 본다. 이 부분 역시 경쟁사의 보고서와 함께 비교하면 좋다. 그리고 대기업에는 드물지만, 작은 회사의 경우 비등기 임원에 가족을 올려두고 급여를 주지는 않는지도 확인한다.

IX. 계열회사 등에 관한 사항

회사의 개요에 간단하게 명시된 계열 회사 현황에 대해 자세히 파악할 수 있다.

X. 이해관계자와의 거래 내용

협력 업체와의 거래 내역이 나와 있다.

XI. 그 밖에 투자자 보호를 위하여 필요한 사항

공시 사항의 진행·변경 사항, 주주 총회 현황과 우발 채무 등 중요한 소송 사건에 관해 살펴볼 수 있다. 자세히 들여다보면 2차 전지 가격 담합 사건으로 집단 소송을 당한 내용이 나온다. 어떤 회사나 명암이 있으므로 꼼꼼히 내용을 검토한다.

책을 읽듯이 세세하게 정독하자. 중요한 순서대로 나열되어 있으니 앞부분부터 읽어나가면 된다. 정말로 시간이 없으면 'I. 회사의 개요'만이라도 살펴보자. 나는 사업 보고서를 꼭 읽어보고 투자하는 편이다. 사업 보고서를 보다 구체적으로 이해하고 싶다면 『벤저민 그레이엄의 증권분석』, 『재무제표 모르면 주식투자 절대로 하지마라』, 『박 회계사의 완벽한 재무제표 활용법』을 읽어보자.

인기 섹터에서 종목을 찾아보자 📈

이제 인기 섹터를 조회하고 종목을 찾아보자. 관심 있는 종목을 기준으로 경쟁 기업들을 찾을 수 있다. 그리고 관심 섹터를 정해 관련 기업들을 조회해볼 수 있다. 섹터란 업종별로 모아놓은 기업 그룹을 말한다. 특정 인기 섹터 전체에 투자하고 싶으면 관련 ETF 를 찾는 것도 하나의 방법이다. 여기에서는 사람들에게 친숙한 네이버 증권(모바일)을 기준으로 설명하겠다.

1 네이버 증권에 삼성전자를 검색한 후 스크롤을 내리다 보면 '동일 업종 비교'가 보인다. 이처럼 섹터란 동일 업종을 모아놓은 그룹을 말한다. 검색 시기마다 다르겠지만 삼성전자의 경우 SK하

이닉스, DB하이텍, 리노공업, 원익IPS, 솔브레인, 동진쎄미켐 등이 있다.

2 '동일 업종 더보기'를 누르면 '반도체와반도체장비' 업종에 해당하는 기업들이 더 나타난다. 계속 스크롤을 내리다 보면 100개가 넘는다. 이 중에서 고르고 싶다면 회사명을 눌러 PER 등의 재무 상황을 살펴본다.

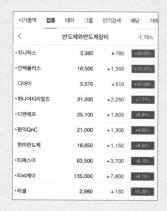

3 업종명 앞의 '〈'를 누르면 더 많은 업종을 볼 수 있다. 총 79개의 업종이 보인다. 요즘 인기 업종은 무엇일까? (조금 더 쉽게 찾아 들어가려면 네이버 증권에서 '국내'를 누르고 그 다음에 '업종'을 누르면 된다.)

이런 식으로 살펴보다 보면 뜻밖의 종목을 찾게 된다. 나는 2015년에 신일제약을 이 방법으로 찾았다. 당시 신일제약에 투자하는 사람은 많지 않았다. 투자 커뮤니티에서 가치 투자하는 몇몇이 올린 글을 읽은 것이 다였다. 그리고 우리넷에 투자할 때도 이 방법으로 경쟁 기업을 살펴보면서 점점 확신을 굳혔다. 어릴 때 보물찾기를 하던 기억을 살려 한번 나만의 종목을 찾아보자.

4장

엄마의
국내 주식 투자

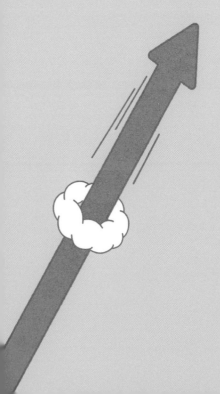

01 | 엄마가 국내 투자하기 좋은 이유

'도저히 못 하겠어. 키우기 너무 어려워. 나는 최선을 다하고 있지만, 이건 사람이 견딜 수 있는 영역이 아니야.'

예민한 첫째를 키울 때 밤마다 했던 생각이다. 아이가 좀 안정되는 것 같다가 또 힘들어지고, 좀 나아지는 것 같다가 도루묵이 되고, 하다 하다 안 되는 날은 엉엉 울다 육아서를 보고 다시 정신을 차리곤 했다. 그렇게 몇 년을 고생하다 거짓말처럼 안정되었다. 그런데 그걸 금세 잊었는지 역시 예민하게 태어난 둘째를 키우면서 똑같은 생각에 사로잡혔다. 나는 예민한 두 아이를 치열하게 키우며 같은 자리에서 오르락내리락하는 코스피를 견뎌냈다.

2020년 11월, 코스피는 신기록을 세웠다. 2,600선을 돌파한 것이다. '오랫동안 박스권 안에서만 움직이던 코스피가 드디어 날아오르는구나!' 2018년 2,500선까지 올라갔을 때 신났다가 이내 또 떨어져 횡보한 기억이 났다. 하지만 이번만큼은 다르게 느껴졌다. 우리 아이가 결국 안정되었듯이 코스피도 결국엔 제자리를 찾아갈 거라고 생각했다. 최근 기업들의 실적이 좋다는 소식이 들려왔고, 그저 거품만은 아니라는 생각이 들었다.

사실 나는 우리나라의 대표 지수 투자에 회의적이었다. 대표 지수 투자란 우리나라의 대표 지수를 추종하는 ETF에 투자하는 것을 말한다. 예를 들어 코스피200을 추종하는 TIGER 200, KODEX 200에 투자하는 것이다. 해당 ETF를 사서 모아봤는데, 오랫동안 수익률이 별로였다. 그나마 좀 오르는가 싶으면 이내 떨어지기 일쑤였다. 성장하지 않고 그냥 제자리에서 왔다 갔다 애간장만 녹이는 것 같았다. 그래도 우리나라 기업들은 성장하고 있는데 코스피만 제자리인 건가, 아니면 기업이 성장하고 있다는 내 생각이 틀린 건가?

무엇이든 제값을 받지 못하고 오랫동안 횡보하는 것은 투자로써 좋은 신호는 아니다. 물론 가치 투자적인 개념으로 접근할 수 있다. 오랫동안 싸게 사서 언젠가는 제값을 받을 수 있다는 믿음으로 말이다. 하지만 좋은 수익을 내는 다른 투자 방법들이 널리고 널렸다. 이를테면 나는 미국 대표 지수에 투자했더니 꾸준한 수익이 나서 좋았다. 국내 투자는 지수 투자가 아니라 개별 종목을 공부해서 매수하니 수익률이 훨씬 나았다. 굳이 버티고 참아가며 우리나라 지수에 투자할 필요가 있을까 싶었다. 그래서 우리나라 주식은 ETF를 하다가 개별 종목으로 들어갔다. 그럼에도 불구하고 지금처럼 코스피 평균이 '언젠가는' 상승한다는 믿음으로 지수 투자를 한다면 꽤 괜찮은 수익을 가져다주리라 생각한다. 앞서 말한 것처럼 오랫동안 싸게 살 수 있다는 믿음으로 접근하면 그렇다. 그리고 몇 년의 수익률에 일희일비하지 않고 최소 5~10년을 바라보면 그렇다.

그래서 우리나라 투자는 어렵지만, 잘만 하면 큰돈을 벌 수도 있다. 나는 개별 종목을 시작하며 굉장히 많은 기회를 찾았다. 내가 돈이 많았으면 수익도 훨씬 많았을 거라고 확신한다. 떨어질 때 두려워도 정신 똑바로 차리고 했는데, 그럴 때마다 돈을 제대로 벌었다. 목돈을 조달하지 못하는 상황이 늘 아쉬웠다.

우리나라는 하락하는 기회가 많은 편이다. 금리 인상, 무역 분쟁 등 무슨 일만 생겼다 하면 외국인 투자자들이 가장 먼저 돈을 빼고 빠져나가는 게 바로 우리나라 주식이다. 가치가 떨어져서가 아니라 안전하지 않다고 느끼는 심리적인 현상 때문이다. 그러면 우리나라 개인 투자자들, 소위 개미들까지 잃을까 봐 모두 빠져나간다. 주가는 출렁출렁 멀미가 날 지경이다. 그런데 이런 현상을 바꾼 계기가 최근의 이른바 '동학 개미 운동'이다. 더 이상 외국인의 움직임에 지배당하지 않고 국내 투자자들의 힘만으로 지수를 버텨냈다. 우리나라 주식 투자 역사상 정말 고무적인 사건이었다.

그리고 투자자들 사이에 이 주식이 좋다는 게 공공연하게 알려져도 사람들은 잘 사지 않는다. '매매'에 집중하는 시장 트렌드 때문에 그렇다. 가치적으로 괜찮아도 단기간에 올라갈 이슈가 없으면 투자를 꺼리는 것이다. 그래서인지 내가 찾을 때 정말 좋은 주식이 널리고 널려 있었다. 당장 올라갈 일이 없으니 사람들에게 소외된 것이었다.

가치 주식을 찾고 오랫동안 보유하면 돈을 번다. 특히 그중에서도 성장성을 갖춘 주식은 진짜 남들에게 알려주고 싶지 않은 보물이다. 알려져도 사람들이 잘 사지 않지만, 심지어 잘 모르기도 한다. 가치 투자하는 개미들 사이에 공유되는 정보는 정말 그들만의 리그다. 가치 투자자가 많지 않기에 거래량이 부족하고 주식이 별로 오르지 않는다. 얼마나 좋은 회사를 많이 찾았고 또 많이 배웠던지… 기다리니까 결국 시장에서 제대로 된 평가를 받았고, 또한 그만큼의 수익률이 나왔다.

나는 국내 투자로 주식에 입문했다. 일단 하나씩 사서 테스트해보기 좋았다. 처음에는 다른 사람의 말만 듣고 신세계를 사서 가격이 왔다 갔다 하는 것을 보고선 깜짝 놀라 바로 팔아버렸다. 그래도 괜찮다. 처음에는 다 그렇게 시작하니까. 계좌를 만들고 나서 모의 투자를 먼저 했다. 100만 원으로 내가 관심이 있으면 하나씩 다 샀다. 물론 그냥 막 사지는 않았고 나름대로 연구를 했다. '공통적'으로 좋다는 건 좀 더 빨리 매수하기도 했다. 내 생각이 맞는지 추적 관찰했고, 그러면서 조금씩 자신감이 붙었다.

처음에 가장 신기했던 건 '배당' 투자였다. 주식을 사면 배당금이 나온다는 거지? '현금'이 나온다는 거지? 배당금을 많이 준다는 주식을 샀다. 처음으로 배당금이 들어왔을 때 너무 신났다. 배당금 통지서를 받으니 주주인 것이 실감 났다. 딱 1주인 주식도 배당금 통지서가 날아왔다. '음, 그래. 내 회사가 잘하고 있군.' 내가 동업자라는 생각에 어깨가 으쓱했다.

흔히 우리나라 코스피가 박스권에서 움직인다고 한다. 박스권이란 점진적으로 성장하지 않고 같은 자리에서 오르고 내리기를 반복한다는 것이다. 마치 박스에 갇힌 벼룩이 계속 같은 높이로 점프만 반복하듯이. 국내 ETF 투자를 해보니 정말 그랬다. 조금 오르면 다시 떨어지고, 조금 오르면 또다시 떨어졌다. 그래서 이후부터는 개별 종목 중심으로 움직였다. 개별적으로 들어가면 그중 눈에 띄게 성장하는 게 분명 있기 때문이었다. 싸고 좋은 주식을 발굴해 제값 이상을 받고 독립시키자는 게 내 계획이었다. 모의 투자를 해보며 자신감이 생긴 덕도 있었다.

그래서 나는 처음에는 국내 ETF를 거래하되, 해보면서 자신감이 생기면 개별 종목으로 접근하라고 추천한다. ETF 투자는 지식이 적어도 쉽게 시작할 수 있다. 가장 좋은 종목에 분산하고 적립식 투자가 가능하기 때문이다. 하지만 수익률에 한계가 있다. 이런 한계를 뛰어넘는 것이 개별로 종목을 선정해서 투자하는 것이다. 예를 들어 지난 10년간 우리나라 대표 지수에 투자한 사람보다 삼성에 투자한 사람이 훨씬 돈을 많이 벌었을 것이다. 좋은 것들에서 더 월등한 것을 찾아내려면 그만큼의 공부와 경험이 필요하다. 그러니 먼저 ETF 투자로 실전 경험을 쌓은 후 직접 투자를 하면 좋겠다. 하다못해 매수와 매도 버튼을 눌러보는 것만으로도 공부가 되기 때문이다.

어려운 주식 판에서 나는 어떻게 살아남았을까? 시간이 없고 경제 지식이 부족한 두 아이 엄마가 어떻게 좋은 수익률을 올리며 잃지 않고 투자할 수 있었을까? 바로 독서와 경험 때문이다. 나는 직접 경험을 했고, 독서를 통해 통찰을 얻었다. 그리고 거기에 육아의 지혜를 대입시켰다. 사람들은 수치에 연연했지만, 엄마인 나는 그러지 않았다. 아이에게 기대할 때는 그것이 고정되어 있지 않아야 한다. 아이가 공부를 잘하길 바란다든가, 친구가 많길 바란다든가 하는 것은 부모가 아이에게 원하는 특정 모습이다. 같은 기대여도 그것이 사회적으로 폭넓게 통용되는 것이라면 아이에게는 훨씬 더 좋다. 예를 들어 공부를 잘하는 걸 넘어 배움을 즐기는 것, 그리고 친구가 많은 걸 넘어 친절하고 배려하는 것. 그래서 나는 투자를 공부하면서도 전문가들의 가치를 가져오되, 디테일에는 유연해야 한다는 걸 알았다.

이러한 디테일은 앞으로 다루게 될 것이다. 우리나라 주식 투자는 절대 쉽지 않다. 지수가 상승하는 데 오랜 시간이 걸리고 변동이 심하기 때문이다. 하지만 때가 되면 다 상승하고 제자리를 찾아간다. '사이클'의 관점에서 보면 이해하기가 수월하다. 세상 모든 것에는 흐름이 있다. 열매가 열리면 익어 떨어지고, 매일 해가 뜨고 지며, 아이를 가지면 10개월을 품었다가 낳는다. 경기도 마찬가지다. 경기가 점점 성장하고, 무르익고, 포화 상태가 되고, 그러다 경기 하락이 오는 것이 이해가 된다. 그리고 오래 눌렸던 것은 더욱 크게 상승하기 마련이다. 밸런스의 법칙 때문에 그렇다.

그래서 인내했던 투자자들은 모두 돈을 번다. 물론 만만하지는 않을 것이다. 하지만 아이 키우느라 정신없는 엄마이기에 가능하다고 알려주고 싶다. 5~10년 장기 투자할 각오가 되었는가? 떨어질 때마다 공포에 떨지 않고 다시 매수할 자신이 있는가? 그렇다면 국내 주식 투자로 큰돈을 벌 수도 있다. 그만큼 기회가 많기 때문이다. 나는 미국 주식 투자로 연평균 10% 수익률을 예상한다면, 우리나라 주식 투자로는 연평균 20% 이상의 수익률을 예상한다. 아직 시장이 성숙하지 않다는 것은 우리에게 커다란 프리미엄이다. 나는 긍정주의자라 언젠가 지금의 미국처럼 우리나라 주식 시장이 합리적으로 변할 거라고 믿는다. 그날까지 나는 장기 투자할 생각이다.

02 | 나는 차트를 보는 대신 마트에 간다

주식을 한다고 하면 엄마들이 가장 많이 묻는 내용이 "계좌 어떻게 만들어요?"고, 그다음이 "뭘 사야 할지 모르겠어요"다. 나도 처음에 시작할 땐 종목 선택에서 가장 많이 헤맸다. 사람들은 좋은 종목을 찾기 위해 투자 전문가의 추천을 따라간다. 하지만 투자 전문가에게서 나오는 정보는 이미 사람들이 다 아는 것이다. 그리고 스스로 조사해보지 않고 매수하면 위험이 따른다. 왜 매수하는지, 언제 매도해야 할지 정확한 답을 내릴 수 없기 때문이다. 스스로 알아보고, 조사하며, 골라야 진짜 수익을 내는 나만의 종목을 찾을 수 있다.

처음에 나는 종목을 찾기 위해 주변부터 두리번거렸다. 나는 열심히 아이를 키우는 엄마다. 이런 내가 가장 잘 아는 건 뭘까? 그걸 찾기 위해 먼저 나에 대해 생각해봤다. 아이를 키우다 보니 '사람'에 대한 관심이 높아졌다. 아이를 잘 키우고 싶어서 육아서 1,000권을 읽었다. 발달, 영재성, 교육 등 아무래도 육아를 중심으로 공부하다 보니 내가 진짜 깊게 파고든 분야는 '사람'이었다. 그래서 나는 회사를 볼 때도 투자하고 싶은 기업의 대표가 어떤 사람인지를 봤다. 학력 및 경력, 성장 과정, 인터뷰 등 모두 샅샅이 찾아봤다. 일찍이 내가 파고든 분야인 기질이나 성격 등으로 쉽게 판단할 수 있었다.

대표에게서 가장 중요하게 살핀 부분은 인성이다. 주식회사는 모름지기 주주가 주인이다. 인성이 좋지 않은 대표는 회사를 자기 것으로 생각하고 휘두른다. 주주 친화 정책을 펼치지 않고 주식을 그저 돈을 벌기 위한 수단으로만 본다. 결국 주주가 가져가는 몫이 줄어들고 주가에도 영향을 끼친다.

그다음으로 살핀 부분은 리더십이다. 수많은 전쟁에서 승리하고 살아남은 미국의 특수 부대 '네이비씰'을 분석해보니 극한의 리더십이 있었다. 극한의 리더십은 잘되면 공을 나눠 사기를 북돋우고, 잘 안 되면 자기 탓으로 돌려 본보기를 보여 더욱 열심히 한다.

그리고 경력에서 '생존 능력'을 살폈다. 어떤 힘든 상황에서도 딛고 일어나 기회를 잡는 능력은 경력에서 드러났다. 예를 들어 내가 투자했던 LG화학의 전 대표 이사 박진수는 1980년대 초 여수의 생산 공장에서 문제가 발생하자 몇 주 동안 현장에서 밤샘 작업을 했다. 기술 고문들은 6개월 걸린다고 예상한 걸 3주로 단축했다. 그는 현장 주의자며 허례허식을 싫어한다. 이렇게 대표를 살펴서 '이 사람 괜찮네' 싶으면 투자할 마음이 조금 더 기울었고, 그렇지 않으면 미련 없이 떠났다. 그렇게 괜찮다고 생각해서 고른 회사들은 대부분 잘되었고, 아닌 회사는 대부분 그렇지 않았다.

나는 최신 기술에 관심이 많았다. 컴퓨터 공학을 공부한 영향도 있었다. 아이를 키우며 TV도 끊고 컴퓨터로 별다른 일을 하지 않다 보니, 대체 나는 기껏 공부한 전공을 어디에 써야 하나 후회 아닌 후회를 했다. 컴퓨터 공학을 공부해서 내가 제일 유용하게 활용하는 능력은 세이렉 스티커(아이 영어 공부를 위한 세이펜용 스티커)를 만드는 것이라고 우스갯소리로 푸념하곤 했다. 그런데 전공이 주식 투자에 쓰일 줄이야… 물론 필드에서 일하는 사람들보다는 디테일이 떨어지지만, 다른 사람들보다는 IT 분야 사업 보고서를 읽을 때 아무래도 눈에 더 들어왔다. 나는 경영자의 마인드로 디테일은 확인하되, 거시적인 관점에서 결정을 내렸다.

사업 보고서를 읽을 때 가장 중요시한 것은 성장 요소였다. 새로운 세상에 발맞춰 나가는 것이 기업의 중요한 생존 능력이라고 생각했다. 나는 컴퓨터 프로그래밍을 하던 세대다. 그런데 20대에 스마트폰이 나오며 앱 개발을 새로 배웠다. 빠르게 변하는 기술에 적응해야만 살아남았다. 조금 배우면 또 새로운 기술이 나왔고, 그러면 또 배웠다. 디지털카메라가 나오며 필름 카메라 회사가 무너지고, 스마트폰이 대중화되며 디지털카메라가 점점 설 자리를 잃는 모습을 모두 지켜봤다. 나는 이런 일들을 겪으며 빠르게 적응하지 않으면 도태된다는 사실을 뼈저리게 느꼈다. 그래서 기업이 얼마나 연구 개발에 투자하는지를 살폈다. 그리고 연구 개발에서 어떤 성과를 내는지를 확인했다. 이를테면 사업 보고서를 보면서 새로운 특허나 수주 유무, 정부 지원금의 액수 등을 확인했다. 공장 개설도 유심히 봤다. 특히 제조업이 생산 설비를 확장한다는 건 사업이 커진다는 전조이기 때문이었다. 그리고 기업이 정체되었다면 어떻게 돌파하려고 노력하는지를 중요하게 관찰했다. 도태될지 아니면 극복하고 새로운 성장을 이룰지가 거기서 판가름 나기 때문이었다. 그러면서도 가치를 놓치지 않았다. 일단 중요한 것은 안 떨어질 주식이어야 했다. 재무가 탄탄한지를 늘 꼼꼼히 살폈고, 내가 이 기업에서 수익을 낼 수 있을지가 중요하기에 가치와 가격의 괴리를 봤다. 그러기 위해 안전 마진을 계산했고, 경쟁사보다 싼지도 비교했다. 그다음의 성장성을 고려한 일이었다.

그리고 나는 세상이 잘되는 데 관심이 많다. 아이 키우는 엄마들은 다들 그러리라 생각한다. 내 아이가 사는 세상이 좀 더 나은 세상이 되려면 어떻게 해야 할까? 코로나19, 미세먼지, 지구 온난화, 유기농… 엄마들이 관심 많은 주제일 것이다. 나는 이 세상과 우리나라가 잘되도록 힘쓰는 기업에 관심을 가졌고, 결과적으로 그런 기업이 더 잘된다는 사실을 깨달았다.

이런 관점으로 분야를 정하고 주식을 골랐더니 조금 더 명확한 그림이 보였다. 많은 기업을 찾은 것은 아니었지만 일부가 확실히 눈에 띄었다. 나는 항상 이야기한다. 아는 것부터, 관심사부터 보라고. 아이 키우는 엄마들은 마트에만 가도 아는 게 보인다. 아이가 좋아한다는 건 기업 성장의 중요한 신호다. 마트에 가서 종목을 고르라는 피터 린치는 이렇게 이야기했다.

"크리스마스 직전 나는 세 딸과 함께 벌링턴 쇼핑몰에 갔다. 명목상으로는 딸들에게 크리스마스 선물을 사주기 위한 외출이었지만 나에겐 종목 분석을 위한 외출이나 마찬가지였다. 딸들이 가장 좋아하는 매장은 틀림없는 매수 신호였다. 갭은 평소처럼 사람들로 붐볐다. 그러나 딸들이 가장 먼저 방문한 매장은 갭이 아니었다. 그들은 바디샵 매장으로 가장 먼저 달려갔다."

『피터 린치의 이기는 투자』에서 피터 린치는 쇼핑몰에 아이들을 데리고 다닌다. 아이들이 관심 있는 기업을 대상으로 투자 정보를 파악하면 대부분 성적이 괜찮다. 하지만 그런 부모들이 많지 않다고 그는 말한다. 대신 부모들은 잘못된 투자 정보에 귀를 기울인다. 아이들이 좋아하는 기업은 긍정적인 실적의 신호다. 그는 쇼핑을 좋아하는 딸들이 가진 뛰어난 기업 분석력을 따라잡으려면 시간이 필요할 정도라고 이야기한다. 세 딸 덕분에 피터 린치는 바디샵을 발견했고, 투자해서 좋은 수익을 거뒀다. 이후 바디샵은 크게 성장했다.

피터 린치는 쇼핑몰을 둘러보면서 투자 종목을 발견할 수 있다고 말한다. 그에 의하면 한 달간 투자 설명회를 다니며 얻을 수 있는 것보다 더 많은 투자 정보를 쇼핑몰에서 얻을 수 있다. 이처럼 피터 린치는 일상에서의 주식 종목 발굴을 중요하게 생각한다. 『전설로 떠나는 월가의 영웅』에 따르면 10배로 성장할 수 있는 기업을 찾아보기에 가장 좋은 장소는 집 근처다. 집 근처에 없으면 직장 주변이나 쇼핑몰을 살피는 것이 좋다. 보통 사람도 유망한 기업을 1년에 여러 번 마주친다. 수많은 잠재 투자자들이 그 기업의 정보를 얻는다. 사람들은 성공할 만한 주식을 고르려고 애쓴다. 하지만 그 주식도 우리를 고르려고 애쓰고 있다고 그는 설명한다.

만약 일하고 있다면 내가 몸담은 분야의 주식을 찾는 것도 좋은 방법이다. 그런데 대다수의 사람들이 자신이 일하는 직업군의 종목에는 관심이 없다. 등잔 밑이 어둡거나, 아니면 워낙 잘 알기에 비판적이어서 그런 걸 수도 있다. 꼭 일이 아니더라도 직접 경험한 물건, 서비스, 기업 등과 연관된 주식을 살펴보자. 보통 지금 잘나가는 주식은 한 번쯤은 일상에서 접해본 것들이다.

그렇다면 왜 나는 그 주식을 사지 않은 걸까? 금융을 몰라서 그런 걸까? 만약 잘 알았다면 샀을까? 나도 이런 생각을 자주 한다. 카카오톡이 국민 SNS로 떠올랐을 때 나는 왜 카카오에 투자하지 않았을까 하고. 예전에는 '몰라서'였지만 이제는 '이미 비싸서'라는 생각이 든다. 이미 비싼 종목은 경기가 하락했을 때 특급 쇼핑으로 담는 것이 좋다. 그런 마음이 드는 실생활 종목들을 눈여겨봐두자. 언제 기회가 올지 정말 모른다.

내가 정말 잘 아는 종목을 사서 기업의 가치를 보고 동업자가되어야 한다. 그 과정을 생략하고 그저 돈을 벌기 위한 수단으로삼으면 오히려 돈을 벌기가 어렵다. 투자 철학을 갖추는 것이 무엇보다 중요하다. 왜 투자를 하는지? 어떻게 세상에 좋게 이바지할 수 있는지? 스스로에게 물어볼 필요가 있다. 내가 가장 잘 아는것을 찾아, 거기서 잘하는 기업, 그리고 상대적으로 싸게 거래되고있는 기업을 찾아 동업자가 되자.

그리고 그 전에 반드시 '나'를 살펴보자. 나는 어떤 사람인지, 무엇을 좋아하는지, 무엇을 보는 눈이 좋은지… 열심히 육아하는 엄마라면 아이와 관련된 것만큼은 가장 잘 안다. 워킹맘이라면 관련 업종을 파고드는 것도 좋은 생각이다. 전공은 이럴 때 살리는 것이다. 아이를 낳고 나서 기껏 공부한 걸 써먹지 못해 속상한 엄마들이 많을 것이다. 종목을 찾는 데 한번 써보자.

전공이 애매하다면 전공이 의미하는 성향을 알고 활용해도 좋다. 예를 들어 예술 전공이면 우뇌형 투자자인 앙드레 코스톨라니의 『돈, 뜨겁게 사랑하고 차갑게 다루어라』를 읽으면 좋다. 인문학 전공이면 『워런 버핏의 주주 서한』을 읽으며 통찰을 느낄 것이다. 이과라면 벤저민 그레이엄의 책, 그리고 공대라면 성장을 좋아하는 피터 린치의 책이 맞을 수 있다.

어떤 종목을 골라야 할지 투자 전문가에게 의존하지 말자. 직접 알아보고 결정해야 진짜 내 주식이 된다. 부동산을 살 때도 말만 듣고 사지 않는다. 오래 살 집이니까 직접 가서 채광을 보고, 물을 틀어보고, 이웃을 살핀다. 부동산 투자는 잘하면서 왜 주식은 그렇게 하지 않는가. 나는 늘 부동산 하듯이 주식을 하라고 이야기한다. 그러려면 주변에서 종목을 찾아보자. 내가 몸담은 분야와 연관된 기업을 보고, 과거 속에 묻혀둔 전공을 한번 살펴보자. 그래도 어렵다면 아이와 함께 마트에 가자. 엄마라서 너무 쉽다, 종목 찾기.

엄마가 종목을 찾는 방법

① 투자하려는 곳의 대표가 어떤 사람인지를 알아본다.

② 과거 속에 묻힌 전공과 관련된 종목을 고른다.

③ 아이들과 마트에 가서 잘나가는 것을 살핀다.

④ 몸담은 회사와 관련된 종목을 찾는다.

⑤ 자주 사용하는 것들을 만든 회사를 조사한다.

국민 장난감 사본 사람 손들어보자. 나를 포함해 열이면 아홉의 엄마들이 손들 것이다. 초점책, 타이니러브 모빌, 애벌레 인형, 윈켈 치발기 등⋯ 더 검색하기 힘든 이유도 있었지만, 무엇보다 누구에게나 통하는 게 우리 아이한테도 통할 거라는 생각에서였다. 그런데 주식에도 국민 장난감 같은 것이 있다. 바로 우량주 ETF다.

멀리 돌아가지 말고 가장 쉽게 시작하자. 우리나라 우량주 ETF로 주식 투자를 시작하는 것이다. 편하고 대표적이다. 사실 내가 주식 투자를 시작한 2015년부터 약 5년간은 ETF 수익률이 썩 좋지 않았다. 하지만 최근 코스피가 급상승하고 생애 첫 주식 투자하는 사람들이 늘어나면서 ETF로 몰려가는 것이 보인다. 그런데 오히려 이럴 때는 투자하지 말고 지켜봐야 하는 것은 아닐지 고민될 것이다. 그렇다면 잘 알고 있다. 일정 부분은 맞는 말이니까. 하지만 ETF로 투자를 시작한다면 시기를 보고 들어가기보다는 기계식 투자를 하는 방법이 좋다. 매월 일정 금액을 투자해 자산을 늘리자. 만약 폭락하면 그때 2배의 금액을 투자하면 된다.

그리고 가치를 함께 보면 좋다. 내가 지금 ETF 투자를 이야기할 수 있는 이유는 실적을 보기 때문이다. 현재의 주식 과열 상황을 놓고 전문가들의 의견이 분분하다. 곧 거품이 터질 거라는 이야기, 향후 몇 년간 좋을 거라는 이야기 등 무엇을 믿어야 할지 알 수 없다. 그런데 기업의 실적은 좋아지고 있다. 구조 조정을 견뎌내고, 혁신을 이루며, 바뀐 환경에 적응한 기업들에게서 좋은 소식이 들려온다. 만약 기업 실적이 점점 나빠지고 그에 비해 주가가 높다면 현금 비중을 늘려야 한다. 그리고 어떤 기업은 성장하지만 또 다른 기업은 적응하지 못해 도태되어 양극화가 심해지는 상황은 위험 요소다. 하지만 우리나라 주식은 다른 나라에 비하면 아직도 싸다. 물론 늘 그렇듯 어떤 일이 일어날지 모르지만, 애써 시장을 예측하려고 할 필요가 없다. 사실 어떤 전문가도 시장을 완벽하게 예측하지 못한다.

내가 처음 투자했던 ETF는 KBSTAR 200이다. 정말 아무 생각 없이 단순하게 골랐다. 주거래 증권사가 KB증권이기 때문이었다. 그래도 다행히 우리나라의 우량주 200개를 산다는 건 알고 있었다. 나는 처음 시작하는 사람들에게 우리나라의 우량주 200개를 사라고 추천한다. 가장 쉽고 간단하기 때문이다. 나중에 안 사실이지만 우리나라 사람들이 많이 거래하는 대표 ETF는 KODEX 200이다. 삼성증권에서 가장 먼저 ETF를 만들어 상장해서 그렇다. KODEX 200, TIGER 200, KBSTAR 200등 대표 ETF 중에서 좋아하는 회사를 고르면 된다. 모두 같은 코스피200을 추종해서 수익률은 같다고 보면 되니, 수수료가 낮은 걸 고르는 것도 하나의 방법이다.

엄마 N은 아이를 유치원에 보내며 재취업을 했다. 첫 월급을 앞두고 재테크 책을 읽었다. 어떻게 돈을 관리할지 여러 가지로 고민했다. 예·적금, 펀드, 주식, 코인 이렇게 4가지를 떠올렸다. 먼저 예·적금은 이율이 너무 낮아 마음이 끌리지 않았다. 하지만 그래도 예·적금에 적당한 돈은 넣어둬야 한다는 생각이 들었다. 펀드는 높은 수수료가 마음에 걸렸다. 수익률이 유지될지도 걱정이었다. 주식은 늘 생각하고 있지만 잘 모르니 선뜻 시작하기 두려웠다. 코인은 요즘 기사가 하도 많이 나서 기웃거렸다. 밤에도 거래되는 코인은 왠지 사놓고 잠자기 어려울 것 같았다. 블록체인에 대해 잘 모른다는 것도 문제였다. 고민을 거듭하다 주식 투자 중 가장 쉽다는 ETF를 시작하기로 했다. 투자 전에 ETF 책을 정독했다.

첫 월급을 받은 후 KODEX 200에 10만 원을 투자했다. 처음이라 설레는 마음으로 매일 계좌를 확인했는데, 코스피가 오르면 오르고 내리면 내려간다는 걸 알 수 있었다. 처음에는 900원 정도 올랐다가 나중에는 좀 떨어지기도 했다. 이렇게 조금 샀는데도 신경이 쓰였다. 감정에 휘둘리지 않으려면 기계적으로 날짜와 금액을 정해 규칙적으로 매수해야겠다는 생각이 들었다. 몇 달 해봤더니 기계적인 투자에 N은 익숙함과 편안함을 느꼈다. 그래서 금액을 늘려 매월 30만 원씩 매수하기로 결정을 내렸다.

2002년부터 10년 동안 코스피는 엄청나게 상승했다. 만약 이 기간에 주식 투자를 했다면 누구든지 돈을 벌었을 것이다. 2008년에 경제 위기가 있었지만 금방 다시 제자리를 찾았고 주가는 상승했다. 경제 위기 때 더 많은 돈을 투자했다면 진짜 부자가 되었을 것이다. 그러므로 ETF는 꾸준히 적립식으로 투자하는 것이 가장 좋다. 장기로 하다 보면 폭락하는 때를 분명히 만난다. 나도 그러한 폭락을 여러 번 경험했다. 정말 두렵고 처음엔 아무 생각도 들지 않는다. 오히려 그때 자금을 조달해서 좀 더 투자하자. 예를 들어 폭락이 와서 10%가 하락했다고 치자. 평소 30만 원을 넣는다면 그때는 30만 원을 더 넣는 것이다. 기계적으로 하면 더 좋다. 수익률이 훨씬 높아진다. 긍정적인 경험이 쌓이면 나중에는 폭락장이 와도 '돈을 벌 수 있는 기회다!'라며 기뻐할지도 모른다.

    내가 샀던 국민 장난감 중 윈켈 치발기는 아직도 서랍에 들어 있다. 첫째가 쓰고 둘째에게 물려줬는데, 아이들이 좋다고 버리지 말라고 해서다. 국민 장난감으로 검색 시간을 줄이고 아이도 좋아했던 기억이 있다면 주식 투자도 우리나라 대표 ETF로 시작하자. 내가 투자를 시작한 2015년부터 한동안은 ETF 투자가 그리 매력적이지 않았지만, 그럼에도 꾸준히 했다면 최근 큰 수익을 냈을 것이다. 피터 린치는 그 누구도 시장을 예측할 수 없다고 말한다. 오히려 예측하려다 수많은 투자 기회를 놓친다. 투자에 꾸준히 발을 담가야 떨어질 때 더 투자할 수 있다. 그러니 더 이상 망설이지 말고 ETF를 시작해보자.

주변 사람들에게 엄마를 위한 주식 책을 쓴다고 했더니, 몇몇이 '배당금으로 매달 수익 만드는 방법'이 궁금하다고 했다. 처음으로 주식을 접하는 사람들에게 마치 월세처럼 느껴지는 배당금은 큰 매력임이 틀림없다.

배당은 기업이 수익 중 일부를 주주들에게 나눠 주는 것을 말한다. 보통은 현금이며, 간혹 주식을 나눠 주기도 한다. 우리나라 기업은 보통 3월 중 주주 총회를 하고, 배당금은 1년에 한 번 4~5월쯤에 나온다. 1년에 4번 지급하는 분기 배당이나 2번 지급하는 반기 배당을 하는 회사도 있다. 배당은 주주에게 회사의 주인이라는 인식을 견고하게 해준다. 매년 배당금을 받으면 투자에 큰 위안이 되고, 주식 시장을 버티는 데 힘이 된다.

나도 처음에는 배당에 큰 매력을 느꼈다. 시작한 지 얼마 안 되어 수익 실현은 멀었고, 그나마 배당이 나오면 뭔가 실감이 날 것 같았다. 그래서 종목을 고를 때 배당을 꼭 확인했다. 그렇게 투자했던 우리넷, SJM에서 연 3%의 배당금을 받았다. 우리은행과 메리츠증권에 투자했을 때는 연 약 5%의 배당금을 받았다. 그러다 보니 소형 가치주 중에서 배당을 잘 주는 종목을 골랐다. 배당을 잘 주면 시장에서 가치를 인정받을 확률이 더 높아지기 때문도 있었다. 사실 금융주는 어려워서 관심이 없었는데, 배당이 높아 공부해서 매수하기도 했다. 그리고 배당 ETF에 투자도 해봤다. 이처럼 배당주 투자는 확실히 매력이 있다. 배당금이 들어오면 뭔가 보너스를 받은 듯한 느낌이 든다.

내가 처음으로 배당을 받았던 종목은 POSCO다. 2015년 당시 POSCO는 사상 첫 손실로 실적 쇼크를 기록했다. 중국 등 신흥국과의 경쟁으로 전망마저 좋지 않았다. 사람들은 다 POSCO가 망할 것처럼 들썩였고, 그래서인지 굉장히 싼 가격에 거래되었다. 당시 POSCO의 주가는 16만 원, 배당은 8,000원으로 배당률이 5%였다. 당연히 나도 POSCO가 망할까 봐 두려웠다. 하지만 조사해 보니 POSCO는 대대적인 구조 조정과 신기술 개발로 다시 일어나려는 의지가 확실했다. 대표의 인터뷰를 샅샅이 찾아 읽었고, 사업 보고서도 꼼꼼히 살폈다. POSCO가 국민 기업이라 정부가 그냥 망하게 두지 않을 거라는 판단도 있었다.

주린이였던 나는 관찰할 의도였기에 조금만 사서 지켜봤다. 이후 POSCO는 제자리를 찾았다. 2018년에는 2배 가까이 오르기도 했다. 지금은 주가가 떨어졌지만, 그때 그 가격에 사서 보유한 사람들은 여전히 높은 배당을 받고 있을 것이다. 현재도 약 4%의 배당을 주고 있다. 이처럼 좋은 배당을 받으면서도 수익을 얻을 수 있는 종목들이 있다. 이런 종목을 발굴하면 되는 것이다. 하지만 주린이에게는 아직 종목 발굴이 어려울 수 있으므로 배당 역시 ETF 투자부터 시작하기를 권한다.

배당 ETF 투자는 어렵지 않다. 앞에서 살펴본 우량주 ETF 투자는 지수가 박스권을 오르락내리락하는 등 기복이 심하지만, 언젠가 좋은 가격을 받을 수 있기에 장기적인 관점에서 투자 가치가 있다고 설명했다. 그런데 배당 ETF 투자는 우량주 ETF와는 달리 그렇게까지 많이 참고 기다리지 않아도 된다. 매년 수익을 실현할 수 있기 때문이다. 예를 들어 우리나라에서 가장 많이 거래되는 배당 ETF는 ARIRANG 고배당주 ETF다. 다른 ETF와 마찬가지로 주식 시장에서 매수하면 되니 간단하다. 2020년 기준으로 약 5%의 배당 수익이 나오는데, 이 수익은 경제나 기업 시황에 따라 달라질 수 있다. ETF의 좋은 점 중 하나가 이런 종목들을 알아서 교체해 준다는 것이다. 그런데 살펴보니 배당 수익은 좋은데 5년 주가는 그리 좋지 않은 상황으로, 5년 전과 비슷한 금액으로 거래되고 있다. 왜 그럴까?

ARIRANG 고배당주 ETF가 운용하는 종목들을 살펴보자. 상위 5개를 보면 KB금융, 두산, 삼성생명, 하나금융지주, POSCO다. 배당을 많이 주면서도 우량한 종목들로 구성되었다. 하지만 소위 '핫'한 기업이 없고, 전반적으로 안정적이거나 인기가 없는 종목들이다. 예를 들어 우리나라가 현재 미는 산업군은 BBIG(Bio Battery Internet Game, 바이오 배터리 인터넷 게임)다. 혹은 BBIC, 즉 게임(Game)을 빼고 차(Car)를 넣어 설명하는 사람도 많다. 여기서 안정적이라는 말은 이미 기업의 사업이 포화 상태여서 더 발전할 여지는 적지만, 대신 꾸준한 이익이 나오기는 한다는 뜻이다.

이처럼 배당은 잘 나오지만, 주가가 잘 오르지 않는다는 이유로 배당주 투자를 꺼리는 사람들도 있다. 보통 혁신으로 앞서가는 기업들은 배당을 많이 주지 않는다. 배당금으로 지급하는 것보다 그 돈을 기술 발전에 투자하는 것이 주주들을 위해 더 좋다고 판단하기 때문이다. 보통 기술 개발을 많이 할 필요가 없는 기업들이 배당을 많이 준다. 혹은 이미 시장을 선점해 더 이상 확장할 게 없는 기업도 있다. 예를 들어 배당을 많이 주는 곳은 담배 회사나 철강 회사 등이다. 사실 나도 직접 해보니 배당에 집중하는 것보다는 성장성이 좋은 기업에 투자하는 것이 수익률이 높다는 사실을 알게 되었다.

하지만 배당금이 나온다는 것은 그만큼의 이익을 매년 실현한다는 뜻이다. 물론 주가가 생각처럼 오르지 않을 수는 있지만, 잘 고르면 훗날 상승할 여력이 있는 종목도 있을 것이다. 특히 월세 수익률과 비교해본다면 배당 수익은 더욱 매력적이다. 부동산정보업체 부동산114의 통계에 따르면 전국 오피스텔의 임대 소득은 매년 낮아지는 중이다. 2010년에는 6.19%였던 연 임대 소득률이 2015년에는 5.45%, 2019년에는 4.91%로 계속 떨어지고 있다.

엄마 O는 투자하기 위해 돈을 모았다. 무엇에 투자할까 알아보던 중 대출을 끼고 3억 원짜리 오피스텔 한 채를 샀다. 드디어 부동산 월세로 고정 수입을 얻게 된 것이다. 월세는 80만 원 정도로, 대출금을 충당하고 나머지는 생활비에 보태 쓰고 있다. 오피스텔은 가격이 그다지 오르지 않기에 월세 수입을 중심으로 생각하고 있다.

배당주 투자로 월세와 비슷한 수익률을 낼 수 있다. 당연히 주가가 오른다면 더 높은 소득을 얻을 수 있을 것이다. 가장 큰 장점은 소액 투자가 가능하다는 것이다. 오피스텔로 월세 수입을 얻으려면 목돈이 필요하지만 주식 투자는 그렇지 않다. 그래서 나는 소액으로 부동산 월세 정도의 수입을 얻고자 한다면 시작하기 쉽고 편한 배당주 투자를 하라고 추천한다.

우리나라는 배당 역사가 오래되지 않았지만, 우리보다 주식 시장이 조금 더 발달한 해외에서는 배당주에 프리미엄을 붙인다. 예를 들어 미국에서는 오랫동안 배당금을 유지하고 금액을 늘려온 기업에 훈장을 수여한다. 50년 이상이면 배당왕, 25년 이상이면 배당 귀족, 10년 이상이면 배당 챔피언, 5년 이상이면 배당 블루칩이라 부른다. 우리나라에서 배당왕과 배당 귀족은 아직이지만, 배당 챔피언과 배당 블루칩은 있다. 다음은 우리나라의 배당 챔피언 기업 리스트다.

배당 챔피언 기업 리스트

코스피

유한양행, 동서, 오뚜기, KT&G, 고려아연, LG생활건강, SPC삼립, NPC, 현대글로비스, 현대모비스, 한샘, 한솔케미칼, 한온시스템, 유유제약

코스닥

솔브레인, 이크레더블, 리노공업

우리나라의 배당 챔피언 기업 리스트, 주가 대비 배당금의 비율인 배당률, 기업의 이익에서 배당금이 차지하는 비율인 배당 성향, 그리고 배당주 투자 관련해서 인상 깊게 읽었던 『나는 배당 투자로 한 달에 두 번 월급 받는다』에서 나온 '배당 진단 키트'를 종합해 엄마를 위한 배당 챔피언 기업과 배당 블루칩 기업 리스트를 정리해봤다.

엄마를 위한 배당 기업 리스트

배당 챔피언
동서, KT&G, 고려아연, 한온시스템, 이크레더블

배당 블루칩
삼진제약, 삼영무역, KSS해운, 삼성전자, 유나이티드제약, 네오팜, 나이스디앤비, KCI, 진성티이씨, 한양이엔지, SK머티리얼즈, 인탑스

배당 그룹을 직접 구성하면 ETF보다 더 높은 수익률을 목표로 삼을 수 있다. 많은 배당 기업 중에서 괜찮은 것들로 직접 엄선해서 고르는 것이다. 배당 수익률이 높으면서 저평가되어 있고, 그러면서 성장 여력도 있는 기업을 고르면 된다. 나는 코스닥에서 전통적인 가치 종목을 배당 기업으로 많이 담았는데, SJM, 동원개발, 성광벤드, 대창단조 등이었다. 금융주인 우리은행과 메리츠증권도

담아 연평균 3~5%의 배당을 받았다. 주가는 오르지 않았지만 기업은 꾸준히 돈을 벌었다. 나중에는 다른 종목을 사느라 덜어냈지만, 요즘 주가가 조금씩 들썩이는 것이 보인다. 배당금이 높으면 가치주를 갖고 장기 투자하며 버틸 수 있다. 훗날 주식 시장이 좋을 때 한꺼번에 상승해 높은 수익률을 달성할 수도 있을 것이다.

마지막으로 배당금을 받으려면 언제까지 종목을 보유해야 할까? 앞서 언급했듯이 우리나라 기업은 보통 3월 중 주주 총회를 하고, 1년에 한 번 4~5월쯤 배당금이 나온다. 삼성전자는 2020년에 몇 번 배당했는지 한번 살펴보자. 2019년 12월, 2020년 3월, 6월, 9월을 배당 기준일로 삼아 2020년 4월, 5월, 8월, 11월 이렇게 4번 현금을 배당했다. 분기 배당을 하는 기업은 삼성전자 외에도 두산, 쌍용양회, 코웨이, POSCO, 씨엠에스에듀, 한온시스템 등이 있다. 현대차처럼 반기 배당으로 1년에 2번 배당하는 기업도 있다. 12월, 6월을 기준으로, 4월, 8월에 배당금이 지급된다. 2020년의 경우 코로나19 여파로 여름 배당을 포기한 기업들이 속출했다. 이처럼 배당은 기준일에 결정되므로 자세히 살펴보는 것이 좋다.

ETF는 분배금(ETF는 배당금이 아니라 분배금이라고 부른다.) 지급 기준일의 2일 전까지 매수해야 분배금이 나온다. 개별 종목은 12월 결산 법인의 경우 매년 마지막 날 2일 전까지 매수가 완료되어야 한다. 그런데 12월 31일은 주식 시장이 휴장이므로 12월 30일까지 매수가 완료되어야 하고, 그러기 위해서는 12월 28일에 주문을 넣어야 한다. 혹시 모를 주말까지 고려한다면 12월 26일까지 매수하는 것이 안전하다. 3월이 결산 법인이라면 마찬가지로 말일의 2일 전인 29일까지 매수해야 한다. 그리고 배당을 받으려고 매수해서 갖고 있다가 날짜가 지나면 바로 매도해버리는 사람들이 있다. 그런 탓에 배당 기준일이 지나면 주가가 갑자기 떨어지기도 하는데, 놀랄 필요는 없다. 시간이 다시 제자리를 찾기에 여윳돈이 있다면 이때 매수하는 것도 괜찮은 방법이다.

매수 종목	결산	매수 시기
ETF	-	분배금 지급 기준일 2거래일 전
개별 종목	12월 결산 법인	12월 28일
	3월 결산 법인	3월 29일

배당주 투자로 부동산 월세를 받아보면 어떨까. 소액으로 가능해서 좋고, 잘만 찾으면 3~5% 수익을 매년 실현할 수 있을 것이다. 배당은 기업 상황에 따라 달라지니 잘 확인해서 고르자. 만약 배당 ETF에 투자한다면 아이 계좌보다는 엄마 계좌로 매수하는 게 좋다. 그냥 묵혀두는 것보다는 금리 인상에 따라 포지션을 바꿔

야 할 수도 있기 때문이다. 국내 배당주 투자가 익숙해지면 좀 더 높은 소득의 해외 배당주 투자에도 쉽게 입문할 수 있다. 배당금을 월급으로 삼아도 좋고, 여행을 다녀도 좋다. 만약 여유가 있어 배당을 재투자하면 복리 효과가 더욱 커질 것이다. 엄마들이여, 배당주 투자로 부동산 월세를 한번 만들어보자.

국내 기업의 배당 내역 쉽게 확인하는 법

① 증권정보포털 세이브로(seibro.or.kr)에 접속한다.

② 메뉴에서 주식 > 배당정보 > 배당내역전체검색을 선택한다.

③ 기업명에 배당 내역을 알고 싶은 회사 이름을 입력해 검색한다. 이때 주식 종류(보통주, 우선주), 배당 구분(현금 배당, 주식 배당 등), 시장 구분, 배당 기준일을 검색 세부 항목으로 선택할 수 있다.

※ 배당 정보를 더욱 자세히 알고 싶으면 '배당내역상세'를, 배당 순위를 알고 싶으면 '배당순위'를 활용한다.

---

05 | 엄마의 국내 주식 투자
③ 우선주

    예전에 LG화학에 투자했을 때 아이 계좌로는 LG화학우(LG화학 우선주)를 샀다. 2016년 8월쯤 17만 원 정도에 샀는데, 지금은 2배가 넘는다. 다른 걸 사느라 정리하고 딱 1주만 남겼지만, 아이의 계좌를 볼 때마다 선택을 참 잘했었다는 생각이 든다. 앞으로도 보통주에 비해 좋은 가격에 거래되는 우선주가 있으면 아이 계좌로 살 것이다.

우선주(優先株, Preferred Stock)

우선주는 주식의 일종이다. 특별한 공시가 없는 이상, 주식회사가 발행하는 주식은 보통주로 불리는, 의결권이 있는 주식이다. 그러나 우선주에는 의결권이 없는 대신 보통주보다 이익 배당 우선순위가 높다.

(출처: 위키백과)

주식 투자에 정식으로 입문하면 회사의 동업자가 되어 의견을 내는 모습을 상상하기 마련이다. 하지만 어떤 사람들은 의견 개진에는 관심 없이 돈만 먼저 받아가고 싶다. 기업을 너무 믿어서 그럴 수도 있고, 아니면 배당금을 안전하게 먼저 받는 것이 좋아서일 수도 있다. 기업 입장에서도 편할 것이다. 그냥 회사를 믿고 지지해주는 대신 배당금을 먼저 챙겨주면 되는 동업자들. 이와 같은 우선주에 투자하면 안정적인 수익에 플러스알파가 가능하다.

나는 우선주가 앞으로 좋은 수익을 낼 수 있다고 생각한다. 사실 그동안 우선주는 인기가 별로 없었다. 우리나라의 주식 흐름을 가만히 보자. 선진국 증시가 발전한 것처럼 우리나라도 느리지만 따라가고 있고, 기업 문화가 눈에 띄게 바뀌고 있다. 하지만 아직 우선주는 블루 오션이다. 미국, 독일 등 금융 강국의 우선주는 보통주의 가격을 거의 따라간다. 차이가 난다고 해도 80% 수준이다. 예를 들어 구글 같은 경우 보통주와 우선주 가격의 차이가 거의 없다. 반면 우리나라 우선주는 엄청난 프리미엄에 거래되고 있다. 50% 이상 할인된 가격에 거래되는 우선주가 수두룩하다. 게다가 배당금은 조금 더 높다. 그러면 훨씬 낮은 가격에 사면서도 회사의 동업자가 될 수 있는 효과적인 방법이 아닐까? 물론 매매 시에 많은 가격을 받지 못한다는 이유로 사지 않는 사람들이 많다. 하지만 10년을 보고 장기 투자한다면 이야기가 달라진다. 분명 먼 훗날 우선주는 보통주의 가격을 따라갈 것이다. 그런 프리미엄까지 고려한다면 우선주는 분명 매력적인 투자처다.

그래서 나는 보통주가 매력적이어서 관심을 가진 주식은 꼭 우선주를 함께 거래하곤 했다. 예를 들어 보통주가 충분히 싸면 먼저 보통주를 산다. 그러다 보면 보통주가 너무 높은 가격에 거래되는 시점이 온다. 그러면 보통주를 독립시키고 우선주를 산다. 우선주는 여전히 싸기 때문이다. 그렇게 산 우선주는 결국 보통주를 따라 올라간다. 나는 LG화학에서 이렇게 2번의 수익을 올렸다. 그리고 아이 계좌에 주식을 사서 넣을 때도 우선주를 자주 활용했다. 앞서도 언급했듯이 장기적인 관점에서 매우 매력적이기 때문이었다.

우선주 기업을 찾는 법

인기가 충분히 있는데도 우선주가 싼 기업을 찾아보자. 장기적으로 볼 때 그 우선주는 반드시 그만큼의 프리미엄이 생긴다. 따라서 보통주가 너무 비싸 사지 못할 때 우선주를 찾아봐서 싸면 사는 방법도 좋다. 우선주를 찾는 방법은 관심 있는 기업의 사업 보고서를 볼 때 보통주 외에도 우선주를 발행했는지 확인하는 것이다. 주식 검색 창에 관심 있는 기업을 검색하다가 뒤에 붙은 '우'라는 글자를 보고 알게 되기도 한다. 삼성전자를 검색했는데 '삼성전자우'가 같이 보이는 걸 발견하는 것이다. 다음은 2020년 기준 우선주 기업 리스트다.

우선주 기업 리스트(2020년 기준, 가나다/ABC 순)

계양전기우, 금강공업우, 금호산업우, 금호석유우, 깨끗한나라우, 남선알미우, 남양유업우, 넥센우, 넥센타이어1우B, 노루페인트우, 노루홀딩스우, 녹십자홀딩스2우, 대교우B, 대덕전자1우, 대림산업우, 대상우, 대상홀딩스우, 대신증권2우B, 대신증권우, 대원전선우, 대한제당3우B, 대한제당우, 대한항공우, 대호피앤씨우, 덕성우, 동부건설우, 동부제철우, 동양2우B, 동양3우B, 동양우, 동원시스템즈우, 두산2우B, 두산솔루스1우, 두산솔루스2우B, 두산우, 두산퓨얼셀1우, 두산퓨얼셀2우B, 롯데지주우, 롯데칠성우, 루트로닉3우C, 미래에셋대우2우B, 미래에셋대우우, 부국증권우, 삼성SDI우, 삼성물산우B, 삼성전기우, 삼성전자우, 삼성중공우, 삼성화재우, 삼양사우, 삼양홀딩스우, 서울식품우, 성문전자우, 성신양회우, 세방우, 소프트센우, 신영증권우, 신원우, 신풍제약우, 쌍용양회우, 아모레G3우(전환), 아모레G우, 아모레퍼시픽우, 유안타증권우, 유유제약1우, 유유제약2우B, 유한양행우, 유화증권우, 일양약품우, 진흥기업2우B, 진흥기업우

B, 코리아써우, 코리아써키트2우B, 코오롱글로벌우, 코오롱우, 코오롱인더우, 크라운제과우, 크라운해태홀딩스우, 태양금속우, 태영건설우, 하이트진로2우B, 하이트진로홀딩스우, 한국금융지주우, 한양증권우, 한진칼우, 한화3우B, 한화솔루션우, 한화우, 한화투자증권우, 현대건설우, 현대비앤지스틸우, 현대차2우B, 현대차3우B, 현대차우, 호텔신라우, 흥국화재2우B, 흥국화재우, BYC우, CJ4우(전환), CJ씨푸드1우, CJ우, CJ제일제당 우, DB하이텍1우, GS우, JW중외제약2우B, JW중외제약우, LG생활건강우, LG우, LG전자우, LG하우시스우, LG화학우, NH투자증권우, NPC우, SK네트웍스우, SK디스커버리우, SK우, SK이노베이션우, SK증권우, SK케미칼우, S-Oil우

우선주를 거래할 수 있는 기업이 많다. 우선주에 투자한다면 개별 종목으로 거래하길 추천한다. 우선주는 특성상 보통주를 따라가기에 보통주와의 연결 고리를 유지하기 위해 그렇다. 우선주가 보통주만큼 가격을 받으면 드디어 독립시킬 때다. 특히 개별 종목 중에서도 우선주가 있으면서 배당이 높은 종목을 눈여겨보자. 이 경우 우선주에 투자하면 보통주보다 배당 수익률이 높다.

예를 들어 현대차를 살펴보자. 현대차의 주가는 2019년 종가 기준 12만 원, 배당금은 4,000원으로 배당 수익률은 약 3.3%였다. 그리고 우선주를 살펴보자. 우선주의 가격은 7만 3,000원, 배당금은 보통주보다 조금 높은 4,050원이었다. 배당 수익률이 약 5.5%

다. 보통주와 우선주의 배당 수익률이 약 2% 정도 차이가 난다. 물론 매매 시 우선주가 보통주보다 인기가 없지만, 결국 보통주가 올라가는 만큼 따라가게 된다. 먼 훗날의 우선주 프리미엄까지 고려하면 장기적으로 봤을 때 충분히 괜찮은 투자가 될 수 있다.

우선주를 심사하는 기준

코스피 우선주 지수는 우량 우선주 20개를 선정해 지수를 구성한 것이다. 우선주 심사 기준 첫 번째는 시장 규모로, 시가 총액이 500억 원 이상이어야 한다. 두 번째는 유동성으로, 거래 대금이 2억 원 이상이어야 한다. 세 번째는 배당 실적으로, 최근 3년간 연속 2번 이상 배당했어야 한다. 다음은 해당 기준에 따른 2020년 12월 우량 우선주 리스트다.

2020년 우량 우선주 리스트 20

① 삼성전자우 ② LG화학우 ③ 현대차2우B ④ LG생활건강우 ⑤ LG전자우 ⑥ 아모레퍼시픽우 ⑦ 삼성SDI우 ⑧ 삼성화재우 ⑨ 한국금융지주우 ⑩ 한화3우B ⑪ 삼성전기우 ⑫ CJ제일제당 우 ⑬ 대신증권우 ⑭ LG우 ⑮ 대림산업우 ⑯ 삼성물산우B ⑰ NH투자증권우 ⑱ S-Oil우 ⑲ 두산우 ⑳ 아모레G우

코스피 우선수 지수를 추종하는 ETF는 TIGER 우선주 ETF다. TIGER 우선주 ETF의 수익률은 어떨까? 현재 기준으로는 대표 지수만큼 우선주 수익률이 높진 않다. 최근 코스피가 많이 오르며 우리나라도 대표 지수 ETF 수익률이 많이 올랐다. 하지만 우선주는 아직인 것으로 보인다. 물론 그렇기에 아직 싸게 살 수 있고, 오히려 기회가 될 수 있다. 나는 보통주가 싸면 보통주를 샀지만, 보통주가 너무 비싸면 우선주를 샀다. 이처럼 코스피가 기업들의 실적과 비교해 너무 과열되면 우선주를 사도 괜찮을 것이다.

삼성전자 같은 인기 종목은 이미 우선주의 가격이 적당한 선에서 유지되고 있다. 다른 기업들도 앞으로 그리되리라 생각한다. 그 사인으로 삼성전자의 보통주와 우선주의 괴리율이 점점 줄어들고 있다. 오랫동안 삼성전자우는 보통주의 10~20%의 할인율로 거래되었다. 그런데 최근 괴리율이 10%로 낮아졌다. 그러다 보니 어떤 종목은 우선주가 보통주를 넘어선 경우도 생겼다. 이는 우선주의 상승 정도가 보통주보다 높다는 걸 의미한다.

우선주 가격이 이렇게 오르는 이유는 무엇일까? 낮은 금리가 지속되며 시장에 돈이 많이 풀렸고, 부동산에 막힌 돈이 주식으로 몰려든다. 엄청난 자금의 유입은 인기 있는 종목부터 하나씩 상승시킨다. 그래도 갈 곳 없는 돈은 그다음, 또 그다음 종목을 찾아 들어가 주가를 올린다. 그러다 그동안 소외되었던 우선주 차례가 온다.

그래서 거래량이 적은 우선주는 이례적인 폭등을 맞은 셈이다.

우선주 투자 시 주의할 점

2020년 6월을 기점으로 몇몇 우선주가 폭등했다. 시작은 삼성
중공업우였다. 5만 원대였던 주가가 보름 동안 무려 10배나 폭등
한 것이다. 이후 다른 우선주도 줄줄이 들썩였다. 이처럼 우선주는
워낙 거래량이 적다 보니 한번 올라가기 시작하면 무섭다. 오른다
고 좋아만 할 일이 아니다. 반대로 떨어질 때를 생각해보면 폭락할
수도 있다는 이야기다. 물론 과도하게 오르면 기쁘게 생각하고 비
중을 조절하는 편이 좋을 것이다. 하지만 폭락하면 어떨까? 그 회
사에 믿음이 강하다면 더 담으면 된다. 이성적으로는 그렇지만 그
래도 떨어지면 심리적으로 쉽지 않을 것이다. 하지만 기다리면 또
다시 제자리를 찾는다. 그래서 우선주 투자를 할 때는 장기로 보유
할 생각을 하고 사는 것이 좋다. 단기 투자로는 절대 맞지 않는 것
이 우선주 투자다.

우선주에 관심이 쏠리면 주가가 폭등하거나 폭락할 수 있다. 하
지만 보통은 거래량이 많지 않으므로 주가가 많이 오르길 바란다
거나, 파도를 타서 수익을 극대화하려는 사람들에게는 장점이 크

지 않을 수 있다. 정말 정가만큼 받고 거래할 사람, 욕심 없이 합당한 가격을 받는 것에 만족하는 사람에게 권한다. 그래서 나는 주로 내 계좌보다는 아이 계좌로 샀는데, 생각보다 우선주의 수익률이 괜찮았다. 특히 배당까지 받으면 더 그랬다.

우선주는 또 다른 기회다. 우선주에 별로 매력을 느끼지 못하는 이유는 매매 위주의 투자 방식 때문에 그렇다. 가치 투자를 하는 사람 중에는 우선주 투자만을 하는 사람도 있고, 우선주로 배당 수익을 더 끌어올릴 수도 있다. 우리나라의 주식 시장이 성장할수록 우선주 가격은 오를 것이다. 이미 올라서 사지 못하는 주식이 있다면 우선주는 또 다른 기회다. 나는 이렇게 우선주를 활용해서 한번 수익으로 끝날 것을 두 번의 수익으로 끌어냈다. 변동이 크진 않지만 상승 여력이 많아 아이 계좌로 사기도 했다. 종목을 고르지 못하겠다면 ETF 역시 도전할 만하다. 코스피가 과열되면 그다음은 우선주에 훈풍이 불 것이다. 다시 한번 강조하지만 우선주를 매수한다면 장기 투자는 필수다. 우선주를 똑똑하게 잘 활용해 투자에 플러스알파를 만들어보자.

06 | 추락하는 대형주에는 날개가 있다

원숭이도 나무에서 떨어질 때가 있다. 단순히 운이 나빠서일 수도 있고, 한쪽 팔이 다쳐서일 수도 있다. 한번 생각해보자. 원숭이가 나무에서 떨어져 일어나지 못하고 있다면 어떻게 될까? 날짐승에게 잡아먹힐까, 아니면 시간이 걸려도 정신을 차린 뒤 나무 위로 올라갈까? 당신은 어느 쪽인가? 만약 후자라고 생각하면 이어지는 글을 더 유심히 읽어보자. 원숭이가 당신에게 바나나를 가져다줄 것이다.

나는 주식을 하다가 이렇게 나무에서 떨어진 원숭이를 여러 번 만났다. 날고 기던 대형주가 정신을 못 차리고 바닥으로 내리꽂

힌 것이다. 이유는 다양했다. 처음으로 마주한 사례는 POSCO다. 당시 POSCO는 망한다는 이야기가 난무했지만, 좋은 공부가 되지 않을까 싶어 소량 매수했다. 나중에 POSCO는 보란 듯이 상승했다. 떨어졌을 때 사서 그런지 배당도 높았다. POSCO를 겪으며 '아, 떨어진 대형주는 이렇게 상승하는구나'를 깨달았다. 공포가 무엇인지, 그리고 군중 심리가 어떻게 작용하는지를 경험했다. 내가 샀을 때 POSCO의 주가는 약 16만 원이었는데, 갑자기 그해부터 POSCO의 실적이 좋아지기 시작했다. 구조 조정에 성공하고 고부가 가치 제품 판매가 늘었다는 뉴스가 연이어 발표되었다. 2018년이 되자 주가가 32만 원대로 약 2배 뛰었다. 이때 나는 기업이 턴어라운드하며 실적이 좋아지고 주가가 오른 것보다 사람들의 반응이 어쩌면 그렇게 손바닥 뒤집듯이 바뀌는지에 가장 놀랐다. 사람들이 다 욕할 때가 진짜 바닥이었다.

이런 이유로 나는 떨어진 LG화학을 꾸준히 매수했다. LG화학이 제자리를 찾아갈 거라는 믿음이 있었다. 현대차나 삼성전자도 마찬가지로 다들 제자리를 찾았다. 특히 현대차는 오랜 노조 문제로 정말 답이 없어 보였다. 한국전력 부지를 10조 원에 산 것도 다들 비난했다. 현대차 주식을 보유하던 나도 휩쓸려 그다지 매력적으로 느끼지 못할 정도였다. 하지만 현대차는 기업 혁신을 위해 노력했으며, 전기 차와 수소 차 등 다양한 먹거리가 있었다. 그에 따른

보답을 앞으로 조금씩 받게 되지 않을까 싶다.

마찬가지로 삼성전자는 2016년 중국에서 스마트폰을 출시하며 이제는 영원히 예전만큼 성장하지 못할 줄 알았다. 나도 그때 회의적인 시각이었다. 액면 분할(액면 분할은 주식을 쪼개는 것이다. 예를 들어 5,000원짜리 주식을 500원인 10개로 쪼개는 걸 말한다. 삼성전자는 2018년 1/50 비율로 액면 분할을 했다.) 후 삼성전자는 2만 3,000원대였다. 이후 삼성전자는 혁신을 통해 보란 듯이 신고가를 갈아치웠다. 현재 코스피를 이끌며 언론에서 '10만 전자'라는 말이 나올 정도다. 역시나 가장 놀라운 건 사람들의 뒤바뀐 반응이었다.

피터 린치는 『전설로 떠나는 월가의 영웅』에서 떨어진 대형주를 매수해 남다른 수익을 낸 사례를 전한다. 그는 크라이슬러에 투자해서 소위 5루타, 15루타를 기록했다. 1982년 초 6달러에 매입을 시작했는데, 2년이 채 지나기도 전에 5배가 된 것이다. 그리고 5년 만에 15배가 되었다. 그는 대기업이 잇따른 불운에 처해 곤경에 빠질 때가 있다며, 회복하면 주가는 큰 폭으로 상승한다고 말한다. 크라이슬러, 포드, 베들레헴철강 등이 그랬다. 평범한 상황이라면 이런 주식의 성장을 기대할 수가 없으며, 이 같은 경우는 기업 회생 유형으로 분류된다고 설명한다. 피터 린치가 말하는 이런 '회생주' 투자는 일반 우량주 투자와는 다르다. 이렇게 대기업이 떨어지는 기회가 많지 않다고 그는 전한다. 그런데 우리나라는 유독 많은 것 같다. 내가 5년 동안 투자하며 다양한 종목을 여러 번 겪었으니 말이다. 떨어진 우량주를 회상하며 대다수가 이런 생각을 할 것이다. 그때 살걸. 애플 주식 그때 살걸. 삼성전자 진작 사놓을걸. 10년 전에 셀트리온 사둘걸. 이미 후회해도 늦었다. 그때 그 가격의 버스는 떠나갔다. 하지만 다시 버스가 오면 놓치지 말자. 떨어진 대형주가 보이면 기회라고 생각하고 바로 조사에 들어가자.

떨어진 대형주는 보통 경제 기사를 읽다 보면 보인다. 대기업이 위기에 직면하는 것은 큰 기삿거리다. 경제지 헤드라인에 아주 크게 보이니 기사를 늘 읽는다. 그리고 대형주가 힘들면 투자 커뮤니티에도 관련 글이 자주 올라온다. 내 경험상 정말 아무도 특정 대형주를 믿고 지지하는 사람이 없을 때가 진짜 바닥이었다. 2019년에 현대차는 정말 욕하는 사람밖에 없었다.

예전에 애플의 주가가 많이 떨어졌을 때 안 그래도 사고 싶었다. 지금도 다수의 애플 제품을 사용하지만, 스티브 잡스가 떠난 뒤로는 그 매력을 크게 느끼지 못했다. 한동안 애플이 정체된 듯이 보였다. 그런데 지금 내가 애플 같은 주식을 만난다면 살까? 지금의 나라면 일단 1주는 산 다음에 기업 분석을 철저히 할 것이다. 혁신을 위해 어떤 노력을 하고 있는지, 리더는 괜찮은 사람인지, 내부자들이 잘 통솔되고 있는지, 버틸 여유 자금이 있는지, 그리고 이런 상황에서도 주주들을 잘 챙기는지, 만약 정말 나쁜 상황까지 갔을 때 정부에서 지원을 받을 수 있는지 등 기업의 '회복탄력성'을 재보겠다.

육아서에서도 회복탄력성이 자주 거론된다. 위기를 겪어도 다시 제자리를 찾아가는 힘, 힘들어도 오뚝이처럼 다시 일어나는 정신력, 탁탁 털고 다시 노력하는 긍정성. 회복탄력성은 대체 어디에서 나오는 걸까? 육아에서 회복탄력성은 어떤 환경에서도 아이가 잘 자라는 능력이다. 양육 초반에 기반을 잘 잡아놓으면 아이는 두껍고 단단한 정서 갑옷을 입게 된다.

기업에서 회복탄력성을 가늠해보려면 어떻게 해야 할까? 내가 봤을 때 기업 회복탄력성의 첫 번째는 현금성 자산이다. 힘든 시기에는 버틸 돈이 필요하며, 보통 대형 우량주들은 자금력을 갖고 있다. 두 번째는 경영 능력, 즉 리더십이다. 위기가 닥쳤을 때 잘라낼 건 잘라내고 혁신으로 밀어붙이는 힘, 그리고 임원들과 직원들을 통솔하는 힘. 대형 우량주는 보통 능력 있는 경영자를 헤드로 삼고 있는데, 그를 잘 보는 것이 중요하다. 세 번째는 어려운 상황에서도 주주들을 잘 챙기는지 본다. 꼭 필요한 경우가 아니라면 유상 증자(유상 증자란 투자금 유치를 위해 주식을 추가로 발행하는 것이다. 그동안 과자를 10명이 나눠 먹다가 갑자기 2명이 늘어 12명이 먹게 되었다고 보면 된다.) 등으로 주주의 가치를 희석하는 일은 하지 않아야 한다. 주가가 떨어져 횡보하면 챙기려고 해야 하고, 일정 배당금도 매년 지급해야 한다. 주주도 사람이니 같이 버텨야 하지 않을까. 좋은 회사는 힘들 때도 계속 배당금을 지급한다. 주주들을 챙기면서 최악의 상황을 막는다. 마지막은 기업을 도울 제3의 존재가 있냐는 것이다. 나는 떨어진 대형주 중에서도 국민 기업을 좋아한다. 심각한 상황에 직면할 경우 나라에서 도와줄 확률이 높기 때문이다. 국민연금공단이 최대 주주인 기업들, 우리나라 대표 기업들이 그렇다.

위기는 기회가 된다. 떨어진 대형주에 투자하면 좋은 수익을 낼 수 있다. 인내하고 기다리는 동안 배당금도 받을 수 있다. 나는 이런 기업들을 여러 개 관찰했다. 떨어진 대형주는 대개 이유가 있다. 새로운 경쟁자가 나타났든가, 사업 환경이 달라졌든가, 대표에게 문제가 생겼든가 등 상황에 따라 정말 다시는 일어나지 못할 것처럼 보이기도 한다. 하지만 사람들의 공포에서 한 발 떨어져 열심히 분석한 뒤 만약 긍정적이라면 매수하자. 떨어진 대형주는 결국 제자리를 찾기 마련이다. 우리나라에는 그런 기회가 왕왕 있으니 다음번에는 놓치지 말자.

07 | 수익률을 높이는 소형주 보물찾기

어렸을 때 가장 좋아하던 놀이 중 하나는 보물찾기였다. 엄마가 종이에 글씨를 적어서 숨겨놓으면 집 안 곳곳을 샅샅이 뒤졌다. 그러다 작게 접힌 종이를 발견하면 "찾았다!"라고 신나서 외치곤 했다. 보물찾기가 너무 재밌어서 늘 하자고 이야기했던 기억이 난다. 나는 주식을 시작하고 종종 소형주를 발굴했는데, 좋은 걸 찾을 때마다 어린 시절 즐겨 했던 보물찾기가 떠올랐다.

종목 연구의 진짜 묘미는 소형주를 발굴할 때다. HTS 종목 선택에서 내가 생각하는 조건을 입력하면 회사 리스트가 나온다. 예를 들어 PER 10 이하, PBR 10 이하, ROE 10 이상 등을 검색 조건으로 삼는 것이다. 종목 리스트를 보면서 다시 내가 생각하는 가치를 기준으로 추리는데, 이때는 현금성 자산이나 배당 현황을 본다. 그러다 보면 100개가 10개가 되고, 10개가 5개가 된다. 내가 투자했던 소형주는 성광벤드, 넥스트아이, 대창단조, 우리넷, 태림포장, 신일제약 등이다. 이 중 넥스트아이는 팔고 나서 상한가가 되었고, 대창단조는 조금 갖고 있다가 팔았다. 다른 건 1.5~3배의 수익을 올렸는데, 그중 신일제약이 으뜸이었다.

　앞서 말했듯 일본의 고령화에 대한 책을 읽고 나서 바이오가 유망해질 거라는 생각에 소형주를 찾기 위해 수많은 바이오 기업들을 살펴봤다. 온통 고 PER에 고 PBR, 내 기준에 맞지 않았다. 그런데 유독 주가가 싼 회사가 있어 유심히 들여다봤더니, 위탁 생산으로 수익이 꾸준했다. 보통 바이오 기업은 꿈을 먹고살아 일정한 수익이 나는 경우가 드물기에 그 부분이 돋보였다. 대형 바이오 회사보다 혁신성에서는 떨어질 수 있었지만, 사업 보고서를 보고 나서 꾸준히 연구 개발하는 회사라 판단했다. 그렇게 신일제약을 매수했다. 처음에 1만 4,000원쯤에 샀는데 이후 계속 떨어져 1만 원대에 거래되었다. 하지만 계속 더 매수했다. 신일제약은 코로나 폭락 때 4,000원까지 떨어졌지만 역시 계속 매수했다. 마스크를 생산하는데 크게 관심이 없는 게 의아했다. 그러더니 얼마 지나지 않아 5배 폭등했고, 그 후 2만 원대로 안정을 찾았다.

피터 린치 역시 다른 조건이 동일하다면 소형주에 투자하라고 조언한다. 기업의 규모는 수익률과 밀접한 관계가 있다. 대형주도 좋은 수익을 줄 때가 있지만, 사실 가장 좋은 수익을 내려면 소형주다. 예를 들어 코카콜라에 투자한다면 2년 안에 4배의 수익을 내기는 어려울 것이다. 물론 6년에 3배의 수익을 거둘 수는 있겠지만, 소위 대박을 터뜨리기는 힘들다. 그리고 주가를 밀어 올리는 것은 고속 성장이다. 하지만 대기업은 이미 많이 성장했기에 고속 성장할 방법이 요원하다.

실제로 나 역시 가장 좋은 수익을 낸 것은 소형주다. 대형주는 꾸준히 올라 마음을 편안하게 해주긴 했지만, 가장 크게 자산을 증식시켜준 건 작고 탄탄한 기업이었다. 큰 주식은 엉덩이가 무거워 끌어올리기가 힘들다. 하지만 소형주는 누군가 마음만 먹으면 상한가로 직행할 수도 있다. 이처럼 매력이 많은 소형주지만 주의해야 할 점도 있다. 오랫동안 오르지 않는 가치 함정에 빠질 수 있기 때문이다.

하지만 모든 소형주가 나에게 투자 수익을 가져다주진 않았다. 보유 기간 내내 전혀 수익이 나지 않아 비중을 조절한 종목도 있다. 동원개발과 SJM이다. 동원개발은 부산을 중심으로 아파트 건설을 주로 하는 회사로, 조사해보니 안전 마진이 충분했다. 창업자가 직접 경영을 했고, 해당 지역 엄마들이 동원개발이 지은 아파트를 입이 마르게 칭찬한다는 것을 들었다. 그럼에도 주식은 끄떡없었다. 정부의 불안한 부동산 정책도 한몫했겠지만 말이다. 회사는 꾸준히 이익이 상승했다. 어려운 부동산 시장에도 빛을 발하는 종목이었다. 배당률도 3% 정도로 높아 부동산에 직접 투자하지 않고 이 회사에 투자해도 되겠다 싶었다. 월세 역할을 하는 배당금에 주가 수익도 있을 것이기 때문이었다. 그렇게 5년을 보유했지만 주가는 거의 제자리였다. 나는 다른 종목을 사기 위해 팔았고, 지금은 소량만 갖고 있다. 누군가 계속 버티는 사람은 이 주식이 올라가는 걸 경험할 것이다. 앞으로도 빛을 발하지 못하는 소형주들이 움직일 수 있는데, 그렇다면 그만큼 시장이 포화 상태라는 이야기다.

소외된 가치주가 움직일 때는 다른 건 오를 만큼 올라 더 이상 살 게 없다는 뜻이기도 하다. 나는 예전에 샀던 종목을 다 팔지 않고 조금씩 갖고 있다. 혹시 모든 종목이 오를 만큼 오르고 만약 이것들까지 제값을 받으면 그때는 현금 비중을 높일 것이다. 시장에 돈이 부족하게 될 것이기 때문이다. 그리고 과열로 위기는 언제 어떻게 터질지 모른다.

소외된 가치주를 보유하는 건 시장을 바라보는 또 다른 눈을 키우는 방법이기도 하다. 나는 코로나19 폭락 직전에 메리츠화재를 정리해 현금을 마련했다. 소외된 가치주였던 신일제약이 급격하게 떨어졌기 때문이었다. 아무런 예상을 하지 못하고 단지 너무 떨어진 신일제약을 사기 위해 다른 걸 정리했다. 그렇게 분할 매수하던 중 코로나19 폭락이 왔다.

이처럼 소외된 가치주는 가장 먼저 떨어진다. 둑이 무너지기 전 가장 약한 부분부터 무너지기 시작하는 것과 같은 이치다. 가장 인기 없는 종목부터 돈을 빼내기 때문이다. 그리고 가장 인기 없는 종목까지 다 오르면 이제는 정리해야 할 때다. 나는 이렇게 타이밍을 배웠다.

마지막으로 소형주를 찾는 방법을 짚고 넘어간다. 나는 인기 업종에서 상대적으로 가치를 인정받지 못한 좋은 주식을 찾는다. 그리고 앞서 말했듯 HTS에서 PER, PBR, ROE 등의 값을 설정해 검색하기도 한다. 자세한 방법은 185쪽 '부자 되는 엄마의 주식 실전 ③ 인기 섹터에서 종목을 찾아보자'와 250쪽 '부자 되는 엄마의 주식 실전 ④ 가치 종목을 찾아보자'를 참고하면 된다.

아주 특별한 나만의 소형주를 찾기 위해 보물찾기를 하자. 값진 보석을 발견하게 될 것이다. 그 주식은 아주 오랫동안 움직이지 않을 수도 있지만, 이런 소형주들을 모아 리스트를 만들고 추이를 살펴보자. 그래서 길게 상승하는 움직임일 때 매수하자. 물론 오래 보유하며 싼 가격에 계속 사고 싶다면 그것도 좋다. 좋은 소형주는 배당도 많이 주기 때문이다. 최소 3배에서 5배의 수익을 안기는 것이 소형주 투자다. 공부를 많이 하고 시작해야 하는 분야지만 열매는 그만큼 달다. 소형주 발굴로 수익률은 점프를 하게 될 것이다.

부자 되는 엄마의 주식 공부 ④

안전 마진 계산하기

: 안전 마진이란?

> 투자 운용이란 철저한 분석을 바탕으로 원금의 안전과 만족스러운 수익을 약속하는 것이다. 이런 요건을 충족하지 못하는 운용은 투기다.
>
> -『벤저민 그레이엄의 증권분석』 중

벤저민 그레이엄에 의하면 주식 시장은 투표소다. 기업의 실적을 기준으로 움직이는 곳이 아니고, 심리로 주가가 형성된다. 따라서 기업의 가치를 보고 투자해야 한다. 주가와 가치의 괴리는 결국 해소되며, 이러한 현재의 괴리율로 기회를 찾는 것이 바로 투자다.

투자에서 안전을 추구하려면 어떻게 해야 할까? 주식 투자에서 안전은 완벽하지 않으며, 늘 위험이 존재한다. 여기서 안전을 추구한다는 것은 이러한 손실에 대비한다는 뜻이다. 손실에 대비함이란 철저한 분석을 바탕으로 원금을 지키고 원하는 수익을 달성하는 것이다.

예를 들어 A기업이 50억 원의 유동 자산을 갖고 있다. 유동 자산은 1년 안에 현금화가 가능한 자산이다. 그리고 A기업의 유동 부채는 20억 원이다. 유동 부채는 1년 안에 상환해야 하는 자산을 말한다. 그럼 A기업이 위기에 직면한다면 50억 원에서 20억 원을 처분해 30억 원이 남을 것이다. 이는 실제로 사용 가능한 현금이다. 이를 운전 자본(순 유동 자산)이라고 한다. 만약 A기업의 시가 총액이 15억 원이라면 A기업은 위험에 대비했을 때 시가 총액과 비교해도 더 큰 현금성 안전 자산을 보유한 것이다. 정말 극한 상황이 되어도 주주들은 안전 자산이 있으니 그만큼 자신의 돈을 보호할 수 있다.

안전 마진을 계산하려면 우선 유동 자산과 유동 부채를 보자. 만약 유동 자산이 100억 원, 유동 부채가 50억 원이면 운전 자본(순 유동 자산)은 50억 원이다. 이를 시가 총액과 비교해서 안전 마진을 계산한다.

- 유동 자산 - 유동 부채 = 운전 자본(순 유동 자산)

- 운전 자본(순 유동 자산) - 시가 총액 = 안전 마진

이처럼 안전 마진을 가진 기업을 보유하면 마음이 든든하다. 나는 안전 마진을 가진 기업들을 꾸준히 찾았고, 좋은 수익을 냈다. 만약 합당한 기업이 없다면 조금이라도 더 이 조건에 가까운 기업을 찾으면 좋다. 그만큼 기업이 자금 관리를 잘한다는 뜻이기 때문이다.

: 안전 마진 계산 실전

다트(금융감독원 전자공시시스템 DART, dart.fss.or.kr)에 접속해 '동원개발'을 검색한다. 가장 최근에 올라온 2020년 9월 분기 보고서를 열람한다. 네이버 증권에서 동원개발을 검색해 전자공시 탭을 눌러도 조회할 수 있다. (사업 보고서를 보는 자세한 방법은 174쪽을 참고한다.)

분기 보고서가 열리면 왼쪽 메뉴에서 'Ⅲ. 재무에 관한 사항 - 2. 연결재무제표'를 클릭한다. 연결재무제표란 종속된 기업의 자산과 부채 등을 합쳐 하나의 재무제표로 만든 것이다. 연결 재무상태표가 나와 자산 현황을 볼 수 있다.

유동 자산 내역이 보인다. 유동 자산 아래 나열된 현금및현금성 자산, 유동 당기순익-공정가치 측정 지정 금융자산, 매출채권 등은 유동 자산에 포함되는 내역이다. 모두를 합한 유동 자산은 약 9,423억 원임을 확인할 수 있다. 같은 방식으로 스크롤을 내려 유동 부채를 보면 약 1,074억 원이다. 따라서 유동 자산 약 9,423억 원 − 유동 부채 약 1,074억으로 운전 자본은 약 8,349억 원이다. 유동 부채에 비해 유동 자산이 많다는 사실을 알 수 있다.

다음으로 네이버 증권으로 들어가 시가 총액을 확인하자. 2021년 1월 15일 현재 주가는 4,900원이고, 시가 총액은 4,450억 원이다. 그렇다면 운전 자본 약 8,349억 원 − 시가 총액 4,450억 원으로 안전 마진은 약 3,899억 원이다. 시가 총액과 큰 차이가 나지 않게 안전 마진을 확보하고 있다. 그리고 시가 총액에 약 2배에 달하는 운전 자본을 갖고 있음을 알 수 있다.

벤저민 그레이엄은 주가가 운전 자본(순 유동 자산)의 2/3 이하로 거래되는 주식을 사라고 조언한다. 동원개발 운전 자본의 2/3는 약 5,566억 원이다. 현재 시가 총액이 4,450억 원이니 운전 자본의 2/3보다 낮게 거래되고 있다. 따라서 동원개발은 벤저민 그레이엄의 조건에 맞는 주식이고, 꾸준히 성장도 했다. 그런데 동원개발은 내가 투자를 시작한 2015년 이래 주가가 5년째 횡보하고 있으며 아직도 PER이 3.82다. 나는 동원개발을 4,000원대에 사서 오랫동안 보유했다. 나름 오랫동안 갖고 있다가 다른 걸 사느라고 비중을 줄였다. 요즘 아주 조금씩 들썩이는 것이 보이는데, 앞으로

어찌 될지 궁금하다.

　이처럼 기업을 분석할 때는 꼭 안전 마진을 확인해보자. 인기 섹터일수록 안전 마진이 존재하는 주식을 찾기 어려울 것이다. 그렇다면 상대적으로 운전 자본이 높은 주식을 고르면 좋다. 벤저민 그레이엄은 안전 마진을 계산하는 여러 가지 방법을 제시했지만, 나는 이렇게 실제 현금을 살피는 방식이 가장 확실하다고 생각한다. 주식 시장은 위험하지만 돈을 잃지 않는 방법이 있다. 바로 가치에 집중하고 안전 마진을 고려하는 것이다. 투자의 가장 중요한 원칙인 이 사실을 잊지 말자.

부자 되는 엄마의 주식 실전 ④
가치 종목을 찾아보자 📈

나만의 조건을 설정해 가치 종목을 찾아보자. 내가 보물을 찾았던 방법이기도 하다. 나는 KB증권을 기준으로 설명하겠다.

1 HTS에 로그인한다. '차트/검색'에 들어가서 '조건검색 – 주식종목검색'을 누른다.

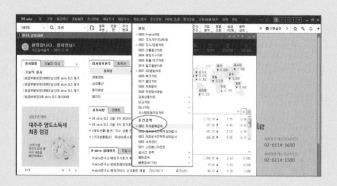

2 '주식종목검색' 창이 뜬다. 좌측 탭에서 '재무분석'을 누르면 주가

지표, 수익성 분석 등 재무 관련 분석 항목들을 볼 수 있다.

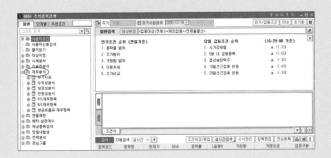

3 그중 '주가지표'를 누르면 나오는 'PER(주가수익비율)범위'를 확인

한다. 최근 결산을 '8배 이하'로 설정한다. PER이 8 이하면 보통

저평가라고 이야기하기 때문이다. 추가 버튼을 눌러 상단에 리스

트를 추가한다.

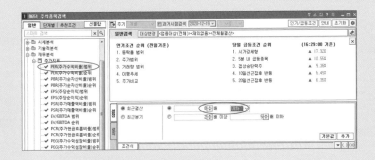

4 다음으로 'PBR(주가순자산비율)범위'를 누른 후 최근 결산을 '1배 이하'로 설정해 추가한다. PBR은 주로 1을 기준으로 이하면 저평가되었다고 한다.

5 이어서 'ROE(자기자본이익률)범위'를 선택한다. 최근 결산 '10% 이상'으로 설정하고 추가한다. 기업의 이익이 10%씩 성장하고 있다는 뜻이다. ROE를 통한 종목 발굴로 놀랄 만한 투자 성과를 거둔 펀드 매니저 출신의 로버트 모겐소는 ROE 10%를 투자의 바람직한 커트라인으로 제시하기도 했다.

6 '유동비율범위' 역시 최근 결산을 '100% 이상'으로 설정해 추가한다. 유동 자산이 유동 부채보다 많아야 한다는, 즉 현금이 빚보다 많아야 한다는 뜻이다. 여기서 '유동 비율=유동 자산/유동 부채×100'이다.

7 조건식 아래 보이는 검색 버튼을 누르면 지금까지 설정한 조건에 맞는 기업 리스트가 나온다. 우측의 엑셀 아이콘을 눌러 파일을 다운로드한다.

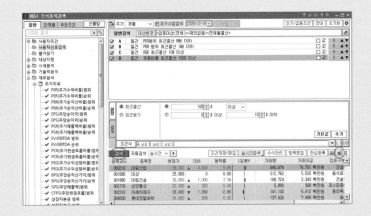

8 파일을 확인하니 127개의 기업이 보인다.

종목코드	종목명	현재가	대비	등락률	L일봉H	거래량	거래대금	업종구분
000210	대림산업	89,700	4,800	6		849,674	74,791 백만원	건설업
001680	대상	25,900	0	0		212,762	5,525 백만원	음식료품
001880	대림건설	30,900	1,000	3		108,724	3,343 백만원	건설업
002170	삼양통상	62,300	300	0		5,892	368 백만원	코스피종합
002310	아세아제지	38,400	-1,050	-3		141,132	5,412 백만원	종이목재
004000	롯데정밀화학	54,900	500	1		137,626	7,489 백만원	화학
004960	한신공영	16,500	400	2		63,190	1,030 백만원	건설업
005190	동성화학	16,700	50	0		30,993	515 백만원	화학
005670	푸드웰	8,690	290	3		540,128	4,658 백만원	음식료담배
005710	대원산업	5,500	40	1		15,693	86 백만원	운송장비부품
005960	동부건설	13,950	350	3		123,167	1,705 백만원	건설업
006120	SK디스커버리	65,000	300	0		141,100	9,178 백만원	금융업
006360	GS건설	37,200	1,100	3		824,477	30,362 백만원	건설업
006580	대양제지	3,575	-40	-1		1,323,925	4,640 백만원	종이목재
007120	미래아이앤지	353	2	1		660,690	233 백만원	서비스업
007340	디티앤오토모티브	25,500	100	0		15,449	393 백만원	전기전자
007720	대명소노시즌	1,290	-5	-0		7,866,024	10,505 백만원	
009180	한솔로지스틱스	2,315	-10	-0		294,319	683 백만원	운수창고
009780	엠에스씨	5,020	-20	-0		84,527	425 백만원	음식료담배

9 다시 HTS로 돌아와 해당 검색을 등록해놓는다. 검색 버튼 옆 '조
건 저장/편집'을 누른다. 나는 '가치투자'라는 그룹을 만들어 '가
치투자검색1'이라는 이름으로 조건을 등록했다. 이 조건들은 추
후 수정할 수 있다.

10 기업 리스트 중 두 번째로 나온 '대상'의 세부 내용을 확인한다. 대상은 엄마들이 잘 아는 청정원과 종가집 브랜드를 가진 기업이다. 종목 현재가 창에서 우측 상단의 재무 탭을 누르면 간단한 재무 정보를 볼 수 있다.

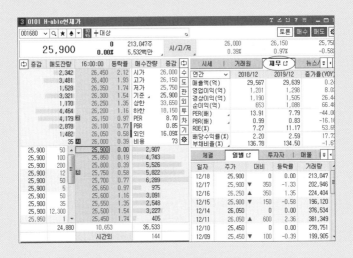

11 네이버 증권에서 '대상'을 조회한다. 스크롤을 내리면 '동일업종 비교'를 볼 수 있다. PER이 오리온은 18.49, 동서는 23.47, 오뚜기는 18.79인데, 대상은 6.20이다. 업종에서 낮은 PER로 싸게 거래된다는 사실을 알 수 있다.

종목명 (종목코드)	대상+ 001680	오리온+ 271560	롯데지주+ 004990	동서+ 026960	오뚜기+ 007310
현재가	25,900	128,000	34,450	32,550	556,000
전일대비	-0	▼ 1,500	▲ 150	▲ 650	-0
등락률	0.00%	-1.16%	+0.44%	+2.04%	0.00%
시가총액(억)	8,973	50,606	36,141	32,452	20,416
외국인취득률(%)	16.11	42.02	11.20	4.62	15.96
매출액(억)	8,362	5,974	26,239	1,181	6,813
영업이익(억)	573	1,078	1,007	93	596
조정영업이익	573	1,078	1,007	93	596
영업이익증가율(%)	-6.04	25.11	111.46	5.68	12.68
당기순이익(억)	382	770	1,579	265	112
주당순이익(원)	1,050.33	1,933.38	1,351.28	257.99	2,575.10
ROE(%)	14.35	16.05	-10.11	10.40	8.06
PER(배)	6.20	18.49	-5.04	23.47	18.79
PBR(배)	.85	2.77	.36	2.35	1.38

동일업종비교 (업종명 : 식품 | 재무정보: 2020.09 분기 기준)   더보기

* PER, PBR 수치는 최근 4분기 기준입니다.
* + 종목은 IFRS (연결) 회계기준을 적용한 종목입니다. (최근 분기보고서 기준이며, 기준 분기는 업종마다 다를 수 있습니다.)
* IFRS (연결) 적용 종목의 당기순이익 및 가치지표(주당순이익, PER, PBR)는 지배주주지분을 기준으로 산출하였습니다.

이처럼 싸고 좋은 주식을 찾기 위해 종목 검색 방식을 등록해놓고 종종 들여다보면 좋다. 너무 많은 기업이 나와서 무엇을 선택해야 할지 모르겠다면 좀 더 타이트하게 조건을 설정하면 된다. 이를테면 3년간 ROE 10 이상, 배당금 지급 유무 등을 설정한다. 나는 이렇게 HTS를 이용해 내가 원하는 기준으로 종목 검색을 했고, 이 방법을 찾은 가치주인 우리넷, 성광벤드 등에 투자해 수익을 냈다. 당신이 찾게 될 보물은 무엇일지 기대가 된다.

5장

엄마의
미국 주식 투자

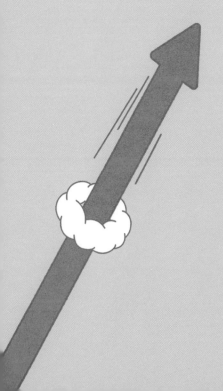

01 | 엄마, 미국 주식 사주세요

나는 가난의 악순환을 끊어내고 싶어 빈자의 사고에서 벗어나고자 했다. 책을 읽으며 부자의 사고방식을 배웠다. 그중 크게 와닿은 것은 '소비하는 사람이 아닌 생산하는 사람이 되어라'라는 이야기였다. 그래서 내 삶에 소비가 많은지 생산이 많은지 생각해보게 되었다. 생산하려면 실행력이 받쳐줘야 했다. 소극적인 삶이야말로 빈자의 모습이라는 사실을 깨달았다. 그리고 특히 미국 주식 투자를 하면서 이 말이 크게 다가왔다.

나는 달러를 소비하는 사람인가, 생산하는 사람인가? 달러를 소비한다면 흔히 아이폰을 쓰고, 유튜브를 보며, 구글에서 검색하는 수많은 일상이 해당된다. 그럼 달러를 생산하려면 어떻게 해야 할까? 미국이 아닌 우리나라에 살고 아이를 돌보면서도 달러를 생산하는 방법이 있었다. 그건 바로 달러를 생산하는 기업의 주주가 되는 것이다. 예를 들어 내가 스타벅스에서 늘 커피를 사서 마신다면 스타벅스의 주주가 되는 것을 고려하면 좋다. 내가 소비하는 만큼 혹은 그 이상의 달러를 벌 수 있기 때문이다. 회사는 내가 투자한 돈으로 사업을 확장하고 돈을 더 벌며, 직원을 고용해 월급을 주고, 거기서 남은 순수익을 주주들에게 돌려줄 것이다. 배당금으로 받을 수도 있고, 주가가 올라 그 가치를 받게 될 수도 있다. 이렇게 간접적으로나마 달러를 생산하는 삶을 사는 건 엄마가 아이에게 충분히 가르칠 수 있는 또 다른 삶의 태도다. 아이들은 어릴 때부터 영어를 배우고, 책, 영상, 캐릭터 등 영어권 문화를 접하며, 자연스럽게 그 문화의 소비자가 된다. 그런데 여기서 이 모든 현상의 중심에 '돈'이 있다는 사실을 알아야 한다.

좀 더 나아가 아이는 달러가 왜 기축 통화(전 세계의 금융 거래에서 통용되는 통화)인지, 우리나라에 사는데 왜 영어를 배우는지를 근본적으로 알아야 한다. 아이의 자존감에도 중요하다. 영어를 배워서 대학에 가고 취업을 하는 것이 목적이라면 왜 그렇게 해야 하는지, 그것으로 얻고자 하는 것이 무엇인지… 엄마부터 올바른 생각을 가져야 한다. 언제 나올지 모를 아이의 질문에 대답할 수 있어야 한다.

엄마뿐만 아닌 아이도 소비자를 넘어 생산자가 되는 경험을 해봐야 한다. 아이를 미국의 가장 잘나가는 기업의 주인이 되게 하자. 디즈니, 구글, 애플, 테슬라의 주주로 키우자. 아이를 돈에 끌려가지 않고 돈을 이끄는 사람으로 만들자. 원하는 걸 하면서도 돈이 따라오는 삶을 살게 하자. 그러려면 엄마부터 바뀌어야 할 것이다.

그래서 나는 아이의 이름으로 미국 주식을 산다. 우리 아이는 미국 우량주 500개의 주인이다. 영화 〈겨울왕국〉을 좋아하는 아이에겐 디즈니 주식을, 유튜브를 즐겨 보는 아이에겐 구글 주식을 선물해준다. 아이는 세뱃돈으로 미국 기업을 쇼핑한다. 엄마와 함께 책 읽고 노래하며 영어 공부도 신나게 한다. 정말 효과적인 영어 교육 방법이 있다. 우리는 대개 영어 교육에 많은 돈을 쓴다. 만약 그 돈으로 미국 우량주를 보유해서 배당금을 받는다고 가정하자. 예를 들어 영어 유치원에 보내는 비용이 한 달에 100만 원이면, 1년이면 1,200만 원, 3년이면 3,600만 원이다. 영어 유치원에 안 보내고 그 돈을 고스란히 코카콜라에 투자하면 1년에 약 100만 원의 배당금이 나온다. 차라리 이 배당금으로 해외여행을 가면 어떨까? 매년 다녀오면 즐겁고, 영어도 늘고, 서로 돈독한 추억도 쌓일 것이다. 코카콜라의 주가도 올라감은 물론이다.

나는 가끔 미국에 갈 때마다 보물을 찾는 마음으로 관찰한다. 예전에는 이케아 매장을 보고 우리나라에 들여올 수 있을지 정말 진지하게 고민하고 알아봤었다. 개인이 들여오기는 힘들다고 해서 주식이 상장되었는지 알아봤었는데, 상장 기업이 아니라서 아쉬웠던 기억이 난다. 파네라 브레드도 좋은 예다. 미국에 웰빙 바람이 불며 건강한 스타일의 빵과 샐러드를 판매하는 프랜차이즈인 파네라 브레드는 인기가 많았다. 미국에 놀러 갔을 때 나도 좋아서 자주 가서 먹었다. 그래서 파네라 브레드 주식을 샀는데, 2년 후 파네라 브레드는 커피업계의 큰손인 JAB에 인수되었다. 당연히 주가는 크게 올랐고, 나는 많은 이익을 남기고 정리했다.

미국에 갈 때마다 '우아, 좋다'라고 생각되는 새로운 기업들이 있다. 좋은 매수 신호라고 생각한다. 현지에 있는 사람들은 익숙해서 오히려 못 느끼지만, 우리나라에 있다가 가서 보면 더욱 객관적인 눈으로 바라볼 수 있다. 1년에 한 번씩 배당금으로 여행하면서 더 많은 투자 아이디어를 얻을 수 있다. 아이와 함께 다니면 더 좋지 않을까.

미국 주식 투자를 통해 영어 교육 방식을 바꿨다. 나는 오랫동안 영어를 배웠지만, 정작 현지인을 만나면 말을 잘하지 못했다. 영어를 많이 공부하는 것보다 많이 해보는 것이 중요하다는 사실을 경험을 통해 알게 되었다. 평소 아이들은 집에서 영어로 책을 읽고 영상을 본다. 영어 교육비로 크게 쓰는 돈은 없다. 그리고 가끔 배당금으로 해외여행을 함께하며 언어를 직접 사용하는 경험을 해본다. 수백 시간의 공부보다 며칠의 여행이 아이에게 훨씬 확실한 동기를 부여한다.

엄마와 아이가 함께 달러를 소비하는 걸 넘어 생산하는 삶을 살아간다. 영어권 문화를 맹목적으로 좇아가지 않고, 오히려 주인이 되어 스스로 창조한다. 모든 건 미국 주식 투자를 기점으로 마주한 가치관 변화에서 시작되었다. 미국 주식 투자 역시 여행하듯이 즐겁게 아이와 함께하길 바란다.

02 │ 미국 주식, 이것만큼은 꼭: 언어, 환율, 금리, 세금

어린 시절 할머니는 늘 장을 담그셨다. 매년 콩을 삶아 메주를 만들어 천장에 매달아놓았다. 마당 장독대에는 각종 장이 있었다. 고추장, 된장, 간장 종류별로 다양했다. 언젠가 심부름으로 된장을 뜬 적이 있었다. 된장을 뜨려고 보니 위에 하얗게 곰팡이가 핀 게 아닌가. 어린 마음에 깜짝 놀라 여쭤보니 그걸 잘 건어내고 뜨면 된다고 했다. 나는 당황했지만, 할머니는 능숙하셨다. 맛있는 장을 먹으려면 조금 귀찮은 일을 해야 한다고 느꼈다. 그런데 미국 주식 투자를 시작하며 마치 그 옛날 장을 담가 먹는 것과 비슷하다고 생각했다. 미국 주식이 여러모로 괜찮은 반면, 사람들이 사소하게 신경 써야 하는 것들이 있기 때문이다. 언어, 환율, 금리, 그리고 세금이다.

언어

아직도 영어는 나에게도 장벽이다. 심지어 미국에서 공부를 했는데도 말이다. 우리나라에서 오래 공부하고 미국에 간 스타일로, 읽고 쓰는 건 그럭저럭하지만 듣기와 말하기는 영 아니다. 아이를 키우며 엄마표 영어를 하기 위해 영어를 다시 접하고 있지만, 여전히 외국인과 대화하는 건 서투르다. 그런데 다행히 미국 주식은 거래할 때 영어로 대화할 필요가 없었다. 편하게 집에서 국내 증권사 앱으로 거래할 수 있다. 컴퓨터나 핸드폰만 사용할 줄 알면 되고, 영어는 몇 글자만 알아도 충분하다. 처음에 나는 뱅가드 S&P500 ETF를 거래했는데, 'VOO'라는 알파벳 3글자만 기억하면 되었다.

지금도 우리나라 주식은 종목을 연구한 후에 산다. 미국 주식도 그렇게 하고 싶어서 한번은 스타벅스를 매수하고 사업 보고서를 열람해본 적이 있다. 처음 몇 장은 어떻게 읽었는데 뒤로 갈수록 눈에 들어오지 않았다. 그래서 그냥 네이버에 스타벅스를 검색해서 나온 최근 기사와 리포트를 정독했다. 투자 커뮤니티의 관련 글도 읽었다. 그랬더니 영어로 된 스타벅스의 사업 보고서를 읽는 것보다 훨씬 빠르고 쉬웠다.

요즘은 미국 주식에 대한 정보가 인터넷에 넘쳐난다. '미국 주식'으로 검색해서 나오는 정보들을 읽어보자. 세세하고 알찬 내용이 정말 많으며, 기업 리포트 또한 쏟아진다. 우리나라 사람들이 흔히 거래하는 미국 주식의 개별 종목은 구글, 테슬라, 스타벅스 등 가장 대표적인 것들이기에 관리가 쉽다. 따라서 미국 기업을 알기 위해 영어 공부를 하고 꼭 현지까지 가지 않아도 된다. 바로바로 뉴스를 확인하는 세상이다. 물론 미국의 대형 우량주가 아닌 소형주를 발굴한다면 이야기가 달라지겠지만, 우리가 매수하는 종목은 대부분 잘 아는 인기 주식이다. 그리고 특히 ETF는 큰 상관이 없다. 거듭 말하지만 알아서 종목을 골라주기 때문이다.

미국 ETF를 통해 기계식으로 투자할 수 있다. 미국의 우량주 500개, 가장 잘나가는 나스닥 기업들, 매월 월급을 주는 배당 종목까지 ETF에 투자하면 굳이 직접 종목을 고르지 않아도 된다. 가장 인기 종목들로 알아서 교체하고 분산해주기 때문이다. 게다가 수수료도 별로 비싸지 않다.

환율

경제 기사를 보다 보면 환율이 떨어져 미국 투자 수익이 줄어든다는 걱정스러운 전망을 접할 때가 있다. 실제로 환율이 떨어지면 미국 투자 수익률이 줄어든다. 달러 수익금을 원으로 바꿀 때 상대적으로 적은 금액을 받기 때문이다. 요즘은 환율이 더 떨어져 미국 주식에 투자하고 매도하면 수익금이 예전 같지 않다. 아마존에서 100달러 수익이 나서 예전에는 원화 12만 원으로 바꿀 수 있었다면 요즘은 11만 원으로 1만 원 정도 줄어든 셈이다. 반면 코스피는 크게 상승했다. 코스피가 오른다고 언론에서 많은 기사가 쏟아진다. 이처럼 환율이 떨어지면 반대로 외국인들의 돈이 우리나라에 들어온다. 우리나라에 투자해서 수익을 내면 원화를 달러로 바꿀 때 더 큰 이익을 얻을 수 있기 때문이다.

환율이 낮아지면 미국에 투자하기보다는 우리나라에 투자를 하겠다는 사람들이 늘어난다. 미국 주식에 투자하면 이렇게 환율까지 고려해야 하니 분명 어렵다고 느낄 것이다. 환율이 매일 달라져 마음이 편하지 않다. 실제로 나도 환율이 떨어지는데 미국에 투자해도 되겠냐는 질문을 받았다. 하지만 조금 다르게 생각한다. 원화가 높아진다는 것은 같은 돈으로 미국 주식을 더 살 수 있다는 뜻이 된다. 예를 들어 200만 원에 살 수 있던 구글 1주를 190만 원에 살 수 있게 된다. 매도 시의 수익을 걱정해 매수하지 않는 건 단기 투자에 해당하는 이야기다. 미국 투자는 일명 단타가 아주 많지 않다. 거래 수수료가 국내보다 높고, 세금이 복잡하기 때문이다. 환율이 낮아지면 싸기 때문에 미국 주식을 더 사면 된다. 그리고 달러로 돈을 좀 바꿔놓으면 좋다. 반대로 환율이 높아지면 사람들이 몰려가 미국 주가가 더 오른다. 미국 주식을 매도할 때 수익이 좋기에 더 투자하면 된다. 이처럼 환율이 낮아지든 높아지든 미국 주식 투자의 장점은 각각 다르게 충분하다.

장기적인 관점에서 바라보면 환율 문제에서 자유로워진다. 환율은 오를 때가 있고 떨어질 때가 있다. 장기 보유한다는 것은 이처럼 환율의 등락을 무수히 겪어나간다는 것이다. 오히려 장기 투자를 할 생각이라면 오로지 보유 주식 수를 늘려가는 데 집중해야 한다.

금리

보통 금리와 주가는 반비례한다고 이야기한다. 지금의 주가 상승은 낮은 금리로 시중에 풀린 돈이 이룬 역사라고 말할 수 있을 것이다. 반면 금리가 오르기 시작하면 풀린 돈이 다시 썰물처럼 거둬진다. 채권 가격이 높아지고 주식 시장에 찬바람이 분다. 금리가 오르면 이자율 또한 높아져 기업이 돈을 덜 번다. 회사의 이자 지출이 높아지니 실적도 낮아진다. 그러면 주주에게 돌아가는 이익이 줄어들어 투자 가치가 낮아지고 자연스레 주가도 떨어진다.

특히 미국 금리가 오르면 미국으로 돈이 다시 유입된다. 미국 금리가 오르면 자금 유출을 막기 위해 우리나라 금리도 들썩인다. 이럴 때 우리나라 주식은 추풍낙엽처럼 흔들흔들 떨어진다. 미국에 투자하는 개미들의 마음도 얼어붙는다. 그런데 우리는 금리에 떨어지는 주식을 보며 이리저리 갈팡질팡하지 말아야 한다. 예전에 나는 아이가 한없이 매달리고 요구할 때 너무 힘들어서 생각 없이 그저 달래고 맞추기에만 급급했던 적이 있다. 그러다가 잠시 정신을 차리고 숨을 돌려 생각을 하면 상황이 보였다. 왜 아이가 이러는지에 대해 고차원적으로 두뇌를 가동하면 문제 해결의 실마리가 보였다. 이처럼 잠시 숨을 고르고 상위 뇌를 써서 '왜' 금리가 오르는지를 알아야 한다.

금리가 오르는 것은 경기 회복의 신호다. 그렇다면 금리를 낮춘 이유는 무엇일까? 경기 활성화를 위해 시중에 돈을 푼 것이다. 금리를 올리려면 경기가 활성화되었다는 신호가 있어야 한다. 그렇지 않으면 금리 인상 충격으로 부채를 갚지 못해 파산하는 개인과 기업이 많아지기 때문이다. 금리가 야금야금 올라가고 있다는 것은 시장이 금리 인상을 견딜 만큼 힘이 생겼다는 이야기다. 따라서 금리 인상은 단기적으로는 주식 시장에 악재지만, 장기적으로는 호재다. 그래서 금리 인상을 기회로 삼는 사람들은 이때 매수를 한다. 지금은 주가가 떨어지지만 경기 회복으로 실적이 받쳐주면 다시 올라갈 것이기 때문이다. 그리고 금리가 인상되면 수익이 증가하는 업종이 있는데, 바로 금융주다. 기다리면 주가는 결국 제자리를 찾고 새로운 기회가 열린다.

세금

"세금만은 피하지 못하겠지? 양도 소득세 22%를 내야 하니까."

미국 주식은 수익이 발생한 경우 양도 소득세를 내야 한다. 하지만 절세하는 방법이 있다. 먼저 면세되는 금액인 250만 원까지만 매도하는 것이다. 손해를 본 종목을 매도하는 방법도 있고, 배당 투자나 증여를 고려하는 것도 하나의 방법이다. 그리고 장기 투자는 세금에서도 답을 준다. 보다 자세한 방법은 304쪽 '07 생초보도 이해하는 미국 주식 세금 팁'을 참고하자.

우리나라 주식과 미국 주식을 병행하는 사람들이 많다. 정말 예전의 개미가 아니다. 그럼에도 아직 많은 사람들이 앞서 언급한 언어, 환율, 금리, 세금 등의 이유로 미국 주식을 쉽게 시작하지 못한다. 미처 시작도 하기 전에 어려워한다. 하지만 결국 미국 주식도 장기 투자가 답이다. 그러다 보면 언어, 환율, 금리, 세금 등의 어려움은 장점에 비해 사소해진다. 구더기 무서워서 장 못 담그랴. 미국 주식은 이제 엄마들의 놀이터다.

03 | 안정성과 수익률을 모두 잡을 수 있다고?

나는 아이를 키우면서 일을 그만뒀다. 육아와 일은 마치 양자택일해야 하는 상호 보완이 불가능한 것들처럼 느껴졌다. 아이를 열심히 키우면서도 경력에는 큰 공백이 생겼다고 생각했다. 그런데 요즘 보니 그렇지 않다. 아이를 키우며 열심히 썼던 일기들, 수없이 읽었던 책들이 결국 나의 일이 되었기 때문이다. 하나를 얻으면 하나를 잃는다지만, 세상에는 둘 다 얻을 방법이 있다. 특히 미국 주식을 하면서부터는 더욱 그랬다. 미국 주식은 안정적이면서 수익률 또한 좋았기 때문이다.

미국의 주식 시장은 2008년 금융 위기 이후 꾸준히 상승했다. S&P500은 2009년 3월 676.53이었는데, 2020년 12월 3,709.41로

548% 정도 올랐다. 이에 비하면 우리나라 코스피는 절반 정도의 상승이다. 만약 미국 주식에 장기간 투자했다면 좋은 수익을 냈을 것이다. 지난 5년간 미국과 한국의 지수 그래프를 한번 보자.

❖ 우리나라의 종합 주가 지수는 코스피 지수다. 미국은 다우존스, S&P500, 나스닥 종합 주가 지수 등이다. 가장 오래된 다우존스는 대표 기업 30개, S&P500은 우량주 500개, 나스닥은 대표 벤처 기업 100개의 평균을 기준으로 삼는다. 요즘은 S&P500을 가장 많이 참고한다.

그래프를 보면 미국 주식 시장은 많이 오른 것도 오른 거지만, 특히 주목해야 할 부분은 바로 안정성이다. 우리나라 주식은 한 번 올랐다가 떨어져 오랫동안 횡보하고 다시 올랐다. 반면에 미국 주식은 꾸준히 성장했다. 중간에 크게 떨어지는 구간이 있지만, 다시 제자리를 찾아가는 속도가 빠르다. 그래서 나는 안정적인 수익을 내고 싶다면 미국 주식을 가장 먼저 추천한다. 안정적이면서도 높은 수익을 내기에 좋기 때문이다. 이렇게 미국 주식 시장이 안정적인데는 이유가 있다.

미국 주식 시장은 효율적이다

미국 주식 시장은 역사가 오래되었다. 우리나라는 1952년에 시작되었는데, 미국은 그 시작이 1896년으로 거슬러 올라간다. 우리나라가 지금 겪고 있는 주식 시장의 성장통을 미국은 이미 오래전에 겪었다. 미국도 예전에는 투기가 난무했고, 소수의 특권층만 투자했으며, 시장의 기복이 심했다. 하지만 그러면서 정부의 정책과 함께 여기까지 발전한 것이다.

나는 미국에서 알게 된 육아법이 몇 년 후 우리나라에서도 유행하는 것을 경험했다. 이를테면 분리 수면 교육이나 애착 육아도 미국에서 먼저 흥행한 다음 우리나라에 소개되는 패턴이었다. 그래서 미국에서 무엇이 대중한테 반응하는지를 알면 우리나라의 그다음 행보를 이해하기가 쉬웠다. 물론 문화적으로 다르고 우리나라가 앞서가는 부분도 분명 있지만, 주식 시장만큼은 이 흐름을 따르고 있다. 앞서 언급했듯 미국의 주식 시장은 그 역사가 우리나라보다 오래되었기 때문이다.

특히 주주 친화적인 정책이 그렇다. 주주 친화적이라고 함은 여러 가지 요소가 있겠지만, 가장 대표적으로 주주들이 느끼는 것은 바로 배당이다. 미국은 1년에 4번 배당하는 분기 배당이 흔하다. 하지만 우리나라는 분기 배당을 하는 기업이 손가락으로 꼽을 만큼 많지 않다. 그래도 1년에 2번 배당하는 기업들이 조금씩 늘어나고 있다. 이유는 간단하다. 배당을 잘해야 주주들이 좋아하고 주가가 올라가기 때문이다. 미국 주식 시장은 이러한 과정을 이미 겪었고, 많은 기업들이 배당을 잘 주기 위해 노력한다. 50년 넘게 배당을 지속해 '배당왕'이라는 훈장을 받는 기업들이 있을 정도다. 배당을 잘함으로써 주주들은 안정적인 수익을 얻고, 주가 또한 적절히 유지된다.

그리고 정부 정책이 주가를 받친다. 미국에서는 수익이 있는 사람들이 IRA(Individual Retirement Account, 개인 퇴직 연금 계좌)로 주식에 투자하게끔 유도한다. 미국 사람들은 IRA로 주식 투자를 하게 되면 복리 효과만 누릴 뿐 인출하지는 않는다. 60세까지 버티고 5년을 유지하면 세금을 전액 면제받을 수 있기 때문이다. 상속할 때도 혜택을 누린다. 단기 수익원이 아니라 장기적 미래를 보고 주식 투자를 한다.

마지막으로 미국 주식 시장은 기회가 생기면 미국 내를 비롯해 세계 각국에서 투자에 뛰어든다. 그리고 ETF 등의 간접 투자가 보편화되어 주가를 부양한다. 이러한 이유로 미국 주식 시장은 경제와 함께 맞물려 효율적으로 성장한다. 기복은 존재하지만 빠르게 제자리를 찾는다.

오너 리스크가 적다

미국 인구는 전 세계의 5% 정도다. 1774년 영국에서 독립해 250년이 채 안 되는 역사를 갖고 있다. 하지만 자본주의로 빠르게 번영을 이뤄냈다. 발전을 위한 전통 깨부수기를 서슴지 않았기 때문이다. 『미국 자본주의의 역사』에서는 이것을 '창조적 파괴'라고 명명했다.

미국은 자본주의가 성숙하다. '자본주의가 성숙하다'는 어떤 의미일까? 우리나라에서는 종종 대기업 일가의 갑질 및 부도덕한 사건이 발생한다. 대기업 일가의 경영 세습은 많은 문제를 낳고, 이에 대한 사회의 부정적인 시각이 팽배하다. 우리나라에서는 여전히 기업 오너의 가족이라는 이유로 자격이 부족한데도 높은 직책을 맡는 경우가 빈번하다. 물론 오너의 자제가 강한 리더십으로 회사를 이끌어 잘되는 경우도 있고, 가족 기업도 있다. 하지만 자본주의가 성숙한 나라에서 기업은 함부로 경영 세습을 하지 않는다. 하더라도 철저히 검증하며, 대개 소유와 경영을 분리한다.

오너 리스크는 주식 시장을 멍들게 한다. 오너의 개인 비리는 단기적으로도 악재고, 장기적으로도 회사 가치에 좋지 않다. 능력이 부족한 오너의 경영이 기업의 발전 및 존속에 영향을 끼치기 때문이다. 미국은 일찌감치 비합리적인 경영 세습에서 벗어났다. 빌 게이츠는 능력 있는 동료에게 회장직을 맡겼고, 스티브 잡스는 전문 경영인의 도움을 받았다. 이처럼 창업자와 경영인이 분리되는 경우가 많고, 최고 연봉자는 대부분 경영인이다. 미국의 투자자들은 경영 세습을 위험하게 바라보기에 우리나라 투자를 꺼린다. 하지만 이를 아는 우리는 반대로 오너 리스크가 적은 미국에 투자해 안전을 꾀할 수 있다.

기술이 기술의 발전을 부른다

미국은 앞서 언급한 창조적 파괴로 발전을 위해 무수한 전통을 깨부쉈다. 정치와 경제뿐만 아니라 기술에서도 그렇다. 혁신을 좋아하며 새로운 것에 크게 호응한다. 미국 주식 시장을 대표하는 지수로 S&P500이 많이 거론되지만, 이런 점 때문에 IT 기업을 추종하는 나스닥 지수를 미국의 대표 지수로 보는 사람들도 있다. 기술은 기술의 발전을 불러일으킨다. 기술을 선도함으로써 수많은 인재를 끌어들이고, 거기서 새로운 기술을 계속 발전시켜나간다. 이것은 기술 독점 현상을 만든다. 성장의 다른 이름은 안전이다. 생존하려면 끊임없이 발전하고 성장해야 한다. 고여 있는 물은 썩기마련이다. 그래서 늘 발전하는 미국 기업은 다른 것보다 안정적이다. 물론 주가에 너무 거품이 낀다면 조심해야 할 것이다. 하지만근본적으로는 미국의 좋은 기업에 관심을 갖고 꾸준히 투자해야하는 것이 맞다.

나의 미국 주식 투자기

나의 첫 미국 투자는 인덱스 펀드였다. 처음에는 어떻게 미국 주식을 거래해야 할지 몰라 국내의 미국 지수 펀드에 가입했다. 그런데 하다 보니 내가 직접 ETF에 투자해도 되겠다는 생각이 들었다. 이후 미국 주식 시장이 열릴 때 주식 거래 창에 접속해 ETF 투자를 했다. 아이들이 밤 10~11시쯤 잠들면 한숨 돌리고 해외 계좌에 로그인했다. 가끔은 관심 있는 개별 종목도 매수했다. 소요 시간은 약 10분 정도였고, 이외에는 할 일을 했다. 만약 밤에 매수하지 못하면 낮에 매수 예약을 해놓았다.

나는 미국 주식으로 안정적이면서도 높은 수익률을 꾸준히 유지했다. 매년 5% 이상의 수익률을 기록했으며, 주가가 떨어질 때마다 리밸런싱과 재투자로 수익률을 더 높였다. 그렇게 5년을 유지하고 돌아보니 연평균 수익률이 10%였다. 같이 운용했던 엄마의 계좌는 11%, 다른 가족의 계좌는 12%였다. 비슷하게 운용했지만 떨어졌을 때 얼마나 더 돈을 투입하느냐가 수익률을 좌우했다.

미국 주식을 하면서 좋았던 점은 우리나라 주식을 하며 힘들 때마다 위로를 받았던 것이다. 미국 주식은 꾸준하게 올라 우리나라 주식이 많이 떨어져도 내가 잘하고 있다는 믿음을 잃지 않을 수 있었다. 물론 장기로 보면 우리나라 주식도 충분히 메리트가 있다. 지금은 개별 종목으로 접근해 우리나라 주식으로 더 높은 수익을 낸다. 하지만 크게 힘들이지 않고 꾸준히 내 마음을 위로했던 것은 미국 주식이다. 그리고 돈을 빼서 쓰기에도 미국 주식이 괜찮다. 심리적으로 주가가 계속 떨어지면 계좌에서 돈을 빼서 쓰기가 어렵다. 손해라는 생각이 들기 때문이다. 주가가 떨어질 때 더 사야지 오히려 파는 건 손해이기에 우리나라 주식은 빼서 쓸 기회가 상대적으로 많지 않다. 게다가 미국 주식은 배당이 안정적이라 그 메리트도 있다.

미국 주식을 하면서도 안정적인 수익을 내지 못하는 사람들이 많다. 미국 주식은 세금, 수수료 등을 꼼꼼하게 고려해야 하기에 단타로 접근하면 좋지 않다. 얼마 전 주린이라는 엄마에게 이런 질문을 받았다.

"미국 주식을 거래할 때는 매도하지 않고 매수만 하나요? 꼭대기에 올라가도 매도하지 않아야 맞는 건가요?"

대답은 예스. 나는 올랐다고 매도하지 않는다. 오히려 꾸준히 매수한다. 너무 꼭대기에 올라갔다는 생각이 들 때만 비중 조절을 한다. 이 또한 추측대로 하지 않는다. 내가 맞춰놓은 주식과 채권의 비율에 변동이 생겼을 때, 예를 들어 주식 9 채권 1로 맞춰놓은 것이 주식 9.2 채권 0.8이 되면 주식의 0.2를 팔아 채권을 사서 비율을 맞춘다. 정말 기계적으로 한다. 가끔 사람들이 너무 흥분했다는 판단이 들어 계좌에 들어가서 보면 꼭 비율이 크게 달라져 있다.

그럴 때 리밸런싱을 하면 된다.

매도할 때는 돈이 필요할 때다. 나는 잔고를 늘리기 위해 5년간 거의 매도하지 않았고 배당금도 재투자했다. 하지만 금액이 꾸준히 늘어나 최근 들어 조금씩 빼서 쓰고 있다. 수익을 실현하기 위해서가 아니라 돈이 필요해서 그랬다. 하지만 앞으로 다른 수익이 생기면 다시 잔고를 늘리는 데 집중할 것이다. 투자 금액에는 손대지 않고 배당금만으로도 먹고살 수 있게 되는 것을 가까운 목표로 삼고 있다.

미국 주식이 매력적인 이유

2020년 여름, 한 자산 운용사가 개최한 기자 간담회에서 주식 투자 전략가인 데이비드 윙은 미국 주가가 많이 올랐지만, 여전히 가장 안정적인 주식 시장이라고 이야기했다. 전체 투자 포트폴리오에서 미국 비중을 높이면 실패할 가능성이 줄어든다. 그는 미국 주식으로 절대 수익을 달성할 수 있다고 말하며, 우수한 성과를 보이는 미국 우량주 투자를 추천했다.

나도 이 의견에 상당 부분 동의한다. 미국 주식에 투자할 경우 실패할 가능성이 줄어든다. 미국 주식은 어려워 보이지만, 그래서 오히려 초보한테 좋다. 비교적 마음고생을 적게 하고 그만큼의 수익률도 따라온다. 미국의 우량주라면 애플, 구글, 스타벅스, 아마존, 디즈니 등이다. 우리의 생활과도 밀접한 기업들이다.

특히 요즘은 환율이 낮아지고 원화 가치가 높아져 미국 주식을 계속해야 하는지 의문을 가진 사람들이 많다. 하지만 그건 매도했을 때의 관점이다. 오히려 달러 가치가 낮아져 미국 기업을 싸게 살 수 있어 좋다. 미국과 우리나라, 어디가 나은지를 떠나 거시적인 관점에서 다양한 수익을 실현하자. 여러 가지 파이프라인을 만드는 것이다. 미국 주식은 또 하나의 파이프라인이다.

미국 주식으로 수익을 내는 방법은 다양하다. ETF, 배당주, 개별 종목 등 각기 다른 매력이 있다. 미국의 자본주의는 성숙하며 주식 시장은 효율적이다. 덕분에 무엇을 선택해도 안정성과 수익률을 함께 갖고 간다. 투자와 육아, 둘 다 잡고 싶은 엄마들이 선호할 만하다. 이어지는 내용에서 종류별로 투자 방법을 소개할 것이다. 자신에게 맞는 투자가 무엇인지 잘 살펴보고 따라 하면서 나만의 방법을 찾길 바란다.

04 | 엄마의 미국 주식 투자 ① ETF

우리나라 주식과 마찬가지로 미국 주식에 처음 투자한다면 ETF 에 투자하라고 추천하고 싶다. 미국 주식 투자는 앞서 말한 것처럼 변동성이 적고 수익률이 좋다. ETF는 미국 주식 투자를 너무나 쉽고 편하게 만들어준다. 이를테면 그냥 뱅가드 S&P500 ETF(이하 'VOO')를 1주 사면 된다. 이렇게 하면 어렵게 공부할 필요도 없다. 매월, 매년 꾸준히 하다 보면 놀라운 복리 효과를 경험하게 된다.

엄마 P는 처음으로 공부하고 주식 투자를 시작한 자칭 '주린이'다. 주식 책을 읽고 회사들을 둘러보며 한두 주씩 사보기도 했다. 우리나라 ETF 에 투자하며 자신감이 붙었는데, 그러다 보니 수익률이 아쉬웠다. 우리나라 주가는 박스권에서 움직인다더니 정말 그렇게 느껴졌다. 좀 오르는가 싶더니 떨어지고, 또 좀 오른다 싶으면 떨어지는 패턴이었다. 좀 더 수익을 낼 수 있다는 미국 주식에 관심이 갔다. 미국 주가는 계속 상승하는 모양새였다. 마침 같이 개설해둔 해외 계좌가 있어 ETF를 샀다. VOO를 매수한 것이다. 한 번에 간단히 끝나 놀랐다.

미국 주식 투자를 하기 위해 환전을 미리 해두면 편하다. 그런데 요즘은 급하면 원화로 주문을 넣고 익일에 자동으로 환전해주기도 한다. 해외 계좌를 개설해 돈을 넣어둔 뒤 미국 주식 시장이 열리는 시간에 맞춰 매수하면 된다. 미국의 경우 아이들이 잠들고 나서 장이 열리니 오히려 매수하기가 더 편했다.

꾸준히 주식 책을 읽으며 미국의 투자 대가들이 S&P500을 입이 마르게 이야기하는 걸 들었다. 워런 버핏은 개인 투자자가 시장을 이기려면 잘 아는 종목에 장기 투자하든지, 아니면 운용 보수가 저렴한 인덱스 펀드에 투자하라고 이야기한다. 앞서 이야기한 헤지 펀드와 워런 버핏의 10년 내기에서도 워런 버핏의 S&P500 투자 수익률이 2.2% 대 7.1%로 훨씬 높았다. 토니 로빈스, 피터 린치, 제레미 시걸 등 S&P500을 이야기하지 않는 사람이 없었다. 계속 마주치니 미국의 대표 지수로 각인되었고, 당연히 사야 한다고 생각했다. 그래서 책을 덮자마자 곧바로 VOO를 샀다.

처음에는 우리나라에서 운용하는 미국 인덱스 펀드에 가입해서 납입했다. 직접 해보니 전혀 어렵지 않았고 수익률도 올라갔다. 하지만 수수료가 비싼 것이 내심 걸렸다. 수수료가 1% 이상인 펀드는 가입하지 말라고 책에서 얼핏 읽은 기억이 났다. 수수료가 별 것 아닌 것처럼 느껴지지만 복리로 올라가므로 나중에는 수익률에서 차이가 많이 난다. 287쪽 상단의 그래프는 미국의 증권거래위원회가 전하는 수수료에 따른 수익 변화 그래프다. 10만 달러(약 1억 1,000만 원) 투자, 4% 연 수익률, 20년 투자 기간을 가정했다. 수수료가 0.25%면 약 21만 달러(약 2억 3,000만 원)가 되었고, 수수료가 1%면 약 18만 달러(약 1억 9,000만 원)가 되었다. 처음에는 약 0.75%의 차이지만 20년 후에는 약 15%의 차이가 나는 것이다. 만약 수수료가 더 낮거나, 연 수익률이 높거나, 기간이 길어지면 이 차이는 더욱 커질 것이다.

우리나라에서 운용하는 미국 ETF는 수수료가 낮으나 수익금의 15%를 세금으로 내야 한다. 여기에 다른 소득에 더해서 금융소득종합과세에도 포함된다. 누진세가 적용되어 15~41%까지 세금으로 낼 수 있다. 하지만 미국 ETF에 직접 투자하면 양도 소득세 22%만 내면 되고, 이는 250만 원까지 면제다. 따라서 미국 ETF는 해외 계좌에서 직접 거래해야 한다고 생각했다. 그리고 지수와의 괴리율도 신경이 쓰였다. 지수를 제대로 쫓아가려면 미국에서

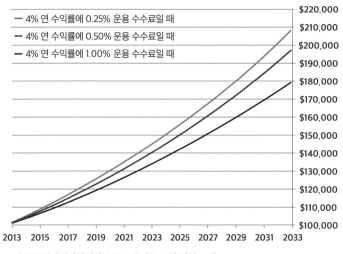

— 4% 연 수익률에 0.25% 운용 수수료일 때	$220,000
— 4% 연 수익률에 0.50% 운용 수수료일 때	$210,000
— 4% 연 수익률에 1.00% 운용 수수료일 때	$200,000

$190,000
$180,000
$170,000
$160,000
$150,000
$140,000
$130,000
$120,000
$110,000
$100,000

2013 2015 2017 2019 2021 2023 2025 2027 2029 2031 2033

❖ 미국 증권거래위원회의 수수료에 따른 수익 변화 그래프.

가장 유명한 회사가 운용하고, 전 세계 사람들이 선호하며, 그리고 투자의 대가들이 모두 입이 마르게 추천하는, VOO를 사야 했다. VOO의 수익률을 살펴보면 2020년 말 기준으로 10년간 연평균 수익률이 무려 14%다. 요즘 많이 올라 더욱 그렇게 되었다. 매월 규칙적으로 투자하고 장기 보유하자. 매월 100만 원씩 연 10% 복리로 투자하면 10년 후에는 1억 9,000만 원, 20년 후에는 6억 8,000만 원이 되어 있을 것이다.

만약 좀 더 높은 수익률을 원한다면 현재로서는 기술 ETF에 투자하면 된다. 대표적인 미국의 기술 ETF에는 나스닥 지수를 추종하는 QQQ가 있고, MSCI IT 지수를 추종하는 VGT(뱅가드 인포메이

션 테크놀로지 ETF)도 대중적이다. 나스닥은 벤처 기업이 거래되는 미국의 주식 시장이다. 요즘 가장 잘나가는 애플, 마이크로소프트, 아마존, 구글, 페이스북 등이 모두 나스닥의 상위 종목이다. 이런 대표 기업 100개를 구성해 지수를 발표하는데, 이를 추종하는 것이 QQQ다. MSCI IT 지수는 미국의 정보 기술 기업으로 구성되어 있다. VGT가 이를 추종한다. 종목 구성을 살펴보면 애플과 마이크로소프트가 40%에 가까운 비중이다. 이외에 비자, 마스터카드, 엔비디아, 페이팔, 인텔 등의 기업이 있다. 물론 VOO에도 이 기업들이 들어 있다. 하지만 좀 더 집중적으로 투자하고 싶다면 해당 기술 ETF의 비중을 높이면 된다. VGT는 10년 평균 20% 상승했고, QQQ도 마찬가지로 꾸준히 20% 상승했다. 하지만 이런 기술주의 상승이 계속 이어질지는 알 수 없으므로 거품에 주의하며 투자하는 게 좋다. 나 역시 현재 기술 ETF를 보유하고 있으며, VOO와 함께 반반으로 구성해놓았다.

ETF로 접근하면 미국 주식은 하나도 어렵지 않다. 대가들이 거론하는 VOO를 사서 팔지 말고 계속 늘려나가자. 복리로 계속 성장하며 언젠가는 배당금 수익만으로 생활이 가능해질지도 모른다. 그리고 미국의 가장 선진화된 기술 기업에 투자하자. 아이에게 물려주는 것도 하나의 방법이다. 주가는 주기적으로 크게 하락하는 시기가 있어 이때 증여하면 감세도 할 수 있다. 일찍부터 증여하면 10년 공제 혜택을 빼놓지 않고 누릴 수 있다. 안정성과 수익률을 모두 갖췄고, 공부도 아주 많이 필요하지 않다. 미국 ETF야말로 겁먹지 말고 지금 당장 시작하자.

05 | 엄마의 미국 주식 투자 ② 배당주

앞서 우리나라의 배당주 투자로 부동산 월세만큼의 수익을 낼 수 있다고 설명했다. 그렇다면 미국 배당주 투자는 어떤 장점이 있을까? 배당 수익을 얻으면서도 기업의 꾸준한 성장으로 인한 주가 수익을 내는 것이다. 거듭 말하지만 무엇보다 안정적이다. 그리고 매월 배당금이 월급처럼 나오게 포트폴리오를 구성할 수 있다.

우리나라 기업은 보통 3월 중 주주 총회를 하고, 배당금은 1년에 한 번인 4~5월쯤 지급한다. 물론 삼성전자처럼 1년에 4번 분기 배당을 하는 회사도 있고, 현대차처럼 1년에 2번 반기 배당을 하는 회사도 있다. 하지만 2020년 기준으로 분기 배당을 하는 국내 기업은 열 손가락에 꼽을 만큼 그 수가 많지 않다. 반기 배당을 하는 회사도 50개가 채 되지 않으며, 코로나19로 인해 그나마 하던 배당을 포기한 회사도 많다.

반면 미국은 분기 배당이 흔하다. 주식 시장이 효율적이고 오랫동안 수익 현황이 좋은 기업이 많기 때문이다. 2월, 5월, 8월, 11월 배당락일이면 3월, 6월, 9월, 12월 이렇게 1년에 4번 규칙적으로 배당을 한다. 그리고 결산 월이 다른 기업이 있다. 보통 3, 6, 9, 12월 4번 배당금을 지급하지만, 1, 4, 7, 10월 혹은 2, 5, 8, 11월 이렇게 각각 다른 달에 배당하는 기업도 있다. 배당금으로 월급을 받고자 하는 사람은 날짜에 따라 기업을 교차해서 구성하면 된다.

우리나라는 '배당 기준일'로 배당을 결정하고 표기한다. 배당 기준일까지 주식을 소유하고 있어야 배당 받을 수 있는 권리가 생기는 것이다. 반면 미국은 흔히 '배당락일(Ex-Dividend Date)'로 표기한다. 배당락일은 배당의 권리가 사라지는 날을 의미하므로 배당락일 전날까지 주식을 매수해야 배당을 받을 수 있다. 예를 들어 우리나라에서 배당 기준일이 2월 10일이라면 2월 10일까지 결제를 완료해야 배당금을 받는다. 그러기 위해서는 2월 8일까지 매수해야 한다. 하지만 미국에서 배당락일이 2월 10일이라면 2월 9일까지 매수해야 한다. 미국은 배당락일을 기준으로 최소 1일 전에 매수해야 배당 기준일까지 결제 처리가 된다. 해외라서 결제 지연이 있을 수도 있으니 여유 있게 미리 매수하는 것을 추천한다.

국가	배당 표기 방법	매수일
우리나라	배당 기준일	배당 기준일 2일 전에 매수
미국	배당락일	배당락일 1일 전에 매수

나는 우리나라 주식 배당금은 찾아서 썼지만, 미국 배당금은 재투자했다. 일정 금액을 모을 때까지 복리 수익률을 극대화하려는 생각이었다. 우리나라는 개별 종목을 매수해서 수익률을 높일 수 있지만, 미국은 ETF 위주라 배당을 활용해 수익률을 올리려는 나만의 계획이었다. 그렇게 일정 금액이 될 때까지 배당금을 재투자했고, 나중에 목돈이 되고 나서부터 돈을 빼서 쓰기 시작했다.

나처럼 배당금까지 투자하면 목표 금액에 도달하는 시간이 더욱 빨라질 것이다. 만약 이렇게 해서 일정 금액에 도달해 이제부터 매월 배당금을 받고 싶다면 종목을 다시 짜면 된다. 1년에 4번 분기별로 배당하는 기업을 모은 후, 결산 월이 다른 기업을 교차 구성하면, 매월 배당을 받을 수 있다. 예를 들어 1-4-7-10월 배당을 첫 번째 그룹, 2-5-8-11월 배당을 두 번째 그룹, 그리고 3-6-9-12월 배당을 세 번째 그룹으로 짜는 것이다.

꼭 매월 받지 않아도 된다면 좀 더 선택이 자유로워진다. 1년에 4번만 받아도 엄마 입장에서는 자주이고 나눠 쓰면 된다. 그렇다면 어떤 기업들을 선택할 수 있을까? 앞서 미국에서는 50년 이상 배당을 유지하고 금액을 늘려온 기업을 '배당왕'이라 부른다고 했다. 25년이면 '배당 귀족'이다. 우리나라에는 배당왕 없이 10년 과 5년을 유지한 기업만 있다. 미국의 배당왕을 살펴보자. 다음의 미국 배당왕 리스트는 Seeking Alpha 앱의 'The 2020 Dividend List'에 나의 기준을 더해 선정했다.

2020년 미국 배당왕 리스트 30(ABC 순, 괄호 안은 Ticker)

3M Co.(MMM), ABM Industries Inc.(ABM), Altria Group Inc. (MO), American States Water Co.(AWR), California Water Service Group(CWT), Cincinnati Financial Corp.(CINF), The Coca-Cola Co.(KO), Colgate-Palmolive Co.(CL), Commerce Bancshares Inc.(CBSH), Dover Corp.(DOV), Emerson Electric Co.(EMR), Farmers&Merchants Bancorp(FMCB), Federal Realty Investment Trust(FRT), Genuine Parts Co.(GPC), H.B. Fuller Co.(FUL), Hormel Foods Corp.(HRL), Illinois Tool Works Inc.(ITW), Johnson&Johnson(JNJ), Lancaster Colony Corp.(LANC), Lowe's Companies Inc.(LOW), Nordson Corp.(NDSN), Northwest Natural Holding Co.(NWN), Parker Hannifin Corp.(PH), Procter&Gamble Co.(PG), SJW Group(SJW), Stanley Black&Decker Inc.(SWK), Stepan Co.(SCL), Sysco Corp.(SYY), Target Corp.(TGT), Tootsie Roll Industries Inc.(TR)

※ Ticker: 미국 주식 창에서 증권을 주식 호가 시스템에 표시할 때 사용하는 약어.

지금까지의 내용을 토대로 배당금으로 월급을 받을 수 있는 회사 리스트를 구성해보겠다. 앞서 언급했듯이 1-4-7-10월 배당을 첫 번째 그룹, 2-5-8-11월 배당을 두 번째 그룹, 그리고 3-6-9-12월 배당을 세 번째 그룹으로 짠다. 각 그룹마다 종목을 2개씩 고르는데, 기준은 배당률 2% 이상, 시가 총액 상위 기업, 배당왕 혹은 배당 귀족 등의 요건으로 삼았다. 그리고 무엇보다 내가 알거나, 우리나라에서도 정보를 비교적 수월하게 얻을 수 있는 기업으로 구성했다. 3개의 그룹에 각각 2개의 종목씩 총 6개의 기업을 골라 15%씩 투자하기로 결정했다. 나는 1-4-7-10월 첫 번째 그룹에 코카콜라를 넣었다. 코카콜라는 4-7-10-12월로 1월에는 배당이 나오지 않는다. 하지만 도저히 1-4-7-10월의 선택 폭이 작아서 내가 잘 아는 회사가 없었다. 좋은 회사지만 잘 모르는 기업 말고 마음 편하게 코카콜라를 선택했다. 그래서 1월에는 조금 적게 받고, 대신 12월에 조금 더 받는다. 그리고 20년 넘게 안정적인 배당을 지속한 미국의 배당 귀족 부동산 기업인 Realty Income Corp.을 10%의 비중으로 넣었다. 이 기업은 국내에서도 자주 거론되는 미국의 국민 배당주 같은 종목이라서 정보가 많고, 또한 매월 배당금이 나오기 때문이다. 이에 따라 구성한 배당 월급 투자 포트폴리오(2020년 12월 기준)는 다음과 같다.

배당 지급 월	회사 이름	배당률	주가	투자 비중
1-4-7-10월	Kimberly-Clark Corp.	3.17%	$135.08	15%
	Coca-Cola Co. (4-7-10-12월에 배당)	3.11%	$52.74	15%
2-5-8-11월	AT&T	7.07%	$29.40	15%
	P&G	2.27%	$139.04	15%
3-6-9-12월	3M	3.33%	$176.42	15%
	Johnson&Johnson	2.61%	$154.51	15%
1~12월 매월	Realty Income Corp.	4.61%	$61.09	10%
합계		3.69%		100%

이 포트폴리오에 따라 100만 원을 투자하면 3.69%의 연 배당을 받아 3만 6,900원을 매월 나눠 받을 것이다. 배당 세금 15%를 빼면 3만 1,000원이다. 만약 1억 원을 투자하면 310만 원가량을 매월 나눠 받아 약 26만 원의 돈이 들어오게 되는 것이다. 내가 짠 포트폴리오는 예시일 뿐이다. 각자 공부해서 직접 짜보면 더 좋다.

배당주 투자는 매력적이다. 우리가 바라는 한 달에 2번 월급 받기를 일찍부터 실현할 수 있다. 물론 인출하지 않아도 된다면 사실 미국 500개 우량주에 꾸준히 투자하는 것이 더 수익률이 높다.

만약 나스닥 기술주에 투자하면 수익률은 더욱 높아진다. 하지만 세금을 고려한다면 배당주 투자가 현명할 수도 있다. 배당 세금은 15%인 반면, 해외 주식 매매 수익에는 22%의 세금을 납부해야 하기 때문이다.

미국 주식의 꽃은 배당주 투자다. 미국만큼 안정적인 배당을 오래 지급하는 기업이 없다. 50년 역사를 자랑한다. 포트폴리오를 잘 짜보자. 포트폴리오를 어떻게 짜느냐에 따라 3~10%의 배당 수익에 주가 수익도 추가로 얻을 수 있다. 스스로 어떤 형태의 수익을 원하는지 잘 생각해보자. 안정적인 월 수익을 원하는지, 아니면 주가가 많이 오르길 바라는지. 사실 둘 다여야 가장 좋다. 꾸준히 미국 배당주 투자에 대해 연구한다면 조금 더 나에게 맞는 포트폴리오를 구성할 수 있게 될 것이다. 한 달에 월급 2번, 절대 멀리 있지 않다.

2020년 미국 배당 귀족 리스트(ABC 순, 괄호 안은 Ticker)

3M Co.(MMM), A. O. Smith Corp.(AOS), Abbott Laboratories(ABT), AbbVie, Inc.(ABBV), Aflac, Inc.(AFL), Air Products&Chemicals, Inc.(APD), Albemarle Corp.(ALB), Amcor Plc(AMCR), Archer-Daniels-Midland Co.(ADM), AT&T, Inc.(T), Atmos Energy Corp.(ATO), Automatic Data Processing, Inc.(ADP), Becton, Dickinson&Co.(BDX), Brown-Forman Corp.(BF.B), Cardinal Health, Inc.(CAH), Carrier Global Corp.(CARR), Caterpillar, Inc.(CAT), Chevron Corp.(CVX), Chubb Ltd.(CB), Cincinnati Financial Corp.(CINF), Cintas Corp.(CTAS), Colgate-Palmolive Co.(CL), Consolidated Edison, Inc.(ED), Dover Corp.(DOV), Ecolab, Inc.(ECL), Emerson Electric Co.(EMR), Essex Property Trust, Inc.(ESS), Expeditors International of Washington, Inc. (EXPD), Exxon Mobil Corp.(XOM), Federal Realty Investment Trust(FRT), Franklin Resources, Inc.(BEN), General Dynamics Corp.(GD), Genuine Parts Co.(GPC), Hormel Foods Corp.(HRL), Illinois Tool Works, Inc.(ITW), Johnson&Johnson(JNJ), Kimberly-Clark Corp.(KMB), Leggett&Platt, Inc. (LEG), Linde Plc(LIN), Lowe's Cos., Inc.(LOW), McCormick&Co., Inc.(MKC), McDonald's Corp.(MCD), Medtronic Plc(MDT), Nucor Corp.(NEU), Otis Worldwide Corp.(OTIS), Pentair Plc(PNR), People's United Financial, Inc. (PBCT), PepsiCo, Inc.(PEP), PPG Industries, Inc.(PPG), Procter&Gamble Co.(PG), Raytheon Technologies Corp.(RTX), Realty Income Corp.(O), Roper Technologies, Inc.(ROP), Ross Stores, Inc.(ROST), S&P Global, Inc. (SPGI), Stanley Black&Decker, Inc.(SWK), Sysco Corp.(SYY), T. Rowe Price Group, Inc.(TROW), Target Corp.(TGT), The Clorox Co.(CLX), The Coca-Cola Co.(KO), The Sherwin-Williams Co.(SHW), VF Corp.(VFC), W.W. Grainger, Inc.(GWW), Walgreens Boots Alliance, Inc.(WBA), Walmart, Inc.(WMT)

채권이란 무엇일까? 나는 엄마 A에게 돈을 100만 원 빌려줬다. 1년 후에 받기로 하고 이자는 2%로 설정한 뒤 서로 확실하게 하기 위해 증서를 썼다. 이 증서가 바로 채권이다. 채권은 돈을 빌려주고 이자를 받는 것이다. 개인이 발행하면 사채, 회사가 발행하면 회사채, 국가가 발행하면 국채라고 한다. 어떤 회사의 일부를 소유하고 의견을 내며 같이 성장해나가는 주식 투자와는 조금 다르다. 워런 버핏은 아내를 위한 유언장에 주식인 S&P 인덱스 펀드에 90%, 그리고 미국 단기 국채에 10%를 투자하라고 이야기했다. 주식 전문가인 그가 주식에 투자하라고 한 건 이해가 된다. 그런데 왜 미국 단기 국채에 투자하라고 했을까? 단기 국채란 빌려준 돈을 갚아야 하는 기간이 5년 미만인 국채다. 『워런 버핏의 주주 서한』에서 그는 현금의 대부분을 단기 국채로 보유하고 있다고 말한다. 수익률을 높이기 위한 다른 단기 채권이나 주식은 피한다. 이처럼 워런 버핏이 단기 국채를 보유하는 이유는 바로 '현금'을 효과적으로 보유하기 위해서다. 그가 2008년 경제 위기에서 버틸 수 있었던 노하우이기도 하다. 우리가 현금을 보유한다면 어떤 방법이 가장 안전할지 생각해보자.

① 집에 둔다. ② 은행 예금에 넣어둔다.
③ 주식을 산다. ④ 국채를 산다.

먼저 큰돈을 집에 두면 없어졌을 때 누가 보장해줄 수 있을까? 집 어딘가에 두려고 고민하다가 불안해서 금고를 사거나 결국 다른 안전한 곳을 찾을 것이다. 은행 예금에 넣어두는 것을 생각해보자. 사실 은행도 망할 수 있다. 2008년 미국 4대 투자 은행이었던 거대 금융 그룹 리먼 브라더스의 파산은 도미노처럼 글로벌 경제 위기를 불러일으켰다. 은행이 파산하면 돈을 돌려받지 못한다. 이걸 보호하는 것이 예금자보호법으로 국내 은행은 5,000만 원까지 개인의 돈을 보호해준다. 파산해도 5,000만 원까지는 돌려주겠다는 이야기다. 그럼 나머지 돈은 어쩌나? 이제 주식을 생각해보자.

주식은 투자하기에는 좋지만 가격이 불안정해서 현금으로 생각해 넣어놓는 경우는 거의 없을 것이다. 마지막으로 국채는 어떨까? 채권에는 추심법이 있다. 이 법은 파산하면 재산을 정리해 빌려준 사람에게 돈을 돌려줘야 하는 법이다. 그래서 채권은 법으로 확실히 보장받기에 돈을 보호할 또 다른 방법이다. 단, 빌려주는 사람의 신용이 좋아야 한다. 브라질처럼 나라가 불안정해 국채 가격이 널뛰기하는 나라는 국채도 안전하지 않을 수 있다. 가장 안전하게 여겨지는 국채는 미국 국채다. 부유한 미국이 보증하며, 거래량이 많고, 달러 자산이기 때문이다.

그래서 예금자보호법으로 보장받는 5,000만 원까지는 은행에 넣어두면 좋지만, 나머지를 넣어둘 대상을 찾는다면 미국 국채가 좋다. 엄청난 경제 위기가 와도 미국이 돈을 보호해주기 때문이다. 미국 국채 중에서도 단기 국채를 거래하는 이유는 빨리 갚는 돈이라 시세 변동이 적어서다. 어떤 상황에서도 돈이 거의 그대로 유지된다는 의미다. 그래서 미국 단기 국채를 거래하면 수익률은 높지 않지만, 최악의 상황에 효율적으로 대처할 수 있다. 예를 들어 미국 단기 국채를 거래하려면 뱅가드 단기채 ETF가 대표적인데, 현재 연 약 2%의 수익이 발생한다. 나는 여기에 미국 주식 투자 전체 자금의 약 10%를 넣어둔다. 물론 주식에만 집중해 자산을 늘리는 방법도 좋을 것이다. 하지만 나는 최악의 상황을 대비해야 마음이 편해져서 더욱 적극적으로 투자할 수가 있었다. 약 10%의 현금은 경제가 무너져도 지켜질 안전 자산이며, 효과적으로 리밸런싱을 하는 기준이다.

이처럼 나는 현금을 늘 약 10% 정도 보유하기에 주식과 현금을 9:1의 비율을 맞춰놓는다. 즉, 주가가 많이 오르면 그에 따라 현금을 그만큼 맞춰 비중 조절을 한다는 뜻이다. 예를 들어 주가가 많이 올라서 비율이 9.3:0.7로 변하면 현금을 더 넣거나, 혹은 주식 0.3을 팔아서 현금이 1이 되도록 맞춘다. 되도록 전자의 방식을 따르려고 노력하는 편이다. 주식을 팔기보다는 현금을 조달해 비율을 맞추는 것이다. 반대로 주가가 떨어지면 이미 보유한 현금으로 산다. 이렇게 현금으로 리밸런싱하기에 나는 주가가 올라도 편하고 내려도 편하다. 늘 총알이 주머니에 있는 셈이다.

이제 채권에 대해서 조금 더 자세히 알아보자. 미국 단기채는 1~5년, 중기채는 5~10년, 장기채는 10년 이상의 채권을 말한다. 코로나19 폭락 때 각각 국채의 가격 변동을 살펴봤더니, 단기채는 약 2%, 중기채는 약 10%, 장기채는 약 20%까지 등락이 있었다. 이처럼 위기가 닥쳐도 단기채는 가장 덜 움직인다. 채권 역시 경제 상황에 따라 움직인다. 그러면 채권은 이자를 받아 수익을 내는데 왜 가격에 변동이 있는지 궁금할 것이다. 채권의 거래 가격 때문이다. 이렇게 돈을 빌려준 채권을 사람들이 서로 사고파는 것이다.

그래서 마치 주식처럼 거래되며 가격에 변동이 있다. 채권이 안전 자산으로 분류되기는 하지만, 이런 이유로 투자를 꺼리는 사람도 있다. 가격이 오르락내리락할 거면 차라리 수익률이 높은 주식에 투자하겠다는 것이다.

처음에 나는 미국 ETF를 매수하며 채권을 같이 샀는데, 채권 역시 ETF에 투자했다. 채권을 일정 비율로 거래하면 계좌 변동이 적다는 말을 듣고 그렇게 했다. 채권을 40%의 비율로 맞추고, 대부분은 중기채, 그리고 장기채를 조금 샀다. 계속 계좌를 보니 채권은 거의 변동이 없었다. 반면 주식 ETF는 상당히 올라가는 그림이었다. 하지만 전체 계좌의 변동은 적었다. 직접 해보니 좀 더 변동이 있어도 상관없겠다 싶었다. 워낙 변동 폭이 큰 우리나라 주식 시장에 단련된 덕분이었다.

계속해보면서 장기채의 비율을 높였다. 장기채가 수익률이 훨씬 높기 때문이었다. 예를 들어 2020년 말 기준 뱅가드 장기채 ETF의 5년 수익률은 연평균 9.18%, 10년 수익률은 7.97%에 달한다. 그런데 앞서 언급했듯이 장기채는 수익률이라는 장점이 있는 반면에 변동이 있었다. 수익률이 괜찮았지만, 상대적으로 주식보다는 만족스럽지 않았다. 그래서 조금씩 채권 비율을 줄이다가 결국 10%에 정착하게 되었다. 최대한 주식을 보유하되, 최소한의 현금을 갖고 있으려다 보니 9:1의 비율에 만족하게 된 것이다. 나도 직접 해보니 결국 워런 버핏이 말한 비율대로 가서 신기했다.

투자 운용 전문가들은 계좌 변동이 적은 비율로 채권을 40% 정도로 추천한다. 중기채 15%, 장기채 40%로 투자하라는 투자 전문가 레이 달리오도 있다. 보통 변동을 참더라도 높은 수익률을 원한다면 주식이지만, 이렇게 채권을 선호하는 사람들도 있다. 그런가 하면 주식 신봉자인 피터 린치는 주식 투자에 100%를 할당할 것을 추천한다. 그런데도 그가 채권에 투자해야 한다고 말하는 때가 있다. 장기 채권 수익률이 주식 배당 수익률을 6% 이상 초과하는 때다.

당연히 나도 수익률을 더 높일 수 있는 주식을 좋아하며 기업과의 동업을 즐긴다. 이런 이유로 주식에 대부분을 할당하고 있다. 그래도 10%는 미국 국채에 넣어둔다. 미국 국채는 나에게 현금의 다른 말이다. 그리고 미국 법으로 보호받는 달러 안전 자산이다. 미국 주식을 시작할 때부터 채권을 함께 고려하면 더욱 좋을 것이다. 그러면 변동성도 낮아지고 꾸준한 수익을 달성해 투자에 자신감이 생길 테니 말이다. 나처럼 해보면서 자신에게 가장 맞는 비율을 찾으면 된다. 일정 비율로 채권과 주식을 함께 투자한다면 시너지가 클 것이다.

07 | 생초보도 이해하는
미국 주식 세금 팁

사람들이 미국 주식을 어려워하는 이유 중 하나는 바로 세금 때문이다. 앞으로 이어지는 글을 이해하려고 시도하되, 혹시 어렵다면 잠시 넘어가도 괜찮다. 일단 미국 주식을 시작해보고 이후 돈을 많이 벌면 다시 이 부분을 펼쳐서 읽으면 된다. 그때는 누가 시키지 않아도 반복해서 읽게 되며 머리에 쏙쏙 들어올 것이다.

먼저 배당 소득에 대한 세금은 우리나라나 미국이나 비슷하다. 하지만 우리나라 주식은 양도 소득세를 내지 않아도 된다. 주식 매매 수익에 대한 세금을 내지 않는다는 의미다. 그런데 우리나라 주식도 앞으로는 양도 소득세를 내야 할지도 모른다. 2020년 대주주 요건을 10억 원에서 3억 원으로 줄이려다 유보되었다. 2년 후에 어떻게 될지 귀추를 주목해야 할 듯하다. 여기서 대주주란 주식을 많이 보유한 개인으로, 세법상 대주주는 세금을 내야 한다. 현재 하나의 종목을 직계 가족을 모두 포함해 10억 원어치를 갖고 있으면 대주주로 분류된다. 예전에는 25억 원이었으나 2015년에 15억 원으로 바뀌었고, 이것이 2019년에 10억 원으로 또 바뀐 것이다. 하지만 미국 주식은 대주주와는 상관없이 매매 소득에 대해 양도소득세 22%를 모두 내야 한다. 정확히는 양도세 20%, 주민세 2%다. 단, 250만 원의 수익까지는 면제다.

주식 양도세

주식을 팔아 생긴 매매 수익에 대해 세금을 부과하는 것이다. 양도(팔 때) 소득(발생한 이익에 대해)세(세금을 낸다)라고 이해하면 쉽다.

미국 주식 세금 팁 ① 팔지 않고 계속 늘린다

절세하는 가장 간단한 방법이 있다. 바로 팔지 않고 계속 늘리는 것이다. 세금은 내 계좌의 자산이 늘어나서 내는 것이 아니라 이익을 '실현'할 때만 내는 것이기 때문이다. 떨어질 때 매수만 하면 배당을 받을 때 세금 15% 외에 낼 것이 없다. 투자로 자산을 증식하고 싶은 경우에 이 방법을 추천한다. 특히 미국 S&P500 ETF의 경우는 계속 사기만 해도 괜찮다. 미국 경제 전체에 지속적으로 투자한다고 보면 되기 때문이다. 그리고 ETF는 알아서 종목을 분산하고 교체해주기 때문에 샀다가 팔았다가 또 살 이유가 없다. 하지만 계속 넣어만 둘 수는 없을 것이다. 개별 종목을 사고팔고 싶을 때가 분명 있다. 그리고 배당금만으로 살아가면 좋겠지만 배당금만으로 살아갈 만큼이 되려면 투자 금액이 커야 할 것이다. 그래서 중간중간 필요해서 돈을 빼서 써야 한다면 어떻게 미국 주식을 운용하면서 절세할 수 있는지 알아보자.

미국 주식 세금 팁 ②
연 250만 원까지 양도세 공제를 잊지 않는다

엄마 Q는 연 250만 원까지 미국 주식 매매 수익 양도세가 공제된다는 사실을 잊지 않는다. 그래서 매매 차익은 250만 원 내에서만 실현하려 신경 쓰고 있다. 배당 세금 15%만 낸다. 얼마 전에는 1,000만 원을 주고 산 주식을 1,200만 원에 팔았다. 수익을 200만 원만 내서 세금을 내지 않았다. 작년에는 500만 원어치를 사서 800만 원에 팔아 300만 원의 수익이 생겼는데, 그때는 잘 모르고 세금을 냈다. 300만 원에서 250만 원을 뺀 50만 원에 대한 22%를 세금으로 낸 것이다. 만약 매도 시 손해를 봤다면 그 금액을 차감해준다는 것도 기록됐다.

- 매매 수익금 - 매매 손해금 - 공제 250만 원 = 양도세 신고 소득액

미국 주식 세금 팁 ③
배당금 수익을 늘린 포트폴리오를 운영한다

절세를 위해 배당금 수익을 최대한으로 늘린 포트폴리오로 운용하는 방법도 있다. 물론 주식 투자는 배당 소득이 아닌 기업의 잠재 가치가 종목 선정의 중심이 되어야 한다. 하지만 절세를 위한 예시를 들어본다. 미국의 고배당 ETF인 SDIV에 투자한다고 가정하자. 매년 약 10%의 배당 수익을 받는다. 주가가 만약 2% 떨어진다고 가정해도 8%의 수익이다. 배당금으로 최대한 받으면서 세금을 줄일 수 있다. 다만 배당 수익이 2,000만 원을 초과하면 금융소득종합과세 대상이 되니 이 부분을 염두에 둬야 한다. 미국 주식의 배당 수익뿐만 아니라 우리나라 주식의 배당 수익도 포함이니 다 같이 계산해야 한다.

- 250만 원 초과 매매 수익: 양도 소득세 22%
- 2,000만 원 초과 배당 수익: 배당 소득세 15% + 금융소득종합과세

따라서 250만 원을 초과하고 2,000만 원 미만의 수익은 배당으로 받는 것이 절세하는 방법이다.

미국 주식 세금 팁 ④ 증여를 한다

배우자에게 10년 동안 6억 원까지는 증여세가 면제된다. 배우자가 증여를 받자마자 매도하면 양도세를 거의 내지 않게 된다. 예를 들어 배우자가 받은 시점의 주가가 1만 원이라고 치자. 그러면 다음 날 바로 매도할 경우 하루 만에 얻는 수익은 그리 크지 않을 것이다. 양도세는 이렇게 배우자가 증여받은 시점과 매도한 시점의 매매 차익을 기준으로 계산한다. 대신 증여세를 내야 하는데, 증여세는 6억 원까지 면제되므로 이 또한 부과되지 않는다. 참고로 증여 금액은 증여일 전후 각 2개월, 즉 총 4개월 동안의 평균 종가를 시가로 본다. 같은 기간 미성년 자녀에게는 2,000만 원, 직계 가족에게는 5,000만 원까지 증여가 가능하다.

증여 대상	증여 금액	증여세 면제 기간
배우자	6억 원	10년
미성년 자녀	2,000만 원	10년
직계 가족	5,000만 원	10년

미국 주식 세금 팁 ⑤ 손해가 난 종목을 정리한다

보유하고 있는 종목이 오랫동안 답이 없을 때, 이를 정리하면 기존 매매 수익에서 해당 손해 금액이 차감된다. 만약 계속 보유하고 싶은 종목이라면 일단 팔고 다음 해에 다시 사는 방법도 있다.

미국 주식 세금 팁 ⑥
성실히 세금을 납부해 가산세를 물지 않는다

마지막으로 절세하는 가장 좋은 방법은 가산세를 물지 않는 것이다. 매년 5월에 확정 신고 납부를 하지 않으면 가산세가 부과된다. 가산세란 세금의 납부 의무를 성실히 이행하도록 하기 위해 정해진 기간 안에 세금을 내지 않으면 추가로 부과되는 세금이다. 확정 신고는 납부해야 할 세액을 기간 안에 신고하는 것이다. 그렇지 않으면 가산세로 20%의 세금을 더 내야 한다. 여기에 '미납부세액 ×미납일수×0.03%'가 더해져 연 환산 시 약 10.95%다. 매년 5월 이면 세금 신고에 대한 공지를 증권사에서 확인할 수 있다. 증권사마다 세금을 계산해주며 증권사 홈페이지에서 세금 관련 서류도 출력할 수 있다. 개인들을 위한 대행 서비스도 이용할 수 있다.

- 과세 대상: 전년도 1.1 ~ 12.31 해외 주식 양도 소득자
- 과세 세율: 22%(양도 소득세 20%, 주민세 2%), 연 기본 공제 250만 원
- 신고 기간: 5.1 ~ 5.31

금융 소득이란 흔히 이자 소득, 특히 주식을 하는 사람들에게는 배당금을 말한다. 보다 구체적으로 부부의 연 이자 소득과 배당 소득이 4,000만 원보다 많으면 다른 소득과 합산해서 금융소득종합과세의 누진 세율을 적용해 과세하는 것을 말한다. 이자 소득은 예금, 적금, 채권, CMA 등의 이자 수익이다. 국내 대표 지수 ETF(코스피200, 반도체 배당주 등 섹터 ETF)는 매매 차익에 대한 과세가 없다. 하지만 이외 기타 ETF, 즉 파생 상품, 해외 지수, 채권, 원자재 등의 ETF 매매 수익에는 15.4%의 배당 소득세가 부과된다. 이 수익 또한 금융소득종합과세 대상에 포함되어 15~42%의 누진 세율이

적용된다. 운용 금액이 커질수록 세금도 늘어나는 것이다. 하지만 해외 투자 매매 수익은 오로지 양도세만 포함된다. 따라서 큰돈을 굴릴수록 국내의 미국 ETF보다는 직접 미국 시장에서 주식을 거래하는 것이 절세하는 방법이다.

세금을 고려해서 주식 소득을 조금 더 높이자. 아는 것과 모르는 것은 큰 차이를 낳는다. 수익률도 그렇고 안전도 그렇다. 주식은 복리이기에 푼돈도 후에 큰돈이 된다. 그렇다고 세금에 너무 매일 필요는 없지만, 효율적이지 않은 불필요한 지출은 막자. 작은 차이가 명품을 만드는 법이다.

미국 주식 양도세 무료 대행 서비스 이용하는 법

키움증권 기준이나 다른 증권사도 비슷하다.

① HTS에 접속한다.
② '해외주식-온라인업무-해외주식 양도소득세-해외주식 양도소득세 대행신고' 메뉴로 들어간다. 그 전에 '해외주식 양도소득세 조회' 메뉴로 미리 조회해볼 수 있다.
③ 당사 신청을 눌러 신청서를 작성한다. 비용은 무료며, 지로를 받아 납부하면 된다.

주식 투자 일기 쓰기 ⤴🔍

나도 처음에는 '주린이'였다. 주식을 공부하고 직접 투자하기 시작하면서 일기를 썼고, 그러면서 주린이에서 벗어나게 되었다. 투자 일기를 쓰다 보면 나의 성향과 투자 스타일을 알 수 있게 된다. 그리고 기록을 남김으로써 주식 시장에 대한 감정적인 요동을 객관적으로 볼 수 있게 된다. 투자 일기를 쓰는 방법은 간단하다. 먼저 날짜를 쓰고, 무엇을 공부했고 경험했는지 서술한 다음, 그것에 대한 나만의 느낌을 솔직하게 기록하면 끝이다.

나는 5년간 매일 총 2,000편이 넘는 육아 일기를 썼다. 그 덕분에 아이도 잘 키우고 나 역시 성장할 수 있었다. 그리고 그 일기는 내가 새로운 일을 시작하는 데 발판이 되기도 했다. 투자 일기도 마찬가지로 꾸준히 쓰고 있다. 주식를 잘하고 싶다면 계속 공부하며 투자 일기를 써야 한다. 끊임없이 기록하고 또 수정해야 진짜 내 것이 되고 보물도 찾을 수 있다. 시간이 흘러 일기를 읽어보면 성장이 눈에 띄게 보일 것이다. 그만큼 수익률도 함께 따라오리라 믿어 의심치 않는다.

2015/12/16

그동안 매도 종목에 관한 교훈 정리

- LG디스플레이: 운 좋게 매도를 잘한 편. 남의 말만 듣고 재무제표 확인도 안 하고 사지 않는다.

- 신세계: 투기를 할 거면 확실히 하든가 어정쩡하게 할 거면 발도 담그지 마라.

- 대창단조: 경제 상식을 앎의 중요성. 금리 인상이 부동산 경기에 미치는 영향은? 지레 겁먹고 팔지 말고 일단 전부 조사부터! 대체 매도해놓고 또 산 건 뭘까? 심지어 다시 팔고 싶기까지… 아이고, 수업비 제대로 내는구나.

- KPX케미칼: 영업 이익률의 중요성. 5대에는 들어가지 말자. 경쟁이 너무 심한 경우가 대부분이다. 10%도 안 남는 장사라니… 미스 루팡 원더우먼 때 느껴봐서 안다. 그게 얼마나 쪼이는지를.

- 넥스트아이: 팔고서 3배 상한가. 그나마 1주는 들고 있었기에 망정이

지. 그나마 이런 기업에 관심을 가진 줄 아는 눈이 있다는 것에 기뻐해야 할 듯하다. 피 인수 대상 기업이 어떤 기업인지 더 자세히 알아봐야겠다.

금리 인상 시점에 들어가면 때를 봐서 경기 방어주들을 공략해야 할 듯하다. 식음료 등 성장성이 떨어지는 회사들은 결국 정리하게 되는 것 같다. 살 때 정말 싼 경우가 아니면 재무제표만 보고 사지 말자.

2016/1/3

새해가 되고 쓰는 첫 글이다. 작년 한 해 결산은 아주 약간의 손실과 책을 통한 많은 배움과 아직 경험 부족으로 인한 설익은 깨달음. 어떤 사람이 가투소에 쓴 글을 읽고 나만의 투자 원칙을 정하는 것이 매우 중요함을 배웠다. 남들이 하는 방법을 따라 해서는 큰돈을 벌 수가 없다. 이것은 경험과 나의 성향에 대한 고찰에서 나오는 것으로 올해 해보면서 더욱 다져질 것 같다.

일단 나는 파는 것이 너무 어렵고 힘들다. 정확히 말하자면 파는 것을 매우 싫어하고 끝까지 쥐고 있으려는 성향이 있다. 더 별로인 것을 골라내기가 참으로 힘들다. 그리고 매수 시 빨리 가지려는 마음이 있어 급하게 한다. 당장 지금 안 사면 안 될 것 같고 불안하다. 아무래도 기업 분석하고 검색할 시간이 다른 사람들보다 부족하다. 대신 생각할 시간은 아주아주 많다. 인내심이 아주 강하며 가격이 떨어져도 많이 흔들리지 않고 뉴스에 많이 노출

314

되지 않아 심리적으로는 덜 불안하다.

매수는 무조건 분할 매수. 종목 교체를 자주 안 할 거니 많은 심사숙고를 하고 종목 선정. 팔지 않는다는 전제하에 안 망할 성장성이 높고 전망이 좋은 회사, 훌륭한 경영진과 노사 관계, 정부와 대립하지 않는 회사.

그레이엄에게서 안 망하는 회사를 고르고 재무제표를 분석하며 안 잃는 방법을, 버펏에게서 경영진을 보고 인문학을 적용하는 방법과 실수하지 않는 방법을, 린치에게서 유연성 있게 대가들의 방법을 적용하는 방법과 금융주에 접근하는 방법을, 코스톨라니에게서 우뇌적 시각으로 접근해 예술로 승화시키는 방법을, 볼턴에게서 기업 탐방과 차트의 활용법과 매수와 매도 방법을, 그리고 엎지언.

참, 성광벤드를 매수했다. 내가 그렇게 찾은 건 아니지만 신저가로 나온 종목이라니 앞으로 그 방법으로도 찾아봐야겠다. 유가 하락으로 업황은 불안정하지만 그 안에서 빛나는 회사다. 그레이엄 스타일의 종목으로, 이런 경우 어떻게 매도해야 할지 연구해봐야겠다.

2016/1/20

처음 겪어보는 제대로 된 폭락장. 하루에 10%씩 빠지는 계좌. 후덜덜하구나. 이란 제재 해제로 유가 하락으로 인한 공포와 중국 홍콩의 폭락에 대한 공포, 거기에 가세한 ELS까지. 공매도로 눌러 더욱더 추락시키는 듯. 그 지수까지 빠질 듯 무섭게 빠진다. 카페에는 힘들다는 글들이 눈에 띄고, 경제 위기다, 조정장이다, 서로 의견이 분분하다.

나의 계좌는 약 5% 정도 빠졌는데, (다행히) 그나마 우리넷 수익이 총 약 5% 정도로 받쳐줘서 그만큼이지 약 10% 빠질 뻔했다. 피터 린치가 한 말, 10% 빠지면 평소의 2배 정도로 구매하라는 말. 어디서 현금을 구하나. 오늘 추매는 너무 성급했을까?

케이비캐피탈은 잘 샀는데 무학은 좀 더 두고 살걸 그랬다. 항상 매수에서 성급하다. 그래도 이번 주, 다음 주에 들어오는 돈이 있으니 (우 살 돈 10만 원도 넣어버려야겠다.) 넣고 미국 계좌에도 주식을 추매해야겠다. 그 돈 외에는 돈이 없네… 경제 위기라면 금도 팔아 보태야 할 것 같다.

나도 두려움이 느껴진다. 하지만 의외인 것은 거품이 없었다는 것이다. 거품이 없다면 폭락도 없는 것 아니었나? 다른 나라들 금리도 아직 안 올랐는데… 모든 게 시나리오대로 돌아가지 않는다는 것을 알겠고, 항상 현금 보유 10% 하고 여윳돈도 조금 있어야 하는 걸 뼈저리게 느낀다. 그래도 처음 투자 시작하며 이런 경험을 해본다는 것은 매우 값지다. 이런 과정을 먼저 겪어보는 것이 낫다.

2016/7/10

요즘 매일 주가 확인을 안 하게 되었고 다양한 분야의 책을 읽기 시작했다. 주식을 사고 조금은 관심을 끄는 것이 좋은 것 같다. 삶의 질적인 부분에서도 말이다.

예전 일기를 읽으며 그때 그 경험이 다시 생각나 심장이 두근거린다. 이렇게 100만 원으로 실습하는 1년간 나는 롤러코스터를 타며 많은 경험을 했다. 상한가도 겪어보고 폭락장도 경험했다. 직접 해보면서 나의 성향을 알았다. 매수할 때 참을성이 없는 점, 매도하고 꼭 후회하는 점, 크게 가격이 떨어져도 인내할 수 있는 점 등… 지금의 나는 이런 일기가 쌓이고 스스로를 성찰하면서 만들어졌다. 투자 일기를 쓰며 다음과 같은 질문에 답할 수 있도록 경험해보자.

- 마이너스가 나도 견딜 수 있는 금액은 얼마인가?
- 내가 편히 운용할 수 있는 금액은 현재 얼마인가?
- 내가 약한 부분은 무엇인가?
- 내가 잘하는 건 무엇인가?
- 내가 잘 아는 분야는 무엇인가?
- 내가 원하는 경제적 목표 달성 금액은 최소 얼마인가?
- 예상하는 연 수익률은 얼마인가?
- 폭락장이 오면 어떻게 돈을 조달한 것인가?

계좌를 운용하며 내가 어느 정도의 마이너스까지 경험할 수 있는지 알게 된다. 편히 운용할 수 있는 금액은 수익이 늘어날수록 점점 커진다. 처음에 나는 100만 원으로 시작해서 겁이 없었다. 만약 내가 5,000만 원으로 투자를 시작했다면 무서워서 아무것도 못 했을지도 모른다. 이후 2,000만 원이 되자 그 금액에 익숙해졌고, 그보다 높은 금액을 운용할 수 있게 되었다. 지금은 억대를 굴리는 게 가능하다. 이처럼 스스로 견딜 수 있는 돈의 무게가 얼만큼인지를 생각하자. 액수는 점점 늘어나는 법이다. 그리고 자신의 장단점을 파악한다. 또 잘 아는 분야가 있으면 종목 선정에 유리하다. 더불어 내가 최소 얼만큼의 돈을 벌면 경제적 자유를 얻을 수 있는지 상세하게 생각해놓는 것이 좋다.

마지막으로 연 수익률이다. 주식으로 얼마를 벌 수 있다고 생각하는가? 일확천금? 그렇다면 투자가 아닌 투기를 하길 바란다. 워런 버핏이 달성한 수익률도 연평균 20%였다. 물론 그는 이것을 60년간 지속했다는 것이 다른 점이다. 전설의 투자자 피터 린치가 이룬 투자 수익률은 연평균 29.2%였다. 그들은 가장 현실적인 시장 투자 수익률을 연평균 10%로 본다. 이 수치를 참고해 내가 최소 목표 금액에 도달하기까지 얼마나 시간이 걸릴지 계산하자.

현실적인 투자 수익률을 목표로 삼고 그 목표들을 먼저 달성하자. 그러면 어떻게 가야 할지 그 길이 더 잘 보인다. 나는 우리나라 투자 연평균 수익률을 20% 이상으로, 미국 투자 연평균 수익률을 10%로 예상하고 있다. 물론 상승장에는 더 벌 수 있겠지만, 그보다 더 중요한 것은 폭락 때의 수익률이다. 현실적인 기준은 힘들 때 나를 붙잡아주고, 예상에 걸맞은 방법을 찾게 만든다. 예를 들어 연평균 10%의 수익률을 올리려면 꾸준하게 경제 공부를 하면서 하면 된다. 하지만 연평균 20%의 수익률을 올리려면 밤마다 치열하게 공부하고 또 종목 분석도 해야 한다. 나의 라이프 스타일과 성향을 봤을 때 달성 가능한 합당한 목표를 정해 그에 맞게 포트폴리오를 짜자. 만약 그 이상을 원한다면 나만의 방식을 발굴해 하락장 때 정신을 바짝 차려야 한다.

마지막으로 큰 하락장이 오면 어떻게 돈을 조달할 수 있을지 생각해두자. 월급을 더 쪼개서 넣을 것인지, 레버리지를 이용할 것인지, 묵혀둔 금을 팔 것인지, 아니면 현금을 일정 비율로 항상 들고 있을 것인지⋯ 나는 늘 10% 정도의 현금을 보유한다. 어떤 경제 위기가 와도 계좌를 지킬 돈, 그리고 하락장에 대처하기 위한 최소한의 돈이다. 어떤 방식으로 보유하는지는 298쪽 '06 엄마의 미국 주식 투자 ③ 채권'에 보다 자세한 내용이 있으니 참고하길 바란다. 무엇보다 나는 부동산 수익을 폭락장 때 끌어왔다. 이렇게 대비해두면 일생일대의 큰 기회가 왔을 때 자산을 크게 증식할 수 있을 것이다.

미국 ETF의 대표 주자인 VOO(Vanguard S&P500 ETF)를 실제로 사보자. VOO는 미국에서 가장 잘나가는 500개 기업을 묶어서 파는 것이다. S&P500 지수를 고른 이유는 미국을 대표하는 기업들에 안정적으로 분산해서 투자하고 싶기 때문이다. 그리고 그중에서도 VOO를 고른 이유는 우선 뱅가드가 세계에서 두 번째로 큰 투자 기관이어서 돈을 믿고 맡길 수 있고, 다음으로 0.03%로 타사보다 낮은 연 운용 수수료 때문이다.

나는 여기서 ETF를 거래하겠지만 미국 주식의 개별 종목을 거래할 때도 같은 방식으로 하면 된다. 가장 처음으로 주의할 점은 밤에 환전이 되지 않기에 낮에 달러를 바꿔놓으라는 것이다. 달러 환전은 낮에 아이를 돌보며 잠깐 짬을 내서 하고, 미국 주식 매수는 밤에 아이를 재워놓고 핸드폰이나 컴퓨터로 편하게 하자. 이어지는 내용은 키움증권 앱 기준이다.

1 주식 계좌에 입금하기

미국 주식 거래 앱을 열어 공동인증서로 로그인한다. 좌측 하단의 메뉴 탭을 누른다. 메뉴가 나오면 '업무-입금'을 선택한다.

연계된 계좌에서 주식 계좌로 입금할 금액을 입력한다. 나는 약 339달러를 사용할 예정이라 넉넉하게 40만 원을 입금하겠다. 2만 1,946원은 기존에 거래하고 남은 금액이다. 먼저 비밀번호를 누르고 조회를 누른다. 출금 계좌·연계 은행도 마찬가지로 조회

를 눌러 선택한다. 그다음 이체 금액 필드를 누르면 금액을 입력하는 칸이 나오는데, 입금액을 입력하고 확인 버튼을 누른다. 그다음에 입금 정보 입력 창이 다시 나오면 입금을 누른다.

입금 완료를 확인한 다음에 바로 환전하자. 가장 하단의 환전 탭을 누른다.

2 환전하기

외화 환전 창이 나온다. 해당 창에서 스크롤을 내리면 환전 금액을 입력하는 칸이 나오는데, 40만 원을 입력하자 환전 예상 금액으로 357.46달러가 보인다. 여기서 환전 실행을 누르면 환전 신청 확인 창이 나온다. 내용을 검토하고 확인을 누르면 환전 처리가 완료된다.

3 예약 주문으로 매수하기

우리는 낮에 해야 하니 예약 주문으로 매수를 할 것이다. 좌측 하단 메뉴 탭을 눌러 '해외주식-주문'에서 '예약주문/조회'로 들어가면 '예약주문/조회' 창이 나온다. 'VOO'로 검색해서 VOO 주문 화면을 띄운다. 환전을 미리 하지 않고 곧바로 원화 주문을 넣는 방법도 있는데, 이 경우 자동으로 환전되며 익일에 처리된다. 원화 주문이 편하지만, 가능한 미리 달러로 환전하는 방법을 추천한다. 환율에 따라 환전할 수 있기 때문이다.

미국 주식 주문 시 매수 종류는 되도록 지정가로 하는 것이 안전하다. 시장가를 입력하면 주문 유의 사항이 나오는데, 가격이 업데이트되는 데 지연이 생길 수도 있어 시장가로 주문하면 얼마에 체결될지 알 수가 없다. 원하는 수량을 선택하고 매수 예약 주문을 누른다.

'해외주식 매수 예약 주문 확인' 창이 나오면 검토한 다음에 확인한다. '예약조회/취소' 탭을 눌러 예약 주문이 잘되었는지 본다. 이때 해당 주문을 선택하고 취소할 수도 있다.

　실시간으로 주문하고 싶다면 이와 같은 순서에 따라 우리나라 시간으로 밤에 하면 된다. 핸드폰의 앱 또는 컴퓨터의 HTS에 접속해서 처리한다. 아이를 재우고 간단한 볼일을 본 다음에 밤 11시 30분쯤 접속하면 대략 시간이 맞다. 서머 타임이 적용되는 3월부터 10월까지는 밤 10시 30분부터 직접 거래가 가능하다.

엄마의 배당 월급 계좌 만들기

한 달에 월급을 2번 받을 수 있는 배당 계좌를 만들어보자. 매월 배당금을 받으려면 미국 주식을 매수해야 한다. 290쪽 '05 엄마의 미국 주식 투자 ② 배당주'에서 짠 포트폴리오(2020년 12월 기준)를 활용한다.

배당 지급 월	회사 이름	배당률	주가	투자 비중
1-4-7-10월	Kimberly-Clark Corp.	3.17%	$135.08	15%
	Coca-Cola Co. (4-7-10-12월에 배당)	3.11%	$52.74	15%
2-5-8-11월	AT&T	7.07%	$29.40	15%

	P&G	2.27%	$139.04	15%
3-6-9-12월	3M	3.33%	$176.42	15%
	Johnson&Johnson	2.61%	$154.51	15%
1~12월 매월	Realty Income Corp.	4.61%	$61.09	10%
합계		3.69%		100%

총 7개의 각기 다른 종목을 거래하는 것이다. 내가 직접 접했거나 잘 아는 종목을 중심으로, 그중에서 배당률이 2% 이상인 것으로 골랐다. 각 종목에 대한 간단한 설명은 다음과 같다.

- Kimberly-Clark Corp.: 크리넥스 등 여성 위생용품을 비롯한 개인 용품을 제조하는 기업
- Coca-Cola Co.: 코카콜라를 제조하는 식음료 기업
- AT&T: 세계 최대 통신 기업
- P&G: 비누, 샴푸 등 생활용품 제조 기업
- 3M: 사무, 전자, 의료용품을 제조하는 다국적 기업
- Johnson&Johnson: 아큐브, 존슨즈베이비 등 거대 헬스케어 기업
- Realty Income Corp.: 20년 넘게 안정적인 배당을 지속한 미국의 배당 귀족 부동산 기업

100만 원을 투자하면 연 배당금 3만 6,000원에서 세금 15%를 뺀 3만 1,000원을 받게 된다. 이를 12로 나누면 매월 약 2,600원을 받을 것이다. 1억 원을 투자하면 매월 약 26만 원의 돈을 받을 수 있다. 나는 매달 100만 원을 투자한다고 가정해 포트폴리오상 맨 위부터 6종목에 각 15만 원씩 투자하고, 나머지 Realty Income Corp.에만 10만 원을 투자하겠다. 다음의 예시를 보며 자신에게 맞는 포트폴리오를 연구해보자.

1 거래하는 증권사 앱 또는 HTS에 로그인한 다음, 관심 종목에 거래할 종목들을 등록한다. 나는 '배당으로 월급받기'라고 즐겨찾기 그룹명을 만들겠다. 종목을 하나씩 검색해서 등록한다.

2 관심 종목에서 종목을 하나씩 선택해서 원하는 금액만큼 매수한다.

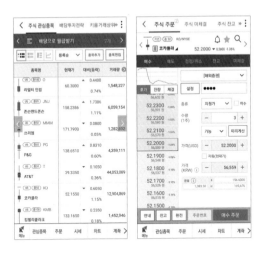

3 매수한 종목들을 계좌에서 확인한다. 그러고 나서 매월 지급되는
배당금을 확인한다. '거래내역'에서 '배당금입금'을 조회하면 된다.

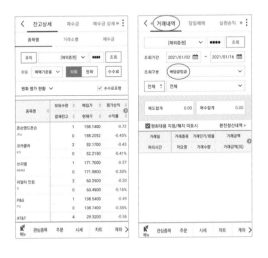

※ 만약 소액으로 투자해서 한 종목씩 사기 부담스럽다면 신한금융투자의 소수점투자 혹은 한국투자증권의 미니스탁을 추천한다. 반드시 1주 단위가 아니라 10만 원어치 이런 식으로 효율적인 투자를 할 수 있다. 참고로 이러한 지정 금액 거래는 개별 종목은 가능해도 ETF는 가능하지 않을 수 있으니 해당 증권사에 미리 확인해본다.

엄마의 연금 계좌 만들기

이 책을 읽는 당신의 나이가 나와 비슷한 40살이라고 가정하겠다. 앞으로 30년간 주식 계좌에 돈을 넣어 70살에 6억 원을 보유하도록 포트폴리오를 짜보자. 6억 원을 보유하면 매월 250만 원 정도를 쓸 수 있다. 여기서는 연평균 수익률 10%, 물가 상승률로 인해 빼지 않고 그냥 계좌에 두는 돈 3%, 그리고 세금 및 수수료를 넉넉하게 2%로 산정한다.

- 연평균 수익률 10% - 물가 상승률로 인해 그냥 계좌가 성장하게 두는 돈 3% = 매년 인출하는 금액 7%

- 매년 내가 인출하는 금액 7% - 세금 및 수수료 2% = 총 계좌 잔고의

5% (최종으로 사용하는 돈)

    30년 후 6억 원을 소유하려면 매월 30만 원을 투자해야 한다. 매월 30만 원씩 1년에 360만 원을 투자하면 단순 계산 시 30년 후에는 1억 800만 원이 된다. 하지만 10% 복리로 모으면 6배인 6억 5,000만 원이 된다. 이 경우 1억 원에 도달하는 시기는 14년째다. 초반에는 올라가는 속도가 더디지만, 기간이 누적되며 금액이 무섭게 늘어난다는 사실을 알 수 있다.

    이렇게 6억 원을 모으는 계획으로 나는 우리나라에 절반, 미국에 절반을 투자하겠다. 우리나라와 미국의 대표 지수인 코스피 200과 S&P500에 투자하는 방법을 추천한다. 그러면 매월 국내 계좌에 15만 원, 해외 계좌에 15만 원을 투자하면 된다. 격월로 하는 방법도 있다. 홀수 달은 국내 계좌에 30만 원, 짝수 달은 해외 계좌에 30만 원을 투자하는 것이다. 여기서는 전자의 방법으로 소개하겠다.

투자처	투자 금액	투자 종목
코스피 200개 기업	15만 원	TIGER 200TR
미국 S&P 500개 기업	15만 원	미국 Vanguard S&P500 INDEX(VOO) 혹은 국내 KINDEX S&P500 INDEX

분배금(배당금)도 재투자하는 것으로 한다. 연금 계좌는 바로 빼서 쓰지 않고 미래를 위해 모으는 돈이기 때문이다. 분배금을 재투자할 경우 수익률은 더욱 높아진다. 'TR(Total Return)'이 붙는 ETF는 분배금이 자동으로 재투자된다. 그러므로 분배금에 대한 15.4%의 세금을 내지 않으며 자연스럽게 투자 수익이 늘어난다. 각 ETF의 운용 수수료는 현재 다음과 같다. TIGER 200TR 연 0.09%, Vanguard S&P500 INDEX 연 0.03%, KINDEX S&P500 INDEX 연 0.09%다.

미국에 투자하는 방법으로는 2가지가 있다. 첫 번째는 해외 계좌로 직접 미국 ETF인 VOO에 투자하는 것이다. 두 번째는 국내에서 거래되는 해외 ETF에 투자하는 것이다. 나는 VOO와 똑같이 S&P500 지수를 추종하는 한국투자신탁운용의 KINDEX 미국 S&P500을 거래하겠다. 물론 미국 ETF는 세금을 고려하면 해외 계좌로 직접 거래하는 것이 낫다. 하지만 연금 저축 계좌로 국내 상장 해외 ETF를 거래하면 편하고, 소액으로도 가능하며, 또 절세까지 된다. 대신 최소 5년 동안은 가입해야 하며 연금 수령일도 55세 이후로 정해야 한다. 당연히 세금이 크게 상관없다면 어떤 선택을 해도 무방하다. 그리고 TIGER 200TR 같은 국내 ETF는 딱히 절세 계좌로 거래하지 않아도 된다.

미국 ETF 거래 계좌	거래 종목
해외 계좌의 경우	Vanguard S&P500 ETF(VOO)
연금 저축 계좌의 경우	KINDEX 미국S&P500 ETF

1 연금 운용을 위해 연금
저축 계좌를 개설한다.

(신한금융투자 기준)

2 연금 저축 계좌에서 KINDEX 미국S&P500
을 15만 원어치 매수한다. 분배금이 나오면
다음번 매수할 때 사용한다.

3 연금 저축이 아닌 일
반 계좌에서 TIGER
200TR ETF를 15만
원어치 매수한다. 연
금 저축 계좌를 개설
하면 일반 계좌도 함
께 사용할 수 있는데,
그 계좌를 이용한다.

매수한 뒤 잔고와 예수금을 확인한다.

4 계좌 잔고와 예수금
을 확인한다. 주식을
매수하고 2일 후에
결제 처리가 완료된
다. 일반 계좌와 연
금 저축 계좌를 각각
확인한다.

5 55세 이상이 되면 국내 일반 계좌에서 매월 125만 원을 인출한다. 그리고 연금 저축 계좌에서도 125만 원을 쓰는 것이 목적인데, 세금 혜택을 모두 누리려면 분리 과세가 되는 금액까지 수령해서 쓴다. 분리 과세 혜택은 현재 연 1,200만 원까지다. 만약 1,200만 원을 넘게 수령하면 가입자의 다른 소득과 합쳐 종합 과세가 된다. 그래서 매월 100만 원씩 빼서 쓴다. 이렇게 하면 투자 원금이 유지되고 늘어나면서도 매월 약 225만 원을 쓸 수 있다.

6 만약 계좌가 10% 정도 빠지는 하락장이 오면 30만 원의 2배인 60만 원을 투자한다. 훗날 수익률을 크게 높일 것이다.

연금 저축 계좌란?

연금 저축에 가입하면 절세 효과를 누릴 수 있다. 거래하는 증권사에서 연금 저축 계좌를 만든다. 총급여가 5,500만 원 이하인 가입자는 납입액 400만 원까지 16.5% 절세되어 연 66만 원이 공제된다. 연금 저축 계좌로 펀드와 ETF의 거래가 가능하다. 5년 이상 운용하고 55세 이후 인출하면 3.3~5.5% 연금 소득세만 납부하면 된다. 만약 중간에 꺼내 쓰게 되면 그동안 혜택받은 만큼의 세금을 토해내야 한다. 인출 시 연 1,200만 원, 즉 월 100만 원까지 분리 과세가 되어 종합 과세 대상에 해당되지 않는다. 따라서 연 400만 원까지 납입해서 절세하고,

55세 이후 100만 원씩 인출하면 된다. 연금 저축 계좌는 중도 인출이 되고 위험 자산 투자 한도가 없는 등 IRP(개인형 퇴직 연금) 계좌보다 운용이 자유롭다.

특히 국내 회사가 우리나라 주식 시장에 상장한 해외 ETF를 거래하면, 소득을 실현했을 때 배당 소득세 15.4%, 그리고 연 2,000만 원 이상 수익 발생 시 금융 소득세를 내야 한다. 따라서 해외 ETF는 해외 계좌에서 직접 거래하는 것이 좋다. 다만 국내에서 소액으로 편하게 거래하고 싶다면 절세 상품을 활용한다. 연금 저축 계좌를 활용하면 이처럼 국내 상장 해외 ETF 수익의 세금으로부터 자유로워진다.

지금까지 우리나라와 미국의 대표 지수에 투자하는 적립식 ETF 투자 방법을 소개했다. 만약 개별 종목 운영으로 매년 20% 이상의 더 높은 수익을 달성할 수 있는 엄마라면 이 돈을 더 높은 소득을 위해 사용할 수도 있을 것이다. 하지만 자신이 꾸준히 안전을 위해 투자하고 있다는 느낌은 삶에 큰 변화를 준다. 선택은 개인의 몫이지만 만약 연금 저축 계좌를 따로 만드는 방법을 선택한다면 일종의 보험이라고 생각하자.

나는 6억 원을 목표로 포트폴리오를 설계했다. 매월 약 250만 원을 받기 위해서다. 그런데 이 금액이 자신의 옷이 아닌 사람도 있을 것이다. 국민연금을 고려해 매월 100만 원이면 충분하다는 사람도 있을 것이다. 예를 들어 한 달에 125만 원으로 충분하다면 3억 원을 목표로 매월 15만 원씩 투자해도 된다. 만약 한 달에 500만 원 정도가 필요하다면 12억 원을 만들기 위해 매월 60만 원씩을 투자하길 바란다. 이처럼 자신에게 맞는 한 달 사용 금액이 얼마인지 생각해서 적립식으로 투자하자. 미래를 효과적으로 설계함으로써 당신이 느끼는 기분은 어떤가? 계좌를 만들어 실행하게 된다면 꼭 그 느낌을 투자 일기에 적어보자. 마지막으로 내가 쓴 일기를 공개한다.

"행복하다. 그리고 감사하다. 나는 운이 참 좋다. 지금부터 이렇게 경제적 자유의 길을 걸으니 말이다. 매일 쫓기듯 살던 내 인생이 이제 조금 편안해짐을 느낀다. 많은 것들이 다시 보인다. 한 줄기 빛이 아름답고, 바람도 기분 좋다. 아이들이 울고 웃는 모습 하나하나 내 가슴에 깊이 남는다. 이제부터 나는 진정한 현재를 살아갈 것이다."

아이의 미래 계좌 만들기

아이의 미래 계좌를 만들자. 나중에 아이가 대학에 입학할 때 훌륭한 자금이 될 것이다. 만약 대학을 선택하지 않는다면 다른 용도로 쓰면 된다. 이 돈을 아이에게 맡기기까지 금융에 대해 제대로 가르치자. 적지 않은 돈이니 엄마와 함께 실전 경험을 하는 것이 중요하다.

우선 목표 금액을 1억 원으로 한다. 이 정도면 대학 4년간 등록금을 해결할 수 있을 것이다. 그리고 다른 일을 하더라도 맨땅에 헤딩하지 않고 제대로 계획을 세워 뭔가를 시작해볼 수 있을 것이다. 1억 원을 모으기 위해 20년간 매월 15만 원을 투자한다. 연평균 수익률은 역시 10%로 가정한다. 그러면 19년째 1억 원에

도달한다. 만약 아이가 이미 10살이라면 매월 30만 원을 투자해 5,000만 원 정도를 모으는 것으로 계획을 조정한다. 복리 때문에 차이가 나므로 되도록 빨리 시작하면 좋다.

목표 금액을 위해 15만 원을 3조각 내어 투자한다. 코스피200 ETF에 5만 원, 미국 S&P500 ETF에 5만 원, 미국 나스닥100 ETF에 5만 원을 투자한다. 이렇게 조각을 내는 이유는 아이가 보다 많은 경험을 할 수 있도록 돕기 위해서다. 아이가 살아갈 새로운 세상이 4차 산업 혁명과 인공 지능의 세상이기에 나스닥을 선택했다. 20년 장기로 봤을 때 기술주는 그 인기의 흐름이 달라질 수 있다. 이런 경우 가장 대표적으로 세상을 선도하는 ETF를 나스닥 대신 매수하면 된다. 투자하며 아이에게 방법을 알려주고 잔고를 보여주면 더 좋을 것이다.

투자처	매월 투자 금액	투자 종목
코스피 200개 기업	5만 원	TIGER 200TR
미국 S&P 500개 기업	5만 원	KINDEX 미국S&P500
미국 나스닥 100개 기업	5만 원	KBSTAR 미국나스닥100

'엄마의 연금 계좌 만들기'에서 설명한 1~2번의 방법을 참고한다. 아이 계좌에도 같은 ETF를 투자한다. 각각의 운용 수수료는 현재 TIGER 200TR과 KINDEX 미국S&P500이 연 0.09%, KBSTAR

미국나스닥100이 연 0.07%다. 운용 금액이 크다면 해외 계좌로 직접 투자하는 것이 절세하는 방법이지만, 여기서는 매월 소액으로 투자하는 방법을 설명하겠다.

1 관심 그룹을 등록하고 매수할 종목을 검색해 저장한다.

2 TIGER 200TR ETF를 매수한다. 앞서 언급했듯 이 ETF는 분배금을 자동으로 재투자해 수익률을 높여준다. 가격에 따라 5만 원에 딱 맞춰 매수하기가 힘들 수도 있으니, 그런 경우에는 5만 원 안에서 사고 이월 금액은 다음번 매수에 사용한다.

3 KINDEX 미국S&P500 ETF를 매수한 다. 분배금이 나오면 아이와 함께 이야 기를 꼭 나누고, 분배금은 다음번 주식 을 매수할 때 사용한다.

4 KBSTAR 미국나스닥100 ETF를 매수 한다. 역시 분배금이 나오면 모아서 재 투자한다.

5 마지막으로 잔고를 검색해 매수 종목들
을 확인한다.

아이 계좌 역시 10% 이상 주가가 하락하면 15만 원을 더 투자한다. 아이는 위기에 계좌를 어떻게 운용해야 할지 배우고, 사람들의 심리 법칙에 대해 생각하게 된다. 그리고 투자를 하면서 현재 앞서가는 기업들은 어디인지, 무슨 일을 하는지 아이와 이야기를 나눈다. 우리 일상에 가까이 있는 많은 것들이 기업 활동의 영향이라는 사실을 알게 될 것이다. 만약 아이가 관심을 가진 기업이 있다면 세뱃돈이나 뜻밖의 용돈을 받았을 때 1주씩 사보면 더욱 좋다. 마지막으로 아이가 어느 정도 크면 직접 매수하도록 가르치자. 엄마가 경제를 배우고 나서 세상을 보는 새로운 눈을 갖게 되었듯 아이도 그렇게 된다.

생활비 100만 원으로 시작해 자산 20억 원이 되기까지
엄마의 주식 공부

초판 1쇄 발행 2021년 2월 19일
초판 6쇄 발행 2022년 1월 20일

지은이 엄지언
펴낸이 민혜영
펴낸곳 (주)카시오페아 출판사
주소 서울시 마포구 월드컵로 14길 56, 2층
전화 02-303-5580 | **팩스** 02-2179-8768
홈페이지 www.cassiopeiabook.com | **전자우편** editor@cassiopeiabook.com
출판등록 2012년 12월 27일 제2014-000277호
책임편집 최유진
편집 최유진, 진다영, 공하연 | **디자인** 이성희, 최예슬 | **마케팅** 허경아, 홍수연, 변승주

ⓒ엄지언, 2021
ISBN 979-11-90776-45-5 03320